张肇丰 著

第三版

从实践到文本

中小学教师科研写作方法导论

FROM

PRACTICE

TO

WRITING

华东师范大学出版社
·上海·

图书在版编目（CIP）数据

从实践到文本：中小学教师科研写作方法导论/张肇丰
著．—3 版．—上海：华东师范大学出版社，2021
ISBN 978 - 7 - 5760 - 2141 - 7

Ⅰ.①从… Ⅱ.①张… Ⅲ.①中小学—教育科学—
论文—写作 Ⅳ.①H152.2

中国版本图书馆 CIP 数据核字（2021）第 189590 号

从实践到文本：中小学教师科研写作方法导论（第三版）

著　　者　张肇丰
策划编辑　彭呈军
特约审读　单敏月
责任校对　江小华　时东明
装帧设计　叶　珺

出版发行　华东师范大学出版社
社　　址　上海市中山北路 3663 号　邮编 200062
网　　址　www.ecnupress.com.cn
电　　话　021 - 60821666　行政传真 021 - 62572105
客服电话　021 - 62865537　门市（邮购）电话 021 - 62869887
地　　址　上海市中山北路 3663 号华东师范大学校内先锋路口
网　　店　http://hdsdcbs.tmall.com

印 刷 者　上海商务联西印刷有限公司
开　　本　787×1092　16 开
印　　张　20.5
字　　数　366 千字
版　　次　2021 年 10 月第 3 版
印　　次　2023 年 4 月第 2 次
书　　号　ISBN 978 - 7 - 5760 - 2141 - 7
定　　价　68.00 元

出 版 人　王　焰

前言

FOREWORD

一

教坛有言：把听懂的做出来，把做过的说出来，把说过的写下来。这段话流传于一些中小学的教育研讨活动中，可说是对学校教育科研活动的生动写照和集中概括。"听"、"做"、"说"、"写"四件事，大体上代表了广大教师参与教改实践研究的主要形式和基本环节：（1）学习——（2）实践——（3）交流——（4）写作。四个环节环环相扣，形成了一根教师专业发展的链条。当然在现实情况中，从学习到写作，并不是一个直线发展的简单过程，而是一种交错进行的螺旋形上升的状态。

在"学习"这个环节中，"听懂"也可以代之以"看懂"或"学会"；之所以说"听"，说明听报告以及听课已成为教师业务进修的一种重要形式。中小学幼儿园教师通过各种形式的理论学习和教学观摩，包括听取专家学者、优秀教师的讲课和阅读教育报刊及理论著作，可以开拓眼界和思路，有助于提高自身的认识水平。

通观诸多教育著述和讲座，一般来说，大量的是有关如何"做"的内容，主要是对学校教育教学问题的理论阐发和实践指导；而有关"说"和"写"的内容则很少，即对如何交流经验和表达成果的研究有所忽略。这种情况当然与教师的工作性质和学习需求有关。随着近年来教师专业发展问题受到重视，各种有关校本教研、教师成长的理论、方法和经验不断涌现，涉及"交流"环节的薄弱状况就有了比较明显的改观。相形之下，这些年来关于"写"的研究似乎进步不大，大多数写作方法指导仍局限于学术论文的写作规范和写作技法，与中小学幼儿园教师科研写作的实践需求还存在着一定的距离。

本书内容是关于中小学幼儿园教师科研写作的方法指导，也是作者多年来从事学校教育科研指导的经验总结。本书的主题"从实践到文本"，说明了中小学幼儿园教师与理论工作者，在科研写作的价值取向和实践路径上的区别。副题名为"方法导论"，意味着在教师科研写作的方法指导方面，将作一个比较系统的总结和提炼。当然，这种方法论性质的理论构建也是初步的、探索性的，它只是站在前人肩膀上的一次攀援和眺望。

二

鉴于教师科研写作的特点和以往写作方法指导的不足，本书试图在内容结构上有所改进，主要体现在以下三个方面。

（一）理论与实践结合

"理论与实践结合"也是一个被常用甚至滥用的提法，但是在本书中仍有它特定的含义。一方面，一种理论要具有说服力，就必须具有对研究对象的适应性和解释力。在写作理念上，本书力图从教师立场出发，考察因研究主体不同而带来的写作的内容与方法的变化。书中对"教师科研写作"的范围界定，试图突破一般写作指导限于论文体裁的局限，有意识地列入了叙事性的案例写作及一些非正式、非常规的写作形式。同时，面对丰富多彩的写作实践，本书在内容架构上尽可能考虑了理论对于实践的包容性，在理论背景、文章体裁、写作要素、语言表述等方面作了比较全面的归纳和分析，力求使本书的理论概括能够包容教师的科研写作实际，能够回应和解释教师在科研写作中面临的种种困惑。

另一方面，抽象的理论要被更多的人所理解和接受，往往需要具体事例的支持。本书引入了相当数量的实例，其中主要是中小幼教师的写作实例，也包括一些与论题相关的其他事例。为便于理解一些比较抽象的理念或比较复杂的操作方法，举例是一种简便有效的方法。有时候，一些典型的、精彩的实例给人的启发，甚至超出了所要说明的理念本身。因此，精选例证也是本书构成的一个重要特点。

（二）结果与过程结合

写作的结果是呈现的文本，写作的过程则是形成文本的途径。对于写作者来说，弄清楚自己想要什么样的结果是很重要的，但这还远远不够；要取得预想的结果，还需要明白达到目的所依赖的方法、途径和过程。在本书中，除按照写作的一般程序，介绍了选题、材料、结构等方面的写作知识和方法，还结合教师的经历体验和文本的对比分析，对科研写作的实践过程作了多角度、多侧面的剖析。

从"学习"和"交流"的角度看，借鉴同行们和先行者的经验对于促进教师专业成长有着重要而特殊的意义。本书在介绍一些写作方法时，引入了一些教师的实践体验，他们的"现身说法"，不仅增进了本书的可读性，更重要的是从操作角度解读了方法应用的具体过程及实际效果。与此同时，对于写作结果即文本的介绍，书中也特地列举了一些同一主题但不同写作水平或研究视角的文本实例。通过对比分析，我们可以看到这些文本之间的差异，了解和体会其形成的原因和过程，并从中学习撰写和修改文章的方法。

（三）研究与写作结合

本书所谈的写作，是指教师的教育科研成果的表达，这种成果从广义上说，可以包括各种研究形式和文章体裁，如论文、案例、教学笔记、经验总结、研究报告等研究性的文字。内容决定形式，文章怎么写，写成什么样，是由研究内容所制约的。研究与写作结合，就是要更多地从研究主体、研究目的、研究方法的角度来考虑写作的形式和方法问题，而不是单纯关注写作技巧。本书第一章就教师实践研究的特点、方法及其与专业成长的关系等问题进行了讨论，目的就是在比较宽广的背景中认识写作的意义和作用，建立一种教师科研写作的"大局观"。

从当前教师科研写作的现状及问题看，一些作者之所以对写作感到困难，往往不是由于形式问题而是内容问题，不是局部的文字表达问题而是整体的研究思路问题。因此本书对于写作方法的介绍，比较偏重于大思路而较少涉及小技巧。在谈论不同文体的写作方法时，相应地融入了有关研究方法的应用问题，如思辨研究、实证研究、案例研究、行动研究和经验总结等。至于一些具体的写作知识和写作技法，如标题、摘要、关键词、注释、参考文献以及列提纲、分段落等，虽然书中也有所涉及，但对于初学者来说并不是最迫切或最关键的。先以鸟瞰的方式、从一定高度来认识科研写作的基本途径和主要方法，可能更有助于教师树立写作的信心、明确努力的方向，最终也更有利于一些方法技巧的掌握运用。

在结构安排上，本书十章内容可以看作三个部分。第一部分为前三章，主要是介绍和探讨一些有关科研和写作的基础理论问题。第二部分是第四、五、六、七章，主要是分析说明写作的一般方法论问题，包括写作的几种基本类型及特征、写作的三个基本要素及体现等。第三部分是最后三章，为分论性质，分别介绍了三种特殊文体的研究和表达问题。

三

曾有一位外国学者谈到方法研究的困难之处："在任何一个科学领域之中，谈论方法——也就是说，提倡一种方法却无法表明它怎样导致具体的结论，无法证明它并不是一种从理论推衍出来的幻想——都是很危险的。"① 也就是说，所谓方法应用的危险性在于，理论上成立不等于实践中行得通。这样看来，写作方法指导的危险性可能更大，其有效性也可能更成问题。因为自古以来，人们就知道"熟读唐诗三百首，不会作诗也会吟"。与其学习一大堆动作要领，不如下海去游泳。所以从小学、中学到大学，我们总是听到语文老师说，写作其实没有什么诀窍，多读多写而已。一直等到自己当了老师，结果还是绕不开学习如何写作的问题。

在一次科研方法培训班上，有一位教师谈起写论文的困惑：没有内容写，很痛苦；有内容不知道怎么写，也很痛苦。她的话引起了许多老师的共鸣。从根本上说，这种痛苦是教师专业发展的期望与专业能力的滞后的矛盾所造成的，它是

---

① ［德］莫里茨·盖格尔著，艾彦译：《艺术的意味》，华夏出版社，1999年版，第3页。

一种成长中的痛苦、一个发展中的问题，可能是每个教师在自我追求、自我实现的过程中所不可避免的。而要减轻或消除痛苦，要么放弃自己的发展和追求（当然这样也会产生另一种痛苦），要么在学习、实践、交流、写作的过程中逐步提高能力（痛并快乐着），但要指望通过一两次理论培训获得什么灵丹妙药，显然是不可能的。

理论学习之所以不能成为速效止痛剂，简单地说，一方面是由于写作本身的复杂性，另一方面是由于写作理论的不成熟。写文章并不是一个简单的写作技巧问题，而是写作者所具有的思想、情感、经验、能力和知识的一种综合性体现。写好一篇文章，实际上是在长期经验积累的基础上，经历的一次非常复杂的智力活动和情感体验。客观地说，对于这样一个复杂的心理活动，目前人类的科学研究水平尚不足以探明其外部条件、内在机制及两者相互关系。以现有的各种心理学、教育学、语言学、传播学和写作学的理论，我们只能就写作的某些侧面、局部和枝节问题做出解释和阐发，但还不足以从根本上揭示写作的奥秘。所以，一些专家学者从现有理论中所引申出来的各种写作原则、规范和技法，也只能为写作者提供一些参考，如何应用这些方法和理论，还需要写作者自行领悟和把握。

有时候，大家都在看同一本书，或者在同一个教室里听同一个专家的报告，但实际上是各取所需、各有所得。所以，学习在本质上是一个十分个性化和内隐性的事件。教师作为一个研究者，怎样在理论学习中充分发挥自己的主观能动性，寻找和创造适合自身特点的学习方法，更有针对性、更有成效地吸收和内化各种理论营养，是值得特别重视和认真思考的。

当然写作的复杂性和理论的不成熟，并不等于写作方法研究就没有意义和价值；或者说恰恰相反。正因为问题难以解决，现实的需求就更加强烈，写作者就更加需要帮助和指导。对于这种写作指导的悖论，熟悉学校教育科研现状的老师们可能都有所体会。要打破这个悖论，一蹴而就是不现实的，我们只能在力所能及的范围内探讨一些写作的方法论问题，或者分享一些成功或失败的经验。本书的写作就是这样一个尝试。

还是前人说得好，理论总是灰色的，而生命之树长青。我们每天走进校园和课堂，面对着一个个活泼可爱而又性格各异的学生，面临着一个个看似重复却又鲜活多变的教育场景，有苦尽甘来的喜悦，也有劳而无功的苦恼。作为有思想的行动者，我们中小学幼儿园教师每天都在具体生动的问题情境中实践、探索和成长。所有的教育理论都来自实践，并将回到教育实践之中。每个教师的研究和写作，都是在学习、应用、检验、证明、矫正及发展已有的种种理论。而教师的实践研究又形成了教师自己的实践性知识和个人理论，在个人专业发展的同时，也从不同角度丰富和充实了教育理论的宝库，使灰色的理论接上了地气，得以焕发生命活力。由此，教师作为一个研究者，也就体现了自身的学术价值。

第一章　中小学教师的科研写作之路

第二章　从教师实践研究看理论应用

第八章　研究报告：规范的特点与要点

第九章　叙事研究：情境的描述与诠释

第十章　实践反思：从边缘到中心

第一章 CHAPTER 1

中小学教师的科研写作之路

有一套《上海教育》丛书，近三十年来已经推出了几十位中小学校长的论著，作者中包括吕型伟、段力佩、赵宪初等老教育家以及更多的知名校长、教坛精英。这套丛书编撰于1994年，由上海市教育局（现上海市教委）、上海市中小幼教师奖励基金会发起，其宗旨即为鼓励上海的中小学名校长、名教师著书立说，总结推广先进经验。一个偶然的机会，丛书编委会的一位老师与我商量，能否为一位将退休的校长做助手，帮助整理一部书稿。这位老校长治校期间，将一所薄弱学校转变为颇有知名度的好学校，新闻媒体曾多次宣传。其从教数十年，经验材料摞起有一尺多高，只是文笔生涩，难以成书。这件事我当时没有应承下来，却从中得到两点启发：（1）不会写文章也可以当名校长、名教师；（2）要会写文章，才可能成为教育家。

CHAPTER 1

　　教师的写作较多地依赖于实践，而较少依赖于文献；从实践到文本，而不是从文本到文本，是教师研究和写作的一个基本特点。

　　有一种比较流行的说法，认为既然教师的研究是实践研究，因此重要的是"做"而不是"写"。即教师在一定的教育理念的指引下，通过实践研究解决了实际问题，提高了教育教学效能，这就是教师"做研究"的结果和成果；在研究过程中如果写了点文字甚至能够发表，当然很好，如果没有，那也没什么关系。

　　上述观点实际上反映了对"研究"的一种模糊或错误的认识，其错误在于割裂了研究与写作的关系，片面地理解了"研究"的性质和内涵。本章拟就教师科研写作的几个基本问题作一些初步的探讨。

第一节　教师为什么要写作

　　教师为什么要写作，或者是否每个教师都需要做研究写文章，这些问题可以从不同角度作出不同的回答，也存在一定的意见分歧。这里主要从教师的心理状态和写作的学术价值两个方面进行介绍及分析，前者是对教师的科研写作动机的简单描述及解释，后者则是对写作与研究的关系及意义作一些学理的分析。

一、不同心态产生不同结果

　　关于教师为什么要写科研文章的问题，曾经有过不少非正式或正式的调查，调查的结果也大同小异。如果设计成选择题，可以有几个标准的备选答案：

A. "学校有要求"；

B. "评职称"；

C. "自身专业发展"；

D. "个人兴趣爱好"。

一般情况下，多数教师选 A 与 B，少数教师选 C，个别教师选 D。可能由于时间、区域和对象的不同，比例上有所差异，但总体分布情况近些年来不会有太大的变化。这个结果也符合马斯洛的需要层次理论，人总是先要满足生存需要，才可能产生自身发展和自我实现的需求。因此同样是写一篇文章，不同的人就有不同的动机和需求，而研究与写作本身也就形成了不同的层次水平（参见图 1.1）。

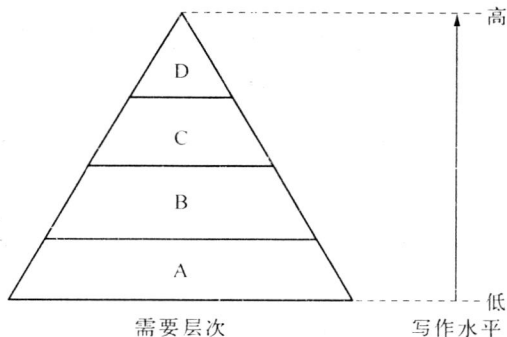

图 1.1 需求层次与写作水平的关系

一般来说，需求层次是与写作水平是成正比的，处于 A、B 需求层次的人，写作水平大多低于 C 层，而 C 层的水平又低于 D 层。当然上述图形并没有揭示能力形成的复杂因素，更没有考虑不同写作者的个体差异，所以并不能简单地把二者看作因果关系。

单纯从动机、需求的发生机制看，A、B 层次可看作通常所说的外部动机，C、D 则属于内部动机。外部动机在很大程度上反映了社会发展的大背景对教育行业、教师职业的某种影响和要求。例如教师评职称必须发表论文，虽然这个要求不尽合理并多有争议，但在教师学历尚未"达标"的年代和地方，一般就不太可能有这样的规定。同样，说到"教师专业发展"，也是近年来教育发展和改革中出现的新理念、新事物。

具体到每一个教师的成长，外因还需要通过内因起作用。相比外部动机，内部动机具有稳定和持久的特点。高层次的动机和需求能够促使写作者投入更多的时间、精力以及财力物力等，所以也就更有可能达到更高的写作水平。从这个角度说，如果想从书中寻求应付交差的秘诀和速成的捷径，多半是要失望的。这就应了著名心理学家皮亚杰说过一句话："事实上，在教育学里面令人感到最痛心的困难就是，最好的方法，也就是最困难的方法；如果不事先获得某些苏格拉底的品质（第一个品质就是在发展过程中要尊重智慧），就不可能运用苏格拉底的方法。"① 换一句话说，一个教师如果抱着完全功利性的想法去"被教研"、"被发展"，就很难形成必要的内部动机，也就难以潜心去学习和应用科学研究的方法，从而有所探究、有所发现、有所成就。

需要说明的是，从价值取向上说，一个人需求层次的高低并不等同于其思想境界的高下。自我实现的动机可以是当一名传道、授业、解惑的"明师"，也可以是做一个钻研应试技巧的"名师"，不同的价值取向都有可能达到"自我实现"的顶峰。当然，高尚、纯粹的动机体现了人性"向善"的一面，比较容易得到社会的认可和尊重，这样在客观上也更有助于理想的追求和信念的坚持。

从上述意义上说，一个教师做研究、写文章，是需要有一点探究教育真谛的诚意的。作为一个教师，是否能够在工作和研究中感受到作为教师的乐趣和幸福，是否愿意为了这种乐趣和幸福而付出一些努力或代价；这个诚意实际上左右、决定了一个教师对发展道路和研究方式的选择。有平坦通途，也有崎岖山路，内心的选择决定你将看到什么样的风景。

二、写作不是研究的副产品

本章开头提到了一种对研究与写作关系的流行看法。这种看法强调了"做"的重要性，而把"写"看成是"做"的副产品，看似有一定道理，实际上反映了对"研究"的一种模糊或错误的认识。这个错误的实质，在于割裂了"研究"与"写作"的关系，把写作排除在研究之外，而没有认识到"写作"本来就是研究的一种方式，是"研究"不可或缺的一个组成部分。从学理角度分析，写作与研

---

① ［瑞士］让·皮亚杰著，傅统先译：《教育科学与儿童心理学》，文化教育出版社，1981年11月版，第71—72页。

究的密切关系主要体现在以下三个方面。

（一）写作是反思的重要载体

教师的实践研究的一个主要途径和方式是进行实践反思。单有"实践"而没有反思和思考，就不可能构成"研究"；而"写作"则是让人进入反思的一种必要形式和载体。也就是说，离开了书面文字的记录、整理和表达，反省式思维将受到很大的制约，甚至不能有效地进行。

实践反思的作用，就是要从纷繁复杂的教育现象和教育行为中，澄清问题，理解意义，提炼价值，阐明思路；而这些澄清、理解、提炼、阐明的途径和形式，主要是通过文本写作进行的，包括方案设计、材料分析、结果表达等各种形式。其中对研究结果的表达，思考更为持久、系统、深入，因而反思的成效最为明显。教师作为一个研究者，很难同时充当实践者和反思者的角色，就如难以在上课的同时进行反思。写作拉开了研究者与经验世界的距离，才使生活体验的主体得以成为思考和研究的对象。

人们在评价一个教师或一所学校的教改成果时常说：做的比说的好，说的比写的好。这句话实际上隐藏着一个有关写作与研究关系的重要认识。"做—说—写"的过程，反映了研究者的认识过程和研究深度。为什么"做"和"说"不能代替"写"？因为"做"和"说"带有较多的即时的随意的感性的成分，它不能使研究者从当下、具体、零散的事实中"抽离"出来，进行反复、持续的"深思熟虑"，因而不能很好地达到"澄清"和"认识"的目的。这也就是许多学校除了上课、听课、说课、评课等常规活动之外，还倡导教师写教学叙事、教学反思的缘故。

我们常见一些优秀教师在介绍经验时口若悬河、滔滔不绝，而一旦请他把发言内容写成文章，往往困难重重。这个困难表面上看来是"文笔不行"的问题，实质上是认识和思考还不够清晰、不够成熟、不够深刻。写作，正是帮助人将随意的做法和散乱的思绪条理化、系统化的一种研究方式；它使人能够在描述现象与解释意义、感性认识与理性认识、实践行为与思想理念之间，找到适当的联系、平衡与结构，而这个任务靠"做"或"说"都很难完成。即使如许多教师看好的质的研究和叙事研究，同样需要通过文本写作将问题呈现和提炼出来。可以说，没有写作，就很难有叙事和反思。正是在这个意义上，范梅南等人文教育学者一再强调：人文科学的研究是一种写作的形式；写作是我们的方法；研究不只是涉及写作，研究就是写作。①

（二）写作探明了研究的边界

实践研究的对象是教育现象和教育行为，实践研究的过程具有很强的情境性，因而研究者从中获得的认识，有相当部分是只能意会而不能言传的隐性知识。在这种情况下，文本写作发挥了将隐性知识显性化的重要作用。面对文本，研究者才能看清自己知道什么，能够做到什么。

具体地说，在实践过程中，教师获得了许多体验和感悟，这些体验和感悟往往处于一种复杂而混沌的状态，并没有形成清晰的认识，即当事人无法确定自己知道了什么、想要什么。这时候，文本写作起到了置身场外、澄清思想、拓展视野的作用。通过不断地写作和修改，在具体与抽象、内隐与外显、分离与重构的交互作用中，研究者的认识逐渐清晰和明确，能够在超越具体经验的距离上重新审视研究的对象和问题。

一些教师在教研活动中常常感叹，"不知道自己在忙些什么"，"做是做了很多，但说不清楚"。这里所说的"做"，是特指自己所参与的某项"教改"或"研究"，而不仅仅是一般的日常工作。但由于教改思路尚未厘清，研究目标不够清晰，往往使"实践研究"迷失于日常工作的繁忙和琐碎之中。改变这种状况的有效方法之一，就是文本写作。通过写，描述"忙"的状态，解释"做"的意义；并通过描述和解释，找到问题的症结和解决问题的思路。从实践到文本，再从文本回到实践。把内心体验转化为写作文本的意义在于，研究者探明了研究的对象和范围，使研究得以在可感而又可知、可行的状态下进行。一味强调"做"，难免带有较多的随意性和盲目性，只能说是"实践"，而不能算是"研究"。

（三）写作也是为了交流和评价

研究是一种个人行为，也是一种社会现象，因此需要以一定的方式、在一定的范围内交流发表。教师的实践研究本来就带有较强的社会性。所谓实践研究，其实就是教师尝试性地采取了一定的教育措施，对一个、几十个甚或更多的学

---

① 参见［加］马克斯·范梅南著，宋广文等译：《生活体验研究——人文科学视野中的教育学》（教育科学出版社 2003 年版）第五章的有关论述。

生，施加了一定的影响，并判断是否取得了预期的效果。这种教育行为及其结果的优劣得失，并不能完全以教师个人的兴趣爱好、价值判断为标准，而是需要有一定的公共评判机制来权衡。这里所说的公众，包括学生、家长、领导、同行，尤其是同行中的优秀者（专家或专家型教师）。文本的写作与发表，则是形成这种评判机制的一个必要和有效的途径。

片面地理解"为自己而不是为他人研究"，从而排除必要的公共交流，实际上是把教师的实践研究看作是纯粹的个人行为，把研究等同于生活娱乐等方面的爱好和选择（其实这里也有社会性），这并不利于教师实践研究的水平提高和健康发展。一方面，好的研究成果和经验应该通过发表来与人分享，以利于学习借鉴、共同提高；另一方面，通过发表交流听取他人的反映和评价，有助于弥补研究的缺失，提高研究的质量。更为关键的是，这里的"好"与"不好"、"经验"与"缺失"，离开了公众评价机制是无法确定的；即使"有时候真理在少数人手中"，这个真理也是需要经过一定范围、一定时间的社会实践的检验的。

"教师成为研究者"的倡导者斯腾豪斯认为，"私下地研究在我们看来简直称不上研究。部分原因在于未公开发表的研究得不到公众批评的滋养，部分原因在于我们将研究视为一种共同体活动，而未发表的研究对他人几乎没有用处。"① 他的观点值得一些将"教师"、"研究"与"写作"分割看待的专家和教师们深思。当然这里所说的公开发表，并不等同于在所谓"国家级"、"省市级"或"核心"期刊上发表文章。一项教师的研究成果，无论是发表于非正式出版物、网络论坛，还是各种形式的经验交流会、现场会，只要是体现了"公开"的性质，都可以起到学术交流和公众批评的作用，都能在不同程度上推进研究的深入发展。只是发表于比较正式和有影响的出版物，更能促进成果交流的深度和广度，更有利于达到学术交流的目的。而各种公开发表的形式，显然都离不开文本写作。

第二节　什么是教师的实践研究

写作是研究的文本体现，写作的内容、形式取决于研究的性质、方法，因此

---

① Stenhouse. L. (1981). *What Counts as Research?* British Journal of Educnatianal Studies. 29，2，June. 转引自刘良华：《校本行动研究》，四川教育出版社，2002 年 8 月版，第 23 页。

在讨论写作方法之前，有必要先认识各种研究方法的类型特点。一般认为，教师的研究主要是实践研究，研究的成果主要体现为实践创新。那么，教师与专家是否有不同的研究方法，实践研究与其他研究方法是什么关系，怎样体现教师的实践创新？本节将讨论涉及教师科研写作的几个方法论问题。

一、研究方法的归属与把握

不少教师面对各种教育研究方法，往往怀有一种复杂的心情。一方面，对"抽样调查"、"测量统计"、"课题设计"之类的名词概念感到复杂烦琐，有点敬而远之；另一方面，虽然对"教育叙事"、"实践反思"、"校本教研"等新鲜说法抱有亲近感，但又心存疑虑，不知是否写了"叙事"、"随笔"就算是做了"研究"。因此，一个作为研究者的教师，了解各种研究方法的特点和功能，尤其是对它们的相互关系有一个总体的把握，还是很有必要的。

（一）教育研究方法种种

在各种教育学专著中，教育研究方法的分类介绍都是重要的一章。随着近些年来提倡教师的实践研究，各种带有实践特点和教师特色的方法介绍更是林林总总，为数不少。综观有关教育研究方式方法的提法，大体上可以分为三类。

（1）经典方法：思辨研究、实证研究、调查研究、实验研究、经验总结、文献研究、历史研究、教育统计、教育测量。

（2）新兴概念：行动研究、定性研究、定量研究、质的研究、量的研究、人文研究、教育叙事研究、案例研究、课例研究、教学反思、反思笔记、教育随笔、教育日志、现象学研究、解释学研究。

（3）特色说法："磨课"、"赛课"、集体备课、小课题研究、项目研究、草根研究、校本教研、网络教研、教师沙龙、实践共同体……

从不同的视角考察研究方法，可以把各种方法按不同的标准进行分类，如理论研究与实践研究、基础研究与应用研究、思辨研究与实证研究、定性研究与定量研究、质的研究与量的研究等。这些分类范畴都是基于某个视角来观察研究方法的性质特点，相互之间存在着一定的包容和交叉关系，还难以构成完整的研究方法的结构体系。例如前些年质的研究方法从国外引进时，一些研究者对定性研究与质的研究这两个概念的理解和应用并没有太大的区别，差不多非定量的研究都可以称为定性研究或质的研究。而随着研究的深入，一些研究者则认为，定性研究的范围比较宽泛，主要是指一种思辨研究的方式；而质的研究，则有比较系统的方法规范，是以事实的收集、描述和解释为主的一种实证研究方式。由于说法不一，人们对各种方法的功能作用及相互关系的理解并不一致，因而造成了对研究方法的整体把握和实际应用中的一些困惑。

（二）研究方法的基本范畴

1. 教育研究方法的终极追求

作为一种社会现象，人的一切正面行为都是对真、善、美的追求。其中，教育研究主要是求真与求善，而日常的教育工作主要是求善。当然在研究和工作中也有对美的追求，但不是主要成分；从研究对象的学科分类上说，美学属于哲学研究的范畴（即求善）。

教育研究的方法很多，而其终极追求不外乎求善与求真。所谓求善，就是要对研究的对象作出价值判断，对事物的善与恶、好与坏、合理与不合理，作出解释和判断，这种解释与判断主要是通过逻辑思辨以及感悟体验的形式来进行的。对善的追求表达了研究者对某种理念的肯定和阐述，体现了教育所应有的理想状态，也可以称为应然研究。所谓求真，就是要对研究对象作出事实判断，对事物的有与无、真与假、有效还是无效作出描述和验证，这种判断和结论需要有确定的事实或数据为依据，并通过一定的实证研究规范得以进行。这种对真的追求表达了研究者对某种事实的确定和描述，反映了教育的现状即实际状态，也可以称之为实然研究。

表 1.1　研究方法的两大基本范畴及其性质特征

求善	求真
价值判断	事实判断
合理性	有效性
（好与坏，善与恶）	（真与假，有与无）
主观解释	客观描述
哲理研究	实证研究
思辨与感悟	事实与数据
应然研究	实然研究

2. 教育研究方法的结构体系

从研究方法的基本取向和基本范畴出发，我们也可以简单地把教育研究方法分为哲理研究（应然研究）与实证研究（实然研究）两大类。但考虑到教师实践研究的复杂性和特殊性，有必要把实践研究单独列为一个基本的研究范畴。

关于各种研究方法及其相互关系，学术界还存在着不同的理解和一定的分歧。尤其是随着各种新的理念和方法——如质的研究、叙事研究的传播和应用，有不少学者对研究方法的分类和结构提出了不同的观点。有学者提出，应该把传统的研究方法的分类框架从理论与实践、定性与定量等"两分法"转变为"三分法"，即把研究方法分为三大类：（1）实证研究/描述研究，其方法是描述教育事实并对所描述的事实进行解释；（2）理论研究/批判研究，也可称为逻辑研究，是针对某些教育思想或教育事件提出批判；（3）应用研究/变革研究，主要通过教育行动是改变教育实践、改造教育世界。[①] 有关研究方法的属性和分类的探讨目前并没有取得一致的意见，但讨论本身却促使人们在研究方法方面有了更多的思考，开拓了思路、加深了认识。这里主要采用三分法的基本思路，把教育研究的基本方法及其相互关系归纳为下列结构体系。

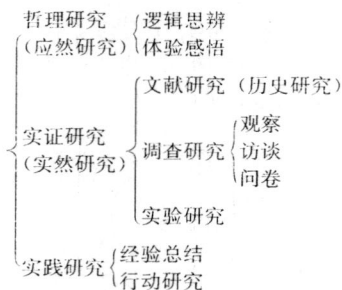

图 1.2 教育研究方法的基本类型及结构体系

实践研究是教育科研领域中一种重要的类型和范畴，它是研究者在一定的教育理念的指引下，通过系统的教育行动来解决面临的教育实际问题，从而达到提高教学质量、改变教育现实的目的。实践研究也可称之为应用研究或变革研究，其共同点是通过实践行为来研究解决问题。但严格地说，实践研究与应用研究的内涵也有所不同、有所侧重。提出"实践研究"，往往意味着研究者试图通过实

---

① 刘良华：《教育研究方法：专题与案例》，华东师范大学出版社，2007年版，第8—10页。

践行为来提炼教师自己的"实践性知识"或"个人理论";而提出"应用研究",更多的是关注怎样把已有的教育理论转化为不同教师的实践行为。

实践研究的具体方法主要包括经验总结和行动研究两类。有学者认为,经验研究和行动研究实质上是实证研究的变式或拓展,即经验总结也是一种调查研究,是教师对自己或他人的观察和调查;而行动研究则是一种准实验研究。[①] 这样归类及解释看似简单化,却也有道理,有助于我们建立了解研究方法的一种"大局观"。然而,由于实践研究的特殊性,教师在实践过程中实际上面临着复杂而变化的情境,以及大量的不确定的因素;与此同时,教师对眼前问题的关注又与长远的个人专业成长有密切的联系,即"成事"与"成人"的问题是交织在一起的。因此,实践研究很难将"求善"与"求真"截然分开,分别开展哲理研究或实证研究。或者说,教师很难"一次性"地确定研究的价值而投入预设的实证研究,而往往是在价值判断与采取行动之间不断地往复和协调。因此,"实践研究"实际上是少量的"哲理研究"与更多的"实证研究"的"变式"的一种混合体,因而有其独特的方法论性质和另立门户的需要(详见本书第二章第二节)。

(三)其他方法的性质和归属

在上述研究方法体系中,哲理研究、实证研究与实践研究是三个基本类型和上位概念。至于其他一些研究的方式方法,则是应用于不同或多个研究领域的具体方法。

如经典方法中的教育统计、教育测量,是实证研究中搜集用数量表示的资料或信息,并对数据进行量化处理、检验和分析的方法。

又如新兴概念中的案例研究、课例研究、教学反思等,都可以归于调查研究范畴,可以看作是对某个特定的教育现象或研究对象的观察和思考,主要应用的是观察、访谈、反思等具体方法。但在教师的实践研究中,由于研究性质的综合性和复杂性,案例研究、课例研究等方法又与经验总结和行动研究等有着紧密的联系,因此难以简单地区分和归类。

---

① 参见刘良华:《教师研究与专家研究的大同小异》,《上海教育科研》,2010 年第 9 期。关于实践研究的性质问题,我们曾有交流。刘良华认为,"应用研究"的概念还不同于"实践研究",应用研究依然可以显示为实证研究,而一般意义上的实践研究则主要是"应然研究"或"策略研究"。因此他的观点与本书的分类及解释大体相同而强调重点有所不同。

再如有关"磨课"、项目研究、校本教研、实践共同体等概念，大体上都属于教师开展教育研究的某种组织形式，而不是具体的研究方法。

至于教师们比较关注的教育叙事，则是一种语言表达方式而不是研究方法；更确切地说，是一种质的研究的写作形式。叙事形式可以应用于实证研究和实践研究，包括用于调查研究、实验研究、经验总结或行动研究。一项教改实践研究，可以用量化的方法收集分析有关数据材料，然后用严谨的论述语言和逻辑结构予以表达，即通常所说的论文或研究报告；也可以用质的研究方法收集记录有关具体事实，然后用描述性的语言反映及解释，即人们通常所说的质的研究报告或叙事研究报告。关于实证、实践研究报告的撰写和叙事性的案例研究的撰写，本书第九章和第八章中分别有详细的讨论。

与质的研究相关的概念还有现象学研究，从方法上说大体上也属于调查研究的一种；而所谓解释学研究，则更多地应用在历史文献的深度阐释上。

二、实践创新的内涵及争议

一些中小学幼儿园教师和专家学者，曾就教师研究的特点和方法问题展开热烈的讨论，其中主要观点大体上可以归纳为两种。一种观点认为，教师研究的主要目的是解决教育教学实际问题，而不是去探索具有普适性的未知规律，因此教师研究与专家研究不应该遵循同样的研究方法和规范。另一种观点认为，科学研究的本质就是一种探索客观规律的创造性的认识活动，只有应用科学方法认识和掌握了教育规律，才能有效地解决实际问题。于是，上述争议变成了"先有鸡还是先有蛋"的问题。

（一）关于解决问题与探索规律

其实上述争议的双方也是有一定共识的，这个共识就是关注研究的实践性，如教师的研究要从实际出发、要从身边找课题、要解决工作中的问题，教师的研究是一种实践创新，等等。双方的分歧在于对实践创新的不同理解，特别是对于解决问题与探索规律的关系的理解。

按第一种观点，教师研究重在解决具体问题，与探索规律关系不大。这样带来的困难是，实际上就排除了各种实证研究方法的应用，诸如历史研究、调查研究、实验研究等，此外与之相关的经验总结和行动研究也受到很大限制。因为这些方法基本上都是通过提供实际证据来证明某种假设，是用来考察事物之间的因果关系或相关关系的，或者说是为了探索事物间的规律性联系而设计应用的。当然研究规范是可以"改写"或"重构"的，有道是不破不立，旧的不去新的不来。但规范本身就是普适性的规律，建立新规范也是要经过逻辑和实践的验证的，否则就很容易陷入"作茧自缚"或"白废武功"的困境。

按第二种观点，教师的研究是一种运用科学方法，有目的、有计划地探索教育规律的创造性的认识活动。这样面临的困难是，怎样解释实践研究的"创造性"，因为大多数教师的研究确实没有发现和提出什么前人未知的新规律、新理论。如果认为，中小学教师的研究在理论上就是一种重复研究，那么所谓"探索规律的创造性的认识活动"的说法也很难成立了。

为了摆脱这个两难困境，这里尝试提出另一种解释。我们可以认为，教师的实践研究，是认识主体在特定情境中对教育教学规律的一种再认识和再发现。所谓实践创新，就是教师在自身所处的特定情境中，对前人提出的教育规律或教育理论有了新的领悟和新的应用。一般来说，再发现的东西不应该是未知的，但由于它是在某个特定情境中发现的，对特定的认识主体来说又是一种新认识，因此就具有了一定的未知成分，也就具有了一定的实践参考价值及理论研究意义。

比如孔子在两千多年前就提出和践行了"因材施教"的理念，但是他老人家不可能为我们指点在不同时代、不同地点、不同人群、不同情境中如何施教的具体方法，这就需要广大教师的实践研究和实践创新。研究的方法可以包括以往提出的各种科学研究方法，包括实证研究和实践研究，通过系统的研究提炼出新的做法和新的认识。这些新的做法和认识，带有明显的情境性，而不一定具有广泛的普适性。至于这种"情境性认知"是否属于"创新"，是否算得上发现了特定情境中的特殊规律，是否能够成为教师的"实践性知识"或"个人理论"，评判的标准一是看是否解决了原来所要解决的问题，二是看对这种解决方法和结果的解释能否自圆其说，能否得到同行和社会的认可。所以教师的研究成果既需要实践检验，也需要交流和发表。

回到"探索规律"与"解决问题"的关系问题上，可以认为，对规律的再认识是在解决问题的过程形成的，而问题的解决也是在认识规律的基础上逐步完善的，因此二者就是一个交错平行的关系。至于哪个是鸡，哪个是蛋，这并不重要。

（二）关于实践创新的实现方式

1. 教育研究的一般过程

教育研究的方式方法多种多样，但无论应用什么研究方法，都是在一个基本的研究规范和研究过程中进行的，这个规范和过程大致体现为研究的三个基本环节，即：（1）问题与设想 （2）方法与过程 （3）结果与讨论。有了问题就会产生解决问题的想法，有了一定的设想才能选择适当的研究途径和方法，应用了一定的方法就会得到相应的结果，而有了结果就需要解释及讨论。因此，无论是理论研究还是实践研究，只有符合这个研究的基本规范，才能使研究得以顺利进行，并获得预期的研究成果。

根据各种研究方法性质特点的不同，研究的一般过程又会表现出不同的特点和形式。如收集材料是开展研究的重要基础，而材料的来源可以是文献资料，也可以是现场观察；材料性质可以是量化的数据，也可以是事件的描述。这样出于不同的研究思路，就会选择和应用不同的方法，包括实践研究的主要方法经验总结和行动研究，在总体上都体现和遵循了研究的一般过程。

2. 两组研究选题的比较

实践研究在方法应用上包含着一定的应然研究，但主要是实然研究，是通过经验总结和行动研究解决教育教学的实际问题。下面是两组常见的教师论文选题，分别代表了不同研究类型的特点和取向。

实例 1.1　两组常见的教师论文选题

（1）应然研究的论文选题

试论课堂教学有效性的内涵与意义

"轻负担，高质量"的必要性与可行性

加强语文教学人文性的几点思考

高考招生实名推荐制之我见

教师流动制应该缓行

（2）实然研究的论文选题

国内外有效教学理论研究述评

近年来薄弱初中教改的成功经验及其教学模式

中学数学学科课堂提问的实践研究

"自学导练"教学模式的实践与思考

小学生抄写生字四遍与八遍的效果比较试验

上述两组选题，虽然都具有较强的实践针对性，但研究的性质和方法却有很大差异。比如同样是研究"有效教学"问题，应然研究体现了研究者对"有效教学"的价值意义的判断和论证，而实然研究则描述和反映了"有效教学"的实际状况，包括理论研究和实践应用的现状。从表达形式上看，应然研究一般体现为思辨性的论文，反映了对问题的性质内涵的"思考"、"认识"和"阐述"，常用"论……"、"必须……"、"关注……"、"呼唤……"、"促进……"等语句形式来构成一个命题（如"和谐社会呼唤教育公平"）。实例1.1中第一组选题，就是比较典型的应然研究或哲理研究。第二组选题主要体现了实然研究的特点，从表达形式上看，通常体现为文献综述、研究报告和经验总结。

应然研究告诉人们应该做什么或怎样做，实然研究告诉人们已经做了什么或怎么做的。二者研究取向不同，而各有其存在的价值。作为研究者的教师，不仅需要思考和认识教育改革的方向和意义，还需要了解和把握教育改革的现状和问题，更重要的是通过有思想的行动来改变现实。因此，对于一线教师来说，实践研究和实证研究应该是方法应用的首选和主流。就研究的选题和方式而言，教师可以适当关注应然研究，以提高自身的思想水平和论证能力，明确实践行动的方向和目的；但是更多的还是要开展实然研究，以发挥自身的特点和优势，取得更为具体而丰富的研究成果。

第三节　寻找自己的最近发展区

教师常说备课要备两头：一头是教材，一头是学生。所谓备教材，就是要研究学生发展的外部因素，而备学生，就是研究发展的内部因素。同样，中小学教师要从事科研写作，也应该了解自身发展的因素和条件，选择恰当的研究方向和途径，找到自己的最近发展区。虽然大家都认同，教师研究的方式应当以实践研究为主，但由于影响科研写作的因素十分复杂，加之各人理解不一，究竟怎样找到适合自己的研究之路，实际上还有许多认识问题和操作问题需要解决。

一、两种"实践研究"的路径

所谓实践研究，是指教师在一定的教育理念的指引下，通过系统的教育行动来解决面临的教育实际问题。在高度抽象的概念层面，人们对于"实践研究"的意义和内涵似乎并无太大的争议；然而在实践过程中，各种"实践研究"的取向和表现却可能大相异趣、各不相干。与前述教师实践创新问题的争议有关，由于各人看问题的出发点不同，目前人们对教师的"实践研究"实际上存在着广义和狭义的两种理解和解释，由此带来两种具有明显差异的实施途径及其方式方法。

一种可称为广义的实践研究，它强调教师研究的特殊性，把研究看作是一种活动形态，强调研究活动过程价值的体现，不刻意追求研究的结果和结论。教师实践研究的目的，就是在日常工作中改进方式方法、提高教育教学质量、促进学生的发展，并在这个过程中实现教师自身的专业发展。按照上述观点和思路，教师的实践研究的主要方式方法就是在备课、上课、评课的过程中不断地设计、实践、思考、改进，以及交流、总结、提高。上出一堂堂让学生喜欢的课，帮助一个学生健康成长，获得一次次新鲜而深切的体验，这就是教师实践研究的最常见、最重要的成果。从写作角度看，广义的实践研究不强调文本写作，特别是不看重论文和研究报告的文本形式，主要提倡教师在实践过程中通过教案设计、教育叙事、反思笔记等形式，记录自己的观察、思考和感悟，以帮助提高研究水平。

另一种可称为狭义的实践研究，它强调教育研究的规范性，不仅重视研究的过程，也重视研究的结果，并注意把研究结果用于反馈指导实践的过程。从这个观点出发，教师实践行为的改进必须建立在系统研究和理性认识的基础之上，不仅要争取好的教育效果，也要说明产生或未产生这个效果的原因。为了实现这个研究目的，需要进行专门的研究设计，经验总结、行动研究以及实践反思同样需要遵循一定的方法规范。研究的最直接的成果，是对教育现象、教育行为的描述、分析和判断，从而提出及实施解决问题的思路和方法；但教育现状最终是否得到改善，并不完全等同于研究的质量或成败。从写作角度看，狭义的实践研究主张依据不同的研究目的和方法，选择应用适当的文本形式，主要包括论文和案例两大类。

以上对两种观点及其实施途径的介绍，是依据许多研究者的表述归纳概括而成的，实际上不少研究者的观点及阐述并不那么明晰：在许多情况下，两种观点是被一些研究者混杂其或交错表述和应用的。这种现象，也从一个侧面表明了教师的实践以及实践研究的复杂性。

二、不同路径利弊得失之分析

在现实中，基于不同理解的两种实践研究都拥有各自的支持者和实践者，也都能从理论上旁征博引以论证其正确性，或从实践中举例证明其可行性。

走广义的实践研究之路，最明显的好处是与教师的日常工作紧密结合，在工作中研究，在研究中工作。研究者不用脱离工作实际去设计研究课题、考虑适应研究规范和方法、撰写不擅长的论文报告；只要有自己的教育追求和大致的教改设想，努力地在日常工作中实践、思考、领悟、改进，就能逐渐提高认识水平和研究能力，取得良好的教育教学效果。在这个过程中，教师的智慧不断生成，精神得到陶冶，境界得以提升。如果撰写和发表一些叙事或随笔，也能促进自身的反思和提高，并获得社会的认可。这方面比较典型的例子，就是许多优秀教师通过磨课、赛课、说课（讲学）等教研活动，实现了自己的事业成功和人生理想，即所谓不做课题，照样精彩。

上述广义理解的实践研究，也被称之为"研究的泛化"，并因其"不规范"和"不科学"遭到不少质疑，甚至被排斥于"研究"范畴之外。但是对于一个普通教师来说，既然也有那么多专家学者论证和维护了这类研究的价值意义，就不用过多地担心其"合法性"的问题了。这里要考虑的，倒是怎么去走通这条路。

走这条"泛化研究"之路，主要的障碍在于入门不难、提高却不易。从研究的性质和取向看，广义的实践研究重在求善而不是求真，即"做正确的事比正确地做事更重要"。因此在研究方法上，这类研究强调不必遵循复杂烦琐的科研规范，倡导教师研究的"原生态"、"草根性"，因而大大降低了教师参与研究的门槛。然而凡事都有两面性。泛化的实践研究一方面增强了教师参与研究的自信心和可行性，受到广大教师的欢迎；另一方面，也使教师失去了一些必要的方法指导和支持，热情投入中不免带着些茫然。离开了有计划、有系统的研究过程，所谓实践反思也很容易流于琐碎和表面（有关反思的理论及实践，可参见本书第十章第一节的有关论述）。实际上，上公开课，写叙事随笔，参加教研活动，教师研究水平的提高主要是依靠个人的体验和感悟。虽然体验感悟也是一种重要的途径和方式，对教师的专业成长有着不可或缺的独特作用，但其作用范围毕竟是有限度的。受制于个人的素质基础和不同的研究环境，有些人能够因悟而得道，也有不少人始终悟而不得、徘徊于低水平的摸索之中。

从评价角度看，有些研究成果是可以测量的，如表示为数据的统计和分析；有些是可以言说的，如具体的描述和严密的论证；有些是可以观察的，如通过教学现场的听课观课；有些则是只能体验的，如难以言说的隐性知识。前三种结果表达都有较强的或一定的客观性，可以由研究者和研究对象之外的第三方来判断，而最后一种结果则是主观判断，只能由当事人自己来感受体会。"泛化研究"主张研究成果体现为教学效果和个人体验，本身也是一种规范和标准，其副作用是导致一些教师为了得到"好"的评价，去追求即时的表面的"效果"；或者是由于缺乏深入的理性思考，难以表达自己的研究结果。由于泛化研究与日常工作的边界比较模糊，即使是看到了"好"的实践成效，人们也很难判断这是个人天赋、勤奋努力还是改进方法的结果，这难免又违背了提倡教师参与研究的初衷。

与"泛化研究"相对的是"规范研究"，其特点是有一套现成的研究方法和研究规范可以遵循和操作，研究过程比较深入和系统，研究结果相对单纯和可靠。例如要有明确的研究目标和整体的研究设计，要了解和借鉴以往同类研究的成果，要在研究过程中注意收集材料、加工处理、反馈调整，要在深入反思、系统总结的基础上提出自己的看法和结论等。这种规范化的研究模式，大多表现为各种类型和级别的课题研究。但也有相当数量的学校和教师并未申报立项，而是参照这种模式开展自己的实践研究。

从教师专业发展的角度看，学习并遵循"研究规范"，有助于提升教师的研究能力和学术素养，特别是在拓宽研究视野和增进思考深度方面有着明显的作用和效果。其不利之处，则在于研究与工作不能紧密结合，必须在日常的教育教学工作基础上，进一步设计和实施研究方案；研究者劳心劳力，所得结果不一定有什么"实际效益"，在某些情况下，还容易导致为研究而研究的形式主义。有关教师研究的科学性和规范化问题，争议较多，其利弊得失，这里不再展开讨论。对于一般教师来说，泛化与规范两条研究之路，都有先行者的成功范例，都是可以考虑的选项。而且从不同的立场和观点看，两种模式也没有高下之分，只能根据个人具体情况进行权衡和选择。

三、没有最好，只有最合适

由于研究对象和研究环境的复杂性，教师的研究面临着众多不确定的因素，无论采用什么方式方法，都很难按照纯粹的理想的研究模式进行。因此，中小学教师科研写作的最近发展区，是具有一定挑战性的研究设想与影响研究的各种因素平衡的结果。这些影响因素既有研究的外部条件和环境因素，也涉及研究的个人条件和素质基础。研究者需要对这些因素进行考察，然后作出自己的判断和选择。

研究的外部因素主要包括研究者所处的工作环境、教研氛围以及进修培训、参与课题等。

如工作环境，要考虑研究选题是否会影响原有的工作安排，是否会承受来自"应试"等研究以外的压力，能否得到周围同事、学校领导的认可和支持等。

如教研氛围，能否结合学校的教研活动来设计实施自己的研究方案，是否有参加学校或地区公开课教学评选的机会，能否得到高水平教师或教科研专家的指导等。

如进修培训，是否有各种学习进修的机会，能否结合进修内容开展研究并撰写论文，能否得到专家学者的具体指点等。

如参与课题，所在学校是否有课题或专题研究，是否有申报和承担课题的机会，能得到有科研写作经验的同行们的帮助指导等。

其他外部影响因素还有不少，这里不再一一列举。

研究的内部因素主要包括作者的教学水平、研究经验、写作能力以及个性特长等。比如从个人的思维方式看，可以分为逻辑思维和形象思维两大类型。前者偏于理性，长于思辨分析和抽象论证，以男性为多；后者偏于感性，长于观察、描述和叙事，以女性为多。目前中小学幼儿园教师队伍的性别构成，女性占有较大比例。当形象思维占据优势时，研究成果的表述和交流就可能出现叙事强于议论、"供给"大于"需求"的现象。

虽然从教师个体角度看，钟情于比较随性的笔记类写作，同样可以促进个人的专业发展；然而要达到较高的研究水平，观察和叙事的质量也离不开思考的深度。同时在许多场合，大量的教改经验和研究成果还是需要通过理性思考的形式来表达和交流，各种形式的论文、研究报告可能就会有更多的表达和交流的机会。对于特定环境中的具体的人来说，扬长还是补短，就是一个需要权衡的问题。因此，怎样充分利用各种资源和条件，更有效地促进教师的专业成长，需要综合各种内部和外部因素，选择合适的研究途径和写作方式。实际上在不同的发展阶段和研究环境中，各种模式也是可以交替应用的。没有最好的，只有最合适的。

曾有学者阐述成为"教育家"的八条标准，其中第六条是"取得教育界广泛认可的重大教育成就"，① 并认为专业成就水平的高低是教育家区别于一般教育工作者的重要标志。虽然不可能有太多的教师成为教育家，但这并不妨碍我们每一个教师朝这个方向去追求、去努力。或者说，专业成就水平的高低也是一个作为研究者的教师与作为一般教师（甚至是先进工作者）的区别。那么怎样"取得教育界的广泛认可"呢？上出一堂堂让学生喜欢的课，帮助一一个学生健康成长，当然都很重要，但是这些实践研究成果的提炼和传播，最终也离不开文本的写作。从实践到文本，应该是每一个追求专业发展的教师的必经之路。

---

① 沈玉顺：《教育家评价标准建构及其内涵解析》，《上海教育科研》，2010 年第 9 期。

　　有一位青年教师在单位内网上发了个帖子："在撰写教育研究的论文时，常常要涉及一个'理论基础'问题。这是增加研究问题的说服力、寻找立论的基础工作。很多理论之间本身是有递进、承接的关系的，那么我们谈 A 的理论基础时，应该立足到哪一个层次上呢？不断追溯，往往绝大多数东西都可以追溯到孔子、苏格拉底等人的思想上了，越是这样，越觉得没有把握。所以，我就不清楚，怎样的理论、什么层次的理论可以作为某个东西的'基础'一说。还有，当有多个理论可以解释 A 时，各理论之间的关系是否要考虑？这个问题一直很困扰我……"这个问题被称作网上最佳提问，因为它典型地反映了许多教师、科研人员在研究和写作时面临的困惑。当然，写文章不可能都寻根到孔子、苏格拉底，有人提出只能选择一两种自己比较认同的适用的理论，来支持自己论述的观点和立场。但是，这样的回答也会引起新的疑问：什么是"适用"的理论？应用理论的目的究竟是什么？写文章一定要用他人（名人、古人、洋人）的理论来证明自己吗？

CHAPTER 2

所谓理论，就是有目的、有条理、有系统地反映了某种立场、观点和方法，即知识的系统化。从根本上说，一个人做研究、写文章，无论是有意识还是无意识，都离不开特定的理念和方法，离不开一定的知识基础。换句话说，总是有一定理论背景的。问题在于，有意识地应用理论，可以使思维和表达更清晰、更有条理，因而也更能达到研究和表达的目的。个人的智慧总是有限的，每一项研究、每一篇文章，其实都是在他人基础上的进一步探索。因此科研写作离不开对前人思想成果的学习和借鉴。然而在人类历史的长河中，古今中外的名家大师繁星点点，典籍卷帙浩如烟海。如何把握教师的科研写作与理论应用的关系，如何看待教师实践研究的理论特点和形成路径？本章将从教师科研写作面临的问题出发，探讨教师写作与理论应用的关系，并着重探讨教师实践理论的源流及特点。

第一节　教师的研究可以没有理论吗

理论应用是教师科研写作的一个难点，历来存在着不同的看法和声音。有许多教师在理论学习和应用方面孜孜以求，并颇有收获和心得；但也有不少教师面对理论，或知难而退，或敬而远之，或不以为然，心态比较复杂。下面就一些教师对理论应用的不同看法，简要分析科研写作与理论应用的关系。

一、"有理论"与"没理论"

写科研文章的基本目的是阐发观点、以理服人。写作时以一定的理论学说为指导，或援引一些理论观点，可以使写作的思路一贯、论证有力，有助于增强文章的说服力。然而也有一些教师和作者认为："有些文章并不讲什么高深的理论，不也很有说服力，很受读者欢迎吗?"或者说："真理总是朴素的"，"有话要好好说"。这些观点具有一定的代表性，反映了不少教师对高头讲章式的理论文章的不满和排斥。怎样看待这个问题，这里尝试从两个角度进行分析。

1. 要把应用理论与应用术语区别开来

教育书刊中有一类被看作是没什么理论的文章，历来受许多读者的偏爱。这些文章可能既不引经据典，也不故作高深，而是能够用大家熟悉的日常语言来揭示问题、阐述道理、启发思考。这样的文章当然是好文章，但却很难说是"没理论"的文章。一般来说，一篇文章之所以有较强的逻辑力量，正是作者理论思维的结果。在这类文章中，作者可能没有用上许多学术理论专有的名词术语，但通过通俗的语言表达形式，同样反映了某些理论的立场、观点和方法。这可以叫做理论的通俗化应用。

华东师范大学的陈桂生教授和北京师范大学的肖川教授，就是写这类文章的高手。但是熟悉他们研究成果和写作经历的读者知道，他们也写过不少比较"高深"的学术理论著作。而那些颇受欢迎的"没理论"文章，其中的许多观点和内容，都曾在学术专著中阐发论证过；现在针对不同的对象和情境，用另一种语言形式，作了新的表达。比如陈桂生教授的"实话"系列（《教育实话》、《师道实话》、《学校管理实话》）很受欢迎，其中有些篇章还运用了问答或对话形式，可读性很强。但在此之前，陈老师已著有《教育学原理》、《教育学的建构》、《中国教育学问题》等多部理论专著，对教育理论与实践的现状和问题作了深入的思考和系统的研究。在这里，实话实说式的表达是以扎实的理论功底作基础的；看起来"没理论"的，实际上理论蕴涵其中。平实的文章之所以有说服力，是由于作者先掌握和内化了理论，再外化为更便于理解的表述形式。所以说，没用术语或少用术语不等于没有理论。

2. 要把科研论文与随笔评论区别开来

科研论文与随笔评论，二者的边界有时不太分明，不好区别，但还是有必要作一些分析说明。上述"有理论"与"没理论"的文章，有"严肃"与"通俗"之别，但总体上说还属于"论文"的类别；但是还有一些随笔性质的文章，从文体特点上看，更适于归入杂文或散文的范畴。这后一类文章一般带有更多的文学色彩，不仅是以理服人，而且还能以情动人。不少教育随笔或针砭时弊，或赞美现实，或评议一针见血，或描述真切感人，因而也广受读者欢迎。科研论文与随笔评论的主要区别是：前者重在逻辑论证，后者兼及描述与抒情；前者强调对问题的深入系统的研究，追求立论严谨和理论创新；而后者则注重有感而发，不拘形式，更看重与读者的思想和情感共鸣。

举例来说，原上海师专的商友敬老师和南京师大附中的王栋生（吴非）老师，是两位著名的教师作者。他们可能也写过几篇一般意义上的论文，但大量发表的深受读者喜爱的文章，都属于杂文和随笔性质。他们的文章一般篇幅短小、文字精美，富于思想性、启发性和文学感染力。如王栋生老师的随笔集《不跪着教书》，兼具思想性与文学性，广受好评。但是从"理论是知识的系统化"的界定看，这些随笔杂文并不追求对某一理论或实践问题的系统探究；以学术研究的标准来衡量这些文章，可能价值就不是很大。不能绝对说随笔评论不是作者内化理论的结果（两位老师本身就是博览群书、学思结合的模范），但它们更多的是一般学术素养的体现，而不是特定理论应用的结果。从这个角度说，这类随笔评论的写作是可以"不讲理论"或者说是"没理论"的。

学术性、理论性不强，当然不等于没有意义和价值。如另一位善写随笔的李镇西老师所说，这些文章"反映了自己的人生故事、教育感悟和社会思考"。好的随笔评论自有其思想、社会、教育及文学的多重意义和价值。如果有教师愿意向随笔写作的方向努力，也是促进自身专业发展的一条有效途径。但是话说回来，做研究、写论文，还是要"有理论"的。

二、"为少数人"与"为多数人"

根据上文的分析说明，一般意义上的论文写作，也可以分为两种取向：一种是偏重通过严谨的学术语言来阐发某种理论观念的学术性取向；另一种是将高深的理论转化为日常的大众语言来表达的通俗化取向。从应用的功能和范围看，前一类论文主要在学术研究领域内交流，可以说是写给少数教育专家及教师看的；后一类论文的传播范围则可以遍及理论与实践领域，读者对象可以是广大教师及所有对教育问题感兴趣的人，是写给多数人看的。实际上可能有相当数量的文章介于两者之间，不宜截然区分。但是无论采用什么样的语言表达方式，都需要作者具备一定的理论基础。问题在于如何根据交流沟通的目的，做到文从字顺、恰如其分。所谓恰如其分，就是针对不同的交流对象和传达内容，采取不同的语言形式。所以严肃也好，通俗也好，都是为内容表达服务，都要顺其自然，不矫揉造作。

1. 为少数人的写作自有其深奥的价值

我们应该认识，一门科学及其研究领域之所以能够形成，具有特定的表达形式是一个必要条件。不同的学科都有各自的专门用语，这样才能准确地、简练地表述本学科特有的问题和概念，学科的理论体系就是由专有的名词术语构造起来的。可以说，没有专有名词术语，就没有理论和研究。

在特定的研究领域内，专业术语实际上是一种通用语言，它不是妨碍而是便于专业研究者更好地表达和交流思想。在一定情况下，深奥意味着简洁和准确，还意味着丰富和深刻，体现了研究和表达的效率。举一个简单的例子：钱钟书先生的《管锥编》是由上千则读书札记构成的，① 其中有大量的观点没有展开论述，比较深奥难懂。因此曾有人说，书中每一个观点都可以写成两万字的论文，言下之意是这样做学问有点浪费材料了。据说钱先生的回答是：我的书是写给写两万字论文的人看的。由此看来，深奥的文字表达自有其意义和价值。如果钱钟书先生把精力放在多发论文上，那我们今天可能就看不到享誉海内外的五大册皇皇巨著，中国学术界的损失就不是一点点了。是否可以这样理解：真理是朴素的，但表述真理的方式却是多种多样的。交流传播的内容、对象和功能不同，语言形式就要有所区别。

2. 为多数人的写作不宜刻意追求浅显

当然，绝大多数研究者不是名家大师，甚至也难得有发表两万字论文的机会。写好让多数人能看懂的几千字的文章，可能是对一般作者的基本要求。这样

---

① 参见《管锥编》，中华书局 1979 年、1986 年版，其后作者又作了较多增补。

说来，是否只要理论烂熟于心，而笔下的名词术语则越少越好？其实未必。

语言是思维的外壳，语言的形式取决于思想表达的需要。通俗化的语言表达也需要以传达思想的准确性为基础，也就是要避免以文害意。在有些情况下，大众语言也能够适当地表达理论概念和学术观点；但在有些情境中则不能符合需要。比如写一篇应用某种理论的文章，你可以把"认知"叫做"认识"，把"表征"称作"表示"或"代表"，把"主体间性"解释为"师生交往"或"生生互动"。在有些语境中，这样表达也无伤大雅。但是推而广之，在所有语境中把所有的专有名词都用日常语汇来替代，必然会出现"翻译"错误的现象。就如在交往理论的语汇中，"主体间性"并不等于"师生交往"或"生生互动"。所以，故作高深也好，刻意浅近也好，都是传达思想的障碍，都有误导读者的可能。因此，写给多数人看的文章也不宜一味排斥名词术语；反过来，也不要认为多数读者只能看懂大白话。

过去学文史哲的学生大多看过两本书，一本是朱自清的《经典常谈》、一本是朱光潜的《谈美书简》。两本书都是几万字的小册子，但都是大手笔写小文章，既高屋建瓴，又深入浅出，被人赞作"如饮醇醪，齿颊流芳"，[1] 多少年来一直是学界推崇的学术入门书。但是这类既叫好又叫座的文章，实在是不多见。关键在于，深入浅出实际上是一个很高的要求，并不是想做就能做到的。所以有学者认为，"能写好小文章的人，一定能写好大文章；能写好大文章的人，却不见得能写好小文章。"[2] 这个说法当然还可以商榷，但却揭示了一个道理，即深入浅出并不容易。所以说，选择什么样的表达方式，首先看读者对象的需要，其次还要考虑作者自身的能力水平。实际上，我们相当多的研究者可能还处于一个掌握理论的中间状态，即懂一点理论，但还没有完全内化。由于自己的理论根底还不扎实，因此在应用或转述这些理论时，我们还不能自如地用自己的语言来表述对事物的看法或对原著的理解，这时候，就需要借助原作者或学术性的语言来表达。

三、"我要理论"与"要我理论"

大学生、研究生写论文，导师会要求有一个"理论框架"；中小学教师提交

---

① 参见涂小马为朱自清《经典常谈》所作序言，上海文艺出版社，1991年1月版，第1页。
② 肖川：《教育的理想与信念》，岳麓书社，2002年6月版，第7页。

课题研究报告，科研管理部门会要求说明"理论基础"或"理论意义"；交流和发表论文，好像没有点学术性、理论性，领导、专家或编辑就不认可。诸如此类对于理论的要求，产生了正反两方面的影响和意义。从积极方面说，它反映了论文写作的一般规律和要求，强调了科研论文写作与其他写作形式的基本区别。从消极方面说，它使一部分研究者和作者产生了误解，似乎应用理论不是出于自身的研究需要，而是来自某些外加的要求和标准，把理论应用当作是一种负担或装饰，从而进入了一个认识误区。这种认识误区在学校教育科研领域还带有一定的普遍性，需要引起我们的重视。

误区之一是牵强附会。有一部分文章属于跟风写作，什么理论流行就用什么理论。这些文章借用几个时髦的名词术语来串联一些并不新鲜的观点，貌似有理论深度，实则牵强附会。前些年"三论"（系统论、控制论、信息论）流行，就引发了一大批用"三论"来解释和指导教改的文章。近几年和谐理论受到重视，又出现了不少"创建和谐的学校文化"、"和谐理论走进课堂"一类的文章。不能说以"三论"或"和谐理论"作为教育研究的理论基础有什么不妥，这些研究文章中有一部分属于严肃的学术探讨，但也有相当部分是跟风之作，并不是出自研究本身的需要，只是一些时髦名词的堆砌而已。时过境迁，这类"知识创新"几乎没有留下什么有价值的学术遗产，却助长了一些研究者的浮躁心态。

误区之二是大而化之。有些文章选择的理论视角有一定意义，但常见的问题是大而化之、浅尝辄止，不利于对问题的深入认识。例如以"多元智能"和"建构主义"理论指导课程教学改革的文章不少，但大多停留在"多元"和"建构"的词义解释上，缺少深入而有效的研究。如讲"多元"就是要培养多种能力，而很少研究培养这些能力时怎样处理相互关系和影响。讲"建构"就是注意生成性，但很少注意不同建构模式的针对性和适用性。这类大而化之的理论应用，容易有其名而无其实，也就削弱了研究的理论和实践意义。

造成上述现象的原因，有认识问题也有能力问题，但首先需要解决认识问题。其实对于"我要理论"还是"要我理论"的矛盾，最好的解决办法是不要把二者对立起来。应用什么理论、怎样应用理论，基本的出发点必定是研究者自身思考和研究的需要；而对于种种外在的要求，我们可以看作是对研究者的一种提醒和对研究规范的一种强调，是让游戏能够在规则范围内顺利进行的一种保证。但如果忘记了自身需要这个根本，只是把精力放在迎合所谓外部要求上，这样本末倒置，既不利于自身研究水平的提高，还可能导致与预期相反的外部评价。

受传统观念和现行科研评价体制的影响，我们面临的困境是：一方面是有些能写大文章的人不愿写小文章，另一方面是众多写不好小文章的人拼命追求大文章。由于平庸之作时有所见，所以有不少教师和作者把学术论文与假科学、伪科学视作一路。这种看法确实反映了部分现实；但如果一概而论，显然过于偏激，也不利于教育科研和教师教育的健康发展。事实也证明，依靠理论包装蒙混过关的人终究是走不远的。要摆脱这个困境，还是要回到科研和写作的正道上来。这个正道就是：从研究和解决问题的真实需要出发应用和构建理论。

最后说明一点，所谓真实需要，就是我们常说的要研究真问题而不是假问题。假问题的表现可能有多种形式，比较常见的一种就是理论的"自我证明"。比如讨论一种教育现象，作者先提出一个陌生而抽象的概念，然后旁征博引地解说这种新提法的含义和意义，最后证明了这种"新概念"确实反映了上述教育现象或问题。然而读者在作者的引导下经过一圈概念旅行后，发现现象还是原来的现象，问题还是原来的问题，除了对作者的理论水平感到敬畏之外，自己对问题的了解和解决并没有超越原有的认识水平。在这里，问题并不在于写文章能不能进行纯理论的探讨，而在于这类"理论自证"本身在理论上并无创见，而借用他人理论观点的目的又不在于解决实际问题，从而变成一种纯粹的思维游戏。如果说这种理论证明有什么积极意义的话，用教育史上"形式训练说"的观点看，它的最大的好处可能是用作高等院校中培养研究生学术能力的思维训练，而对于中小学教师的科研写作来说，恐怕是弊多利少。

第二节　教师的实践理论是怎样形成的

一般来说，理论是人的理性认识的结果。在认识客观世界和主观世界的过程中，人们通过抽象、概括、分析等思维方式来把握事物的性质，就形成了有关事物的概念、判断、命题、规则等一系列知识。如果把这些知识加以梳理整合，构成一种有条理、有层次的逻辑体系，就形成了关于某种事物和某类知识的一门学问，即理论。

从古希腊以来，抽象的理论就被看作人类认识的最高层次。因为高度概括的理论具有普适性的特点，是关于事物的本源、原因和"第一原理"的学问。它超越了人们对个别事物的认识局限，可以用以解释各种具体的、个别的、特殊的事物和问题，可以用来指导人们在面对不同境遇时的行为。所谓普遍真理是放之四海而皆准的。

然而在长期的社会实践过程中，人们逐渐发现许多有用的知识并不能用抽象概念的形式提炼出来，或者说，指导实践的理论并不一定体现为普适性的特点。比如游泳、烹饪、骑自行车、手工制作、艺术欣赏、诊断病情，以及课堂教学等，许多事情都难以用普适性的理论来解释或指导，而是更多地依赖于当事人具体的、独特的、个人化的体验、判断和描述。人们把这种情境性和个人化的认识称之为实践智慧、实践知识或个人理论。了解和辨析有别于"纯粹理论"的"实践理论"，可以对教师实践研究的特点和路径有更清晰的认识。

一、实践哲学的源与流

1. 探寻实践哲学的源头

关于实践哲学的研究，近些年受到研究者的广泛关注，但其源头却可以追溯到古希腊的亚里士多德。西方哲学界曾流传一句名言：一个人，天生不是一个柏拉图主义者，就是一个亚里士多德主义者。亚里士多德是柏拉图的学生，他的一句名言流传更广，这就是"吾爱吾师，吾尤爱真理"。可见师徒二人的观点确有分歧，这种分歧后来成为西方哲学中理想主义和现实主义的两个源头。

柏拉图重视理念和理想，认为理念是实物的原型，知识是完美永恒的真实存在，而人们感受到的现实世界只不过是理念世界的模糊反映。所以柏拉图在《理想国》中主张由哲学家国王来领导国家，因为他们拥有最完美的理念和知识。而教育的作用，就是通过启发和沉思，引发儿童对天赋中理念世界的回忆。亚里士多德也承认理念或理智处于最高层次，但他却认为知识起源于感觉，认为可以通过对事物的观察和感受来诱发理性思考，从而获得知识或真理。

亚里士多德明确提出了实践的概念，并第一次构建了一套有关实践哲学的理论体系。在《尼各马可伦理学》中，亚里士多德把人的认识方式分为五种：（1）技艺（techne），或译"制作"；（2）科学（episteme），或译"纯粹科学"；

（3）明智（phronesis），或译"实践智慧"；（4）智慧（sophie），或译"哲学智慧"、"理论智慧"；（5）努斯（nous），可译"直观智慧"或"直觉理性"。在《形而上学》一书中，亚里士多德进一步把人的认识活动概括为实践的、创制的和理论的三种。

亚里士多德认为，"明智是一种同善恶相关的、合乎逻各斯的、求真的实践品质"。① 亚里士多德对实践的概念做了具体阐述，特别是对"明智（实践智慧）"与"技艺（制作）"和"理论智慧"的差异做了区分和说明，从而在历史上首次指明了实践智慧的特点和意义。他解释说，实践与制作都是人的活动，但他们的出发点有根本的不同，制作关注的是活动的产品，而实践关注的是活动中的人及其活动本身。理论智慧处于认识的最高层次，具有普适性；而实践智慧则与具体事物相关，它不仅求真而且求善。因此一个具有实践智慧的人可能比一个掌握普遍性知识的人，在实践中做得更好。

"哲学家们只是用不同的方式解释世界，而问题在于改变世界。"马克思的这句名言，也揭示了人类认识发展的一个事实，就是关注了"是什么"（what）和"为什么"（why）而忽略了"怎样做"（how）的知识。在亚里士多德之后，有关实践哲学的研究始终未能成为学术界的主流，比较有影响的有十七世纪英国经验主义哲学家洛克（John Locke）的"白板说"，以及当代美国实用主义哲学家、教育家杜威（John Dewey）有关"反思"的论述等。到 1958 年，出生于匈牙利的英国哲学家波兰尼（Michael Polanyi）出版《个人知识》一书，提出"默会知识"理论，这是当代有关实践哲学方面最具突破性和系统性的著作。默会知识理论揭示了在人类知识体系中，可以用文字、数字、图表等方式表述的"显性知识"只是一小部分，只是露出水面的冰山一角，而绝大部分是不可言传却又支配着人们行为的"默会知识"，是隐匿在水下的冰山的主体。这个冰山理论后来成为许多教师实践智慧研究的理论基础。

2. 关注教师的实践智慧

到了 20 世纪 70 年代，有关实践哲学的思想潜流在西方教育界掀起了波澜。许多教育学家重新发现了亚里士多德实践哲学思想的价值和意义，有关教师实践

---

① ［古希腊］亚里士多德著，廖申白译注：《尼各马可伦理学》，商务印书馆，2003 年 11 月第一版，第 173 页。

智慧的研究逐渐成为教育研究中一个新兴的重要领域。

1974 年，美国学者阿吉里斯（C. Argiris）等人提出了"信奉理论"和"使用理论"的概念，指出那些能够被教师在思想上认可或清楚地表达出来的观点和理论，并不一定代表其实际遵循和应用的观念和信念，影响教师行为的不仅是教师的"信奉理论"，更重要的是那些只可意会不可言传的"使用理论"。①

1981 年以后，加拿大学者艾尔贝兹（Freema Elbaz）发表了她对一位中学教师的案例研究报告，阐述了"实践知识"的概念和内涵。她认为教师的实践性知识是"关于学生、课堂、学校、社会环境、所教学科、儿童成长理论、学习和社会理论所有这些类型的知识，被每位教师整合成为个人价值观和信念，并以他的实际情境为取向"，② 这可能是最早开展的对于教师实践知识的系统研究。接着于 1982 年，加拿大的另两位研究者克兰蒂宁和康奈利发表了《街角中学的实践性知识》，进一步深化了基于具体情境的叙事研究方式，并提出了教师具有"个人哲学"的命题。

1986 年，美国教育学家舒尔曼（Lee Shulman）针对美国教师资格认证制度的缺失，提出了学科教学知识（或译：学科教学法知识，Pedagogical Content Knowledge）的概念。他强调，教师不仅应掌握所教学科知识和一般教学法知识，还应具备将自己拥有的学科知识转化成易于学生理解的表达形式的学科教学知识（PCK）。

此外，还产生了一些具有影响的成果并被逐渐介绍至境内，如美国的舍恩（Donald A. Schon）对"反思性实践"的研究，加拿大的范·梅南对"教学机智"的研究，日本的佐藤学通过课堂观察对实践性知识特征的阐述，中国香港的徐碧美对新手教师与专家教师的案例研究等。

归纳起来，有关教师实践智慧的研究可分为两条基本路径。一条路径是运用思辨和理论研究的方法，探讨分析教师知识能力的内容结构和表现形式。如舒尔

---

① Argiris C，Schon D. *Theory in Practice：Increasing Professional Effectiveness*. San Francisco：Jossey-Bass，1974. 转引自邓友超：《教师实践智慧及其养成》，教育科学出版社，2007 年 4 月第 1 版，第 127 页。

② Elbas，F. *The Teacher's "Practical Knowledge"：Rrport of a Case Study*. Curriculum Inquiry，1981，（1）. Elbaz，F. *Teacher Thinking：Study of Practical Knowledge*. London：Croom Helm，1983. 3. 转引自陈向明：《对教师实践性知识构成要素的探讨》，《教育研究》，2009 年第 10 期。

曼提出教师的知识结构由七个方面组成（包括学科知识、学科教学法知识、课程知识、一般教学法知识、关于学生的知识、教育环境的知识、教育目的和价值的知识），其中要特别重视学科教学知识的作用。这类研究强调了应根据教师的不同特点和需要，进行有意识的内化学习，以便把外显的理论知识转化为教师内在的个人能力。另一条路径是通过课堂观察和叙事研究的方式，观察和描述教师知识能力的形成特点和过程。如克兰蒂宁和康奈利对教师和课堂的长期跟踪研究。这类研究特别关注实践知识的产生与特定情境的关系，包括教师的工作环境、经验背景、个人生活史等。对默会知识产生机制的研究，是这类研究的一个重点。随着有关研究的发展和深入，上述两种路径和方式在具体项目中也可能有所交叉或融合，如陈向明对实践性知识的研究，将实践性知识结构要素的探讨与课堂观察、案例式研修较好地结合在一起。

二、不同学说类别之比较

从研究对象的性质来看，不同的研究思路又有一定的交叉，涉及的概念包括实践智慧、实践理论、实践性知识、个人知识、个人理论及教育机智等不同界定和提法。归纳起来，除了对这类认识的实践性、情境性和个人性的特点具有一定共识之外，各家学说大致可分为"智慧"、"知识"和"理论"三大类。比较起来，可说是各有侧重或各有所长。

1. 智慧说

按照亚里士多德的原意，"实践智慧"是人的一种品质、素养或能力状态，它是一个人在具体情境中应对种种不确定因素时的一种统筹和判断的能力素养。亚里士多德是在伦理学范畴内提出"智慧"概念的，说明智慧是对"善"的追求，与人的德性相关。相对而言，现代哲学家、教育家所说的知识和理论一般是在认识论的范畴内应用，主要是强调求"真"。从特定意义上看，既求真又求善的"智慧"品质，比较准确地反映了人的实践活动的特点，这也是亚里士多德开创实践哲学研究的起点。而"知识"和"理论"的概念，表达了人们在感知基础上又经过理性思考而对事物所形成的比较确切和共同的认识。从知识的内隐和外显的角度看，"知识说"和"理论说"更加关注的是将教师在实践活动中形成的独特而又模糊的认识明确化、外显化，从而提炼出具有稳定性和系统性的认识。

二者的研究取向有所不同。

2. 知识说

艾尔贝兹最早阐述和运用了实践知识的概念，舒尔曼则更加系统地构建了教师的知识体系。他们的研究使教师的实践性知识成为一个内涵丰富、体系完整的研究领域，其后各国研究者大多接受和拓展了这些北美学者的研究成果。有关实践性知识的研究使教师经验的学习和研究，既摆脱了套用一般的普适性理论来解说实际情况的书斋式的做学问方式，又超越了"只能意会不能言传"的传统的经验传承方式，使老问题有了新视角。特别是对知识内容结构（如 PCK）的分析和知识形成机制（如默会知识）的研究，已经从一般的理论探讨转化成一批在相关理论指导下的实证研究和实践研究，达到了一定的研究深度。因此，这类既能"信奉"又能"使用"的"实践性知识"，在教师教育研究领域得到比较广泛的关注。但是"知识说"未能充分注意到人在实践活动中"求善"的特点，很容易陷入一种纯理性、纯技术的研究思路，这难免会与实践理论研究的初衷相悖。

3. 理论说

阿吉里斯等人最早提出了教师的信奉理论和使用理论的概念，近年来国内一些研究者也应用了"教师个人理论"或"教师个人实践理论"的提法。总体上说，"理论"的提法更多的与教师的个人特点相联系，强调相对于学术性、普适性理论的特殊性和情境性，即教师在个体经验的基础上能够形成一套比较系统而又独特的做法和主张。从这个角度看，教师的实践性理论可以成为与专家的学术性理论相对应的一对学术范畴，有一定的开拓性和实践需求。但是从已有研究成果看，研究者对教师个人理论的内涵和结构还缺乏比较成熟完善的阐述，也未得到实践和实证研究的有力支持。同时，"理论"的提法难以包容教师个体在实践过程中所产生的一些十分重要而又不够明晰、严谨或系统的认识，包括一些感悟、体会、直觉等因素，因此在解释事实方面还有很大的局限性。教师的个人理论具有怎样的内容结构，优秀教师怎样才能形成自己的实践理论，是一个值得期待而有待深化的研究领域。

此外还有"机智"的概念，范·梅南对此曾有专门论述。他说机智"是瞬间知道该怎么做，一种与他人相处的临场智慧和才艺"。"机智"在性质上与"智慧"比较近似，都包含有处理复杂情境的一系列能力和品质。对于二者的区别，范·梅南更强调了机智的"行动"特点。在词源上，"机智"（tact）原本与"触摸"（英文 touch，拉丁文 tactus）有关。范·梅南认为，机智与智慧两者是同时进行、互相补充的；"没有智慧就没有机智，而没有了机智，智慧最多也只是一种内部的状态而已。从某种意义上说，机智与其说是一种知识的形式，还不如说是一种行动。"① 亚里士多德一直是从人的德性角度来看待实践智慧问题的，因此他认为"机智"是一种为人处事"适度"的品质。如有智慧的语言会引人发笑，甚至滑稽的人也能被称为机智，但是机智并不等于滑稽，它体现了说话得体或适度的品质。同时，机智是表现在具体情境中的，而智慧还与经验有关。就如我们会称赞一个小孩子聪明或机智，但一般不会说他明智或有智慧。国内也有一些研究者关注教师的机智问题，大多是在教学方法和教育策略范围内讨论，在教师专业发展和教师教育研究领域中影响不大。

三、实践智慧的形成路径

按照亚里士多德的观点，伦理、政治等社会实践活动所要追求的是"善"，"人的每种实践与选择，都以某种善为目的"。② 于是，人的社会性实践活动的"求善"目的，就有别于自然科学和理论研究的"求真"。所谓善，就是体现了人们所期望的"好"的（而不仅是准确的或正确的）状态和结果，包括人在实践活动中实现了自身的存在和发展。由于对"善"或"好"的理解是因时因地因人而异的，因此这种求善的实践活动在不同条件下会体现为不同的具体目的，如财富、健康、荣誉、快乐等；而求善的终极目的则是"幸福"，"幸福"是不以具体的当下的需要为前提条件的最高"善"。

社会实践活动并不否定"求真"，但与自然科学对客观的必然的普遍性知识的探求不同，前者的"求真"并不是唯一或最终的目的，而只是作为达到"求善"目的的路径或手段。比如求证一条数学定理是一个"求真"的过程，而希望从中得到成长和快乐则是"求善"。与此同时，实践智慧也不同于制作。如前所述，实践智慧的目的既可能是追求活动的结果，即外在的善，包括制作成型的产

① ［加拿大］马克斯·范梅南著，李树英译：《教学机智——教育智慧的意蕴》，教育科学出版社，2001 年 6 月第一版，第 168 页。

② ［古希腊］亚里士多德著，廖申白译注：《尼各马可伦理学》，商务印书馆，2003 年 11 月第一版，第 3 页。

品以及赢得财富、荣誉等；同时又特别体现于实践活动本身，即内在的善，包括实践主体在活动过程感受到的快乐和产生的积极变化等。总之，"上好课"只是路径和手段，做一个"好教师"才是理想和目的，也就是所谓"成事成人"。考察教师实践活动的这种基本性质——既求真又求善，以求真为主要途径而又以求善为最终目的，对于我们重新思考各种教师实践活动的路径和做法，有着重要的启示作用。

1. 求善：实践活动的终极目的

在当前教师教育和教研活动等领域，一般流行的并为大多数人所认可的提法和做法包括：优秀教师经验总结、科研成果展示推广、磨课赛课说课评课、集体备课教研制度、师徒结对一帮一、专家深入学校指导、理论学习结合实际、以案例为主的工作坊式研修等。但总的说来，各种做法的实际效果因人而异、差别很大。从活动目的角度看，上述做法在实践中大多属于"求真"和"外在善"的范畴，而往往忽略了作为实践主体的教师本身的"善"和"好"。

"求真"的教师研究，是试图通过传授正确的先进的"理论智慧"和练习"制作"的路径，来达到教师专业发展的目的。比如听课评课活动中常见的"一堂好课的标准"、各种观察量表的应用、"预习单"或"导学案"的设计、有效教学的理论指导、基于课程标准的教学与评价等，这些理念和做法虽然也强调"做中学"，但主要着眼点在于"课"，关注的是上好课，而往往忽略了教师本身的发展，有些人还把教学质量甚至考试分数直接等同于教师发展。在大多数情况下，各种教研活动和教师培训很少关注教师的"内在善"，比如与上课有关的知识基础、能力特长、兴趣爱好、个性气质、价值取向、环境条件及人际交往等。这样从一开始就可能就进入了一个误区，由于这种实践研究关注的是外在的产品（如"好课"或由此带来的其他奖励荣誉等），因而往往处于一种就事论事的状态，以致一味"求真"而忘记了"求善"的终极目的。

2. 筹划：实践研究的基本特征

理论研究的目的是说理，实践研究的目的是做事。所谓筹划，就是研究怎样把事做好。当人处于一个复杂的实践情境时，并没有一种理论可以照搬套用来解决问题，而是需要面对变化的不确定的种种因素，进行判断、权衡、统筹、协调，决定自己的行事方式或行动方案，这就是筹划。由于教师的实践研究所具有的既求真又求善的复杂性，而这种复杂性、综合性又与专家的理论研究有很大的不同，因此综合判断和统筹协调就成为实践研究的基本特征。筹划是实践智慧的体现，也是实践研究的基本特征和主要功能。筹划的核心是权衡，要做好一件事，需要权衡求真与求善、成事与成人、理念与操作、时间与效率、成本与收益、当下与长远、局部与整体等不同取向，而后做出适当的平衡和反应。也可以说，筹划就是一种最优化、一种中庸之道。

人的筹划能力和素养，既可以体现为对某种事物的深思熟虑，又表现为应对事态的一系列即时反应。一般来说，深思熟虑的结果是比较明晰和确定的认识，可以通过一定的外显形式表述出来；而即时反应则更多的是一种自动化的行为表现，更多的是一种隐性知识。就如教学是预设与生成的统一体，教学设计是深思熟虑的结果，而实施教案则是即时反应的体现。两者既有区别又有联系，深思熟虑是即时反应的思想基础，而即时反应则是深思熟虑的临场表现。好的实践研究，就是通过权衡和筹划，达到预设与生成的统一，实现教育过程和教师成长的最优化。

3. 范例：实践智慧的有效载体

所谓范例，是一个经过选择、加工的实践情境，或者说是一次权衡、筹划的具体展现。它可以是一堂精彩的公开课，但更多的表现为文字或视频形式的教学片断、教学案例以及经验总结。未经加工的原始状态如观摩现场、课堂录像和教学实录等，虽然其中蕴含着大量的执教者的实践智慧，但由于信息比较庞杂，学习者往往难以有效地提取和领会。而经过加工编辑的范例相对集中、明确地反映了某种特定的理念和取向，因此可以更有针对性地引导学习者感受特定的情境，引发联想和思考。另一方面，对执教者或加工者来说，选择和撰写案例也是一个反思的过程，有助于个人知识、实践理论的形成和表达。更重要的是，范例也包括提供有疑难或有争议的教学情境和教育问题，这样就需要对原始材料进行选择和裁剪。

当然从范例中也可以进一步加工提炼出更抽象、更具普遍意义的原理和规律，然而任何理论都是从某个特定的角度或侧面来认识事物、理解问题的，这样分解提炼的结果，就会失去原有情境所包含的丰富性和复杂性，所以并不利于对问题情境的整体把握。因此，范例兼有情境性和反思性的特点，并将二者融为一体，成为适于人领悟和迁移的一个原型、一个联想和思维的触发点。有学者认为，"在技能、鉴别力、判断力等默会能力的培养上，范例优先于规则。类比思维或范例推理是传递默会能力的一种基本方式。与实践智慧、判断力和启发性应用相比，类比思维或范例推理更是注重个别和特殊，因为他本质上是一种从个别到个别、从特殊到特殊的创造性过渡的能力"。①

实例 2.1　三个高一学生的一天②

我们在十一学校的第一个活动，是听李希贵校长的报告及互动交流。报告之前，学校方为我们播放了一段录像《我们的一天》。这部片子很浓缩地介绍了三个高一学生一天的学校生活，让我们对学生在十一学校的学习安排有了一些具象化的了解。虽然对学生的选课走班有心理准备，但是看到三个高一学生不断地转战在教室、活动场所的时候，我内心还是有点小小的激动，"这样的高中生活是丰富的，值得回味的"。

三个高一学生的一天

	胡溪（女）十一学校初中毕业后考入	周子其（男）十一学校初中毕业后直升	刘雨童（女）从外校考入
第一时段 8：00	数学Ⅱ	历史Ⅱ	自习
第二时段 8：55	语文	政治	数学Ⅳ
第三时段 9：50	英文Ⅱ	地理	语文
第四时段 10：45	历史Ⅱ	数学Ⅰ	化学Ⅱ
第五时段 11：40	午餐	高级英文写作	与校长共进午餐
第六时段午餐后	街舞社团	午餐	
第七时段 13：30	戏剧：歌舞青春	生物Ⅰ	影视编导
第八时段 14：25		自习	汽车设计
第九时段 15：25	自习	体育（排球）	地理Ⅰ
16：10 后自由时间	街舞社团	导师见面会	约见学校心理老师

实例 2.2　《发现课程的独特价值》③

一名在戏剧课上担任了一个学期导演的学生告诉我，她现在真正明白什么叫领导力了。她说："领导力就是你尽心尽力地为每一位演职人员服务，不遗余力

---

① 郁振华：《人类知识的默会维度》，北京大学出版社，2012 年 9 月版，第 8 页。
② 王洁：《原来学校可以是这样的》，《上海教育科研》，2014 年第 9 期。
③ 李希贵：《面向个体的教育》，教育科学出版社，2014 年 2 月版，第 19 页。

地为剧组的每一个部门提供帮助——当他们认同你的服务与帮助，全部死心塌地跟你合作的时候，你才真正拥有了领导力。"

听了这样的叙说，我内心十分欣慰，因为在上一个学年，她曾经选择了我开设的"领导力"课程，但是一个学期下来，尽管也有收获，但却并没有如此刻骨铭心的感悟。

近年来北京十一学校的教改成果，特别是选课走班制度，引起了广泛的关注。4 174 名学生形成了 1 430 个教学班，每人有一张与众不同的课表，十一学校构建了一个独特的课程教学体系。学校通过实践研究形成了丰富的成果和先进的经验。那么这些成果和经验应该怎样提炼和传播呢？按以往的做法，撰写研究报告和现场观摩交流是两条基本途径，但似乎都难以满足众多学习者和研究者的需要。丰富的教育实践是如何形成系统的理论思考的，先进的课改理念又是如何转化为每个教师的实践行为的，还需要有更适当的表述和呈现方式。到过十一学校的参观者可能成千上万，而王洁老师却能看到视频形象背后的课程设计框架，制作出《三个高一学生的一天》课程表，这就是一个选择、加工和提炼教育情境的"范例"。这张表将抽象复杂的课程设计与具体形象的课堂场景较好地结合在一起，对了解十一学校的课改实施过程很有帮助。同样，李希贵校长叙述的关于理解领导力的故事，也是从与众多学生交往中选出的精彩一例。如果仅仅是观摩戏剧课，或者是阅读有关课程研究报告，未必对课程体验的重要性有这样直接而深刻的认识。

以筹划为核心的实践智慧，无法用几条抽象的概念、原则、规律来表达，因此只能通过包含着丰富现场信息的范例来体现。范例呈现了某个特定场景，具体说明了如何通过权衡和筹划以达到求真与求善、手段与目的的统一，也就是描述了某种实践智慧或实践性知识。范例研究可以说是教师实践研究的基本路径，它包括两方面的基本内容，一方面是从宏观角度说，需要研制和积累大量的多样化的可供选择的范例，成为能够激发思考和迁移的各种原型，以便满足广泛而多元的实践和研究的需求；另一方面是从微观角度说，不同的研究者和实践者都需要根据各人的需要，去发现和建立自身实践与范例之间的联系，以便产生良好的迁移效果。从实践研究和范例研究的现状看，无论是从数量还是质量角度说，都还有很大的发展空间。

教师的实践研究是一个既求真又求善的复杂过程。在这个过程中，教师成长的终极目的与上好每一堂课的具体目标并不是对立或矛盾的，但是如何做到二者的统一，却需要根据具体情境来权衡和筹划。这种权衡和筹划的基本思路，就是"比较"。各种教育理念和教学方法都有其特点和效果，究竟应该如何选择运用，这就需要比较。要通过比较分析，认识不同做法的实施条件和实际效果，包括认识不同实践主体（教师和学生）本身的特点和适应性。比如现在同课异构的教研活动很多，但往往各行其是，互不交集，真正有深度的比较分析并不多见。因此，判断教师实践研究的水平和质量的一个重要标准，就是看这项研究能否突破就事论事的局限，是否能够在更宽广的背景下，对特定研究对象的适用性和局限性有更全面、更清晰的认识。

总体说来，理论知识求明理，实践智慧重行动，制作讲方法技巧，可说是各有所求，各司其职。但是三者之间又相互作用，有着密切的联系。缺少理论指引的行动往往是盲目的，而不讲方法技巧的行动很可能是低效的。因此，教师的实践研究并不能排斥理论知识和制作知识，而是要把观念与方法、筹划与范例、求真与求善有机地结合起来，从而形成应对复杂情境的一套主张和做法，也就是教师自己的实践理论。

从语言心理角度探索写作奥秘

　　系统论里有一种著名的"黑箱理论"。所谓"黑箱",是指那些封闭而不透明的、不能从外部直接观察其内部状态的系统,因此只能通过外部信息的输入输出来看它们的反应和效果。控制论创始人维纳最早称这种系统为"闭盒"(Closed Box),后来艾什比、维纳又称它为"暗盒"或"黑箱"(Black Box)。在现实生活中,我们每天都面对和操作着许多黑箱,比如看电视、打手机、操作计算机等,对大多数人来说,都是知其然而不知其所以然。至于人体的机能,更是一个非常复杂的黑箱系统,比如写作,目前我们对人脑思维的结构和机制还不太了解。所谓"读书破万卷,下笔如有神",就是想通过加大对大脑的外部信息输入量,来达到高质量文章的信息输出的结果。但是还有一些研究者,他们却在各自不同的领域努力地探究着黑箱中的奥秘,试图弄清其内部结构和工作原理,使它们变成"灰箱"或"白箱",比如研究中医中药,研究大脑的思维,也包括研究写作的过程和机制等。

CHAPTER 3

　　与教育学一样，写作学也是一门专门的学问。长期以来，中外专家学者们从不同角度探索了写作的机制和规律。从写作研究的理论基础来看，语言学、心理学和教学论是三个最重要的理论来源和研究手段。本章中将以各个研究领域的重要成果为线索，分别介绍从三个不同视角看到的写作机理，并从中西比较的角度来分析教师科研写作所面临的问题。

第一节　语言学视角：古今写作观念的流变

　　写作是语言的书面表达，在我国现行的学科分类规范中，写作学是属于语言学的一个分支学科，语言学与写作研究有着密切的关系。古今中外，流传下来的有关写作理论的论述不少，内容也比较庞杂。本节将择要介绍我国不同历史时期的主流观点和发展趋向，力图从理论源流中寻找启发当代写作研究的思路和方法。

一、立意说：古人作文的核心理念

　　中国是一个文章大国，自古以来产生了大量的名篇巨制，也留下了不少有关诗文写作的论述。这些论述大多散见于各种诗话、词话、笔记、小说点评等，系统的写作理论著作较少。由于论述的对象主要是各种写作的文本，所以也可称之为文章学。

古人谈写作有一个核心的理念，就是"立意"。早在先秦时代，《尚书·尧典》中就有"诗言志"的说法，提出诗歌写作的目的是表达作者的思想感情。这一提法经过历代文人的继承和阐发，确立了中国古代对写作的社会功能的重要性的认识。如汉代刘勰的《文心雕龙》中提出："言与志反，文岂足征?"就是说，一个人的语言如果与他的思想相违背，那文章还有什么用处呢? 后来不少人提出的"言有物"、"言有序"、"文以载道"、"修辞立其诚"、"情见乎辞"等等，都反映了中国古代文章学理论中对于"立意"的重要性的认识。

对于文与意，即语言与思想的关系，古人还有许多阐发。如三国时曹丕提出"文以意为主，以气为辅，以词为卫"。① 唐朝杜牧也说，"凡文以意为主，以气为辅，以辞彩章句为之兵卫"。② 金代赵秉文又说，"文以意为主，辞达意而已"。③ 清代王夫之进一步阐释，"无论诗歌与长行文字，俱以意为主。意犹帅也。无帅之兵，谓之乌合"。④ 由此可见，中国古代文人十分强调写作要表达作者的真实思想，以思想统领文字，反对言之无物的辞藻堆砌。

在提倡立意的同时，古人也探讨了写作的风格和方法。如好文章要有"文气"，即要有一定的思路、视角、韵味和境界;要讲"文辞"，即讲究遣词造句，要有文采。如南北朝时期刘勰的《文心雕龙》、宋朝严羽的《沧浪诗话》、明朝王文录的《文脉》、清朝刘熙载的《艺概》、王国维的《人间词话》等，从不同角度对文章的构思、结构、语言、技法、风格等方面进行了阐述，积累和提炼了许多宝贵的写作经验和写作思想。虽然以现代人的眼光看，许多论述还属于个人感悟和经验之谈，算不上科学理论，但其中确实蕴涵着许多真知灼见。有些见解虽然各执一端，但也能给人有益的启发。例如"立意说"，古人也有不同的思考和看法，明朝谢榛在《四溟诗话》中就质疑道："宋人谓作诗贵先立意。李白斗酒诗百篇，岂先立许多意思而后措词乎?"古人在写作的文与意、形与神、理念与直觉、主体与生活、读书与作文的关系等方面，都有许多见解和论述，值得后人体会和思考。

---

① 引自［宋］魏庆之：《诗人玉屑》卷六《命意·以意为主》。
② ［唐］杜牧：《樊川文集》卷十三《答庄允书》。
③ ［金］赵秉文：《闲闲老人滏水集·竹溪先生文集引》。
④ ［清］王夫之：《姜斋诗话》卷下。

二、文体论：近现代文章作法体系

清末民初以来，西方文化思想逐渐进入中国，写作理论也开始由"传统"向"现代"转变。最显著的标志，是五四新文化运动以后，白话文取代了文言文，"怎样写白话文"就成为写作研究以及社会人士关注的一个中心问题。这一阶段的写作理论，较多地受西方的语法学、修辞学的影响，逐渐形成了自己的白话文的文章作法，其核心就是"文体论"。

在这一阶段，许多著名学者如陈望道、夏丏尊、叶圣陶等，对写作理论给予了较多的关注，进行了开创性的研究。他们在注意写作的思想性的同时，更多地关注了文章的语言属性，由语言文字入手探索和阐发写作的特点和规律。1914年，傅斯年写了《怎样做白话文》，借鉴西方学术研究的分类思想，把文章分为形状文、记叙文、辨议文、解说文四类，同时借鉴西洋文法理论，倡导用文法、词法、句法、章法来指导写作，由此形成了与传统文章理论不同的现代文章的"文体论"。此后，白话文的研究大体沿着这种文体分类思想发展，形成了现代文章学的新格局。

1949年以后，中国的写作研究又吸收了苏联文艺学的作品构成论，重视写作基础知识的作用。在五六十年代，基本形成了"写作基础知识＋常用文体"的写作研究和教学体系。写作基础知识包括所谓的"八大块"：绪论、材料、主题、结构、语言、表达方式、修改、文风。常用文体主要包括记叙文、议论文、说明文三大类，由此又派生出其他一些文体分类方法。如在三分法基础上增加应用文一类；或实行二分法，先分为文学性写作与实用性写作，在分别进行次一级分类，如文学性写作可细分为小说、诗歌、散文、戏剧等。这些有关研究大体上仍属于文章学的研究范畴，但在写作的基础理论研究方面更为深入和系统。

三、过程取向：当代写作研究的重心

长期以来，写作研究沿着文章学的思路发展，已经基本完备。但是这种以文章为主要对象的静态的文本研究，不能有效地反映写作者的主体活动过程的动态特点，有长于理论知识阐述而拙于实践操作的弱点。因此，近二三十年来，不少研究者主张应更多地借鉴现代语言学、心理学、文艺学、社会学、符号学和传播学等方面的研究成果，重视写作过程的动态研究，并做了不少研究和阐述。但从研究现状看，要有重大的突破还比较困难。

二十世纪初，被称为现代语言学之父的瑞士语言学家索绪尔（de Saussure）提出了"普通语言学"理论，奠定了现代语言学的基础。索绪尔第一次科学地系统地论述，语言是一种表示观念的纯粹关系的符号体系。索绪尔的一个创造性贡献在于，他把语言现象分为两种表现形态：语言（language）与言语（parole）。所谓语言是抽象的语言系统，而言语则是指在具体的日常情境中人们用这种语言所说的话语（即 speech）。索绪尔自己的类比是：犹如称为"象棋"的那套抽象的规则和惯例与真实世界中人们实际所玩的一盘盘象棋游戏这两者之间的不同。象棋的规则可以说是高于并超越每一局单独的棋赛而存在的，然而，象棋规则只是在每一盘比赛中的各棋子之间的相互关系中才取得具体的形式。语言也是一样。语言的本质超出并支配者言语的每一种表现的本质。然而，假如离开了言语提供的各种表现，他便失去了自己的具体的存在。①

在索绪尔看来，言语知识露出水面的一小部分冰峰，语言则是支撑它的冰山。语言是纯粹心理的，是无法触摸的；而言语是社会性的，是可以表现的。因此，索绪尔为当代语言学指出了一个研究的方向，即"把个人的话语和理解力所针对的和包含的各种系统化了的关系的总模式描绘出来。用诺亚姆·乔姆斯基这样一位当今的语言学家所提出的修正过的术语来说，就是把必定先于个人的，并且必定'产生'个人的'表演'的'能力'系统地描述出来"。② 近几十年来，各国的语言学家们在人的语言能力的结构要素、生成模式、交流特点等方面进行了大量的研究，取得了不少成果。总体来看，语言学研究的主要领域是在词汇和句法方面，对于篇章层面的研究，无论数量和质量都不很理想。因此，对于有关写作过程的研究来说，虽然语言学是一个重要的理论来源，并且可以从研究方向和研究方法上得到重要的启示和借鉴，但目前还难以获得直接的应用性的理论支持。

---

① 参见［英］特伦斯·霍克斯著，瞿铁鹏译：《结构主义和符号学》，上海译文出版社，1987年第 1 版，第 11—12 页。

② 参见［英］特伦斯·霍克斯著，瞿铁鹏译：《结构主义和符号学》，上海译文出版社，1987年第 1 版，第 13 页。

第二节　心理学视角：写作能力的结构与形成

心理学研究与语言、思维、社会现象有着密切的关系，以心理学作为写作研究的理论和实践基础，已成为当代写作学研究的一个重要趋势。由于语言文化背景和写作观念等方面的差异，中国与西方的写作心理研究也呈现出不同的特点和重点。本节将从写作的能力结构与写作的心理过程两方面，分别评述近年来国内外的有关研究进展。

一、中国学者看写作能力结构

近些年来，国内写作心理学研究的一个主要方向，是对写作能力的要素和结构进行深入的分析。有关学者的研究思路大致可以分为两大类，一类是从普通心理学的基本结构出发来探讨写作的心理要素；另一类则更偏重于写作的特殊能力的探究。

（一）关于写作的一般能力的构成要素

关于写作心理要素的分析，比较强调写作的基础能力或称一般能力。例如将写作的心理因素分为智力因素和非智力因素两部分，然后再分别研究各种心理因素（如观察、记忆、想象、思维，动机、情感、性格等）在写作中的特点和作用，由此构成写作能力的基本要素结构。

（二）关于写作的特殊能力的结构要素

这类研究的视角更重视写作的特殊规律，其能力结构的建构与写作学和写作教学论的关系更为密切，也更多地反映了写作实践的特点。不少专家学者对写作能力的结构要素进行了探讨，提出了不同的划分标准，大体包括审题立意、选材剪裁、布局谋篇、表达修改等方面。

总的说来，上述两类研究对写作者所应具备的素质和能力进行了比较深入的分析和研究，这为探索写作能力形成的方式和途径，为写作教学和实践提供了科学的指导。

（三）关于写作的过程模式及其构成

与此同时，一些研究者和教师也认识到，促进写作能力的形成不仅需要了解能力的结构要素，还需要探索写作的过程。一些写作教学专家认识到，通过研究写作过程来指导学生的写作活动，可以提高写作教学的效率。于是他们对写作过程进行了分析解剖，提出了各种写作的过程模式。

有从教学法角度划分学生写作过程的，如分观察思考、构思表达、修改润色等阶段。有从写作学角度来阐释写作过程的，如写作的准备阶段、行文阶段、完善阶段等。还有从心理流程来分析写作各个环节的，如写作的心理储备——积累；写作的心理萌动——感受；写作的心理孕育——构思；写作的心理物化——表达；写作的心理完善——修改。[1]

较有代表性的是从言语发生机制来理解写作过程，将写作分为三个阶段：（1）构思阶段，在头脑中产生所要表达的思想，选择所要写作的内容；（2）转换阶段，选择表达思想的言语形式，把思想转化为言语信息；（3）执行阶段，把言语信息用文字表达出来，包括文章写出后的加工润色。[2]

上述模式从不同角度探索了写作过程的基本阶段或环节，大体上反映了写作过程的一般规律。但从研究的方法和深度来看，经验性的描述多，而类似"放声思考"的实验研究少，对写作过程的理解还比较笼统和表层，在理论和实践上都有待深入。

二、西方学者看写作心理过程

如果说中国的写作心理研究主要倾向于一种静态式的结构分析，那么西方国家的写作心理研究则集中于动态的过程研究。20 世纪 60 年代以来，欧美受到"儿童中心论"教育思潮的影响，强调学生学习过程的自主性、主动性，写作教学逐步从"成果导向"转化为"过程导向"（process-oriented），即重视写作的过

---

① 参见张蕾：《写作心理学》，济南明天出版社，1989 年版。
② 参见彭聃龄主编：《语言心理学》，北京师范大学出版社，1991 年版。

程（writing process）。专家们从不同的起点、不同的角度对写作过程所历经的复杂认知活动的阶段和特点进行了深入的分析，提出了有关写作过程的丰富的模式和理论，为了"过程导向"的写作研究奠定了心理学基础。①

（一）从线性模式到循环模式

对写作过程进行阶段性的划分，是研究者们将视线从写作结果转向写作过程的集中体现。但从 20 世纪 70 年代末、80 年代初以来，一些西方认知心理学家批评了简单地划分阶段的"线性模式"，对写作过程进行了实证性的研究。其中最常用的方法是把写作任务分配给一些受试者，要求他们用"有声思考"（thinking aloud）的方式描述他们进行此项写作时内心的思想活动，然后根据记录所得的"有声思考原案"（thinking aloud protocol）分析出写作过程的一般情况。

海斯和弗劳尔（Hayes & Flower）的研究最具代表性，他们提出写作过程包括三个不同的阶段：

1. 计划（planning）：根据写作任务从长时记忆中提取有关信息，并制订文章写作的计划。

2. 转换（translating）：选择恰当的语言形式，把要表达的思想转换成与计划相一致的用文字符号表达的正文。

3. 回顾：对已完成的正文进行检查和修订、加工和润色，使正文有所改善。

海斯和弗劳尔的研究强调，写作过程不是既定的顺序直线进行的，而是三方面的活动相互作用、交替或循环发生的。制订计划及写作者对整篇文章的构思、计划、起草、修改、收集素材等，是一个交错循环的过程，计划、转换、回顾等活动将持续作用于整个写作过程，决无固定的顺序。这种模式被称之为写作的"循环模式"。

在循环模式中，写作过程已不是信息"输入"、"加工"到"输出"的单一流

---

① 有关过程导向的研究参见 Dorothy. Grant. Hennings. *Communication in Action*：*Teaching the Language Arts*，Houghton Mifflin Company，Third Edition，1986. ［美］J·R·安德森著，杨清等译：《认知心理学》，吉林教育出版社 1989 年版。［美］Richard E. Mayer 著，林青山译：《教育心理学——认知取向》，台湾远流出版事业股份有限公司 1991 年版。钟圣校：《认知心理学》，台湾心理出版社有限公司 1991 年版。

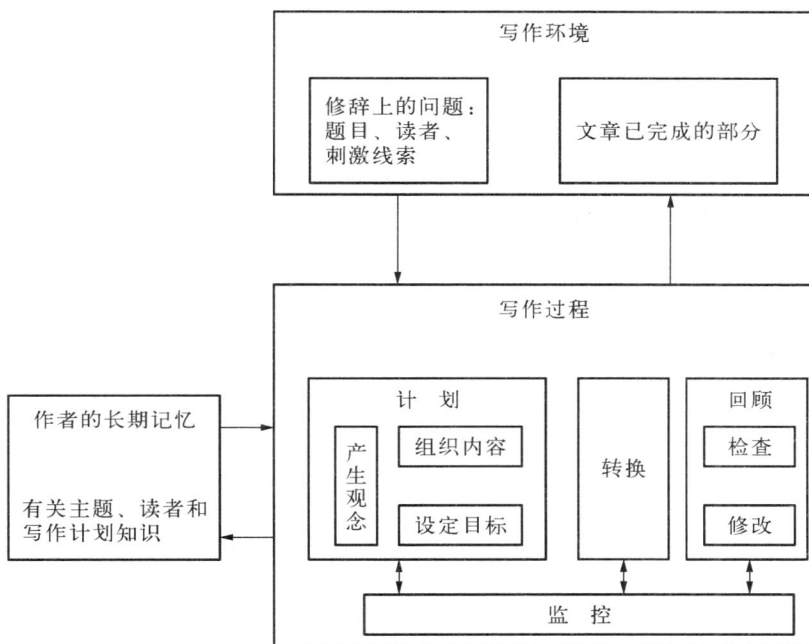

图3.1 写作过程模式（Flower-Hayes，1983）

程，而是由写作环境（the task environment）、作者的长期记忆（the writer's long-term memory）和写作过程（the writing process）三个层面构成的一个循环系统。它指出了影响写作过程进行的因素：写作环境、作者、长期记忆。海斯和弗劳尔还指出了写作者对写作过程各阶段的活动具有自我"监控"（monitoring）的作用。作者对整个写作过程的了解与监控，对写作策略的选取、执行，以及对作品不当之处的辨认和修改，都和他的"元认知"（meta-cognition）能力有关。

海斯-弗劳尔模式被专家们认为是对写作过程中的认知心理活动解说得最为详尽的模式。

（二）知识表述和知识转换模式

在对写作认知活动历程的研究中，专家们日益注意到写作者长时记忆所存储的信息对写作过程的影响作用。波里特等人（Bereiter & Scardamalia）的"知识表述模式"，反映了写作者长时记忆中的哪些知识对写作过程构成影响，这些知识又是怎样参与写作过程的一系列认知活动的。

波里特等人认为：人生下来之后，经过社会化的学习，具有良好的口语基础，能有效地表情达意，这对写作的题材和语法方面会形成良好的影响。但是想发展高水平的写作能力，必须增进写作者的内容知识和表述知识。个人充分利用天赋的语言能力和经过社会经验习得的技巧而进行的写作，就是"知识表述"（knowledge telling）。写作者使用"记忆搜索策略"，系统回忆、提取、确认相关信息的能力，即计划、构思、组织能力，是写作能力的重要组成部分。

由于"知识表述模式"强调把个人原本储存的知识，配合主题的需要，借助文字表达出来，因此它更能反映出不擅写作或初学写作者的实际写作过程。而较有经验的或熟练的写作者在写作中，对于自己的文稿，往往一再修改，使它成为内容充实、组织完善的作品。"知识转换模式"（structure of the knowledge-transforming model）反映了熟练写作者的写作过程：

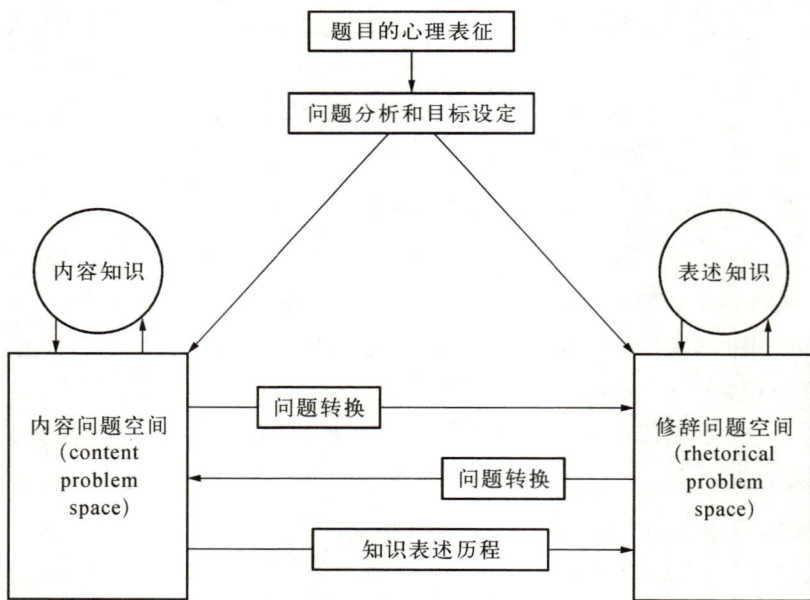

图 3.2　知识转换结构模式（Bereiter & Scardamalia, 1987. 12）

许多认知心理学家都倾向于将写作视为问题解决的过程。初学写作者和熟练写作者的差别还不仅仅表现在知识储备的多寡上，更主要的是表现在设定目标、形成问题的能力上。写作生手经常盲目或随意地采用代入的方法，移植或仿效他人的写作方式或文章形式，依赖"联想"和"尝试错误"的搜索方式，缺乏由目标导引的系统回忆与主题相关知识的策略。"知识表述模式"和"知识转换模式"对生手和熟练者的写作过程的区分，使写作教学能够立足于学习写作者的实际，适合于初学者的教学方式和写作形式，调动和触发写作者已有的知识储备，使之有效地完成任务。

同时也使我们注意到，在写作者由生手向熟练者转化的过程中，写作者设定目标、形成问题的能力起着主导作用，而目标设定、形成问题由目标导引进行记忆搜索等不单单是写作知识、语言技巧的问题，而与写作者的思维能力紧密相关，因此提高写作者的思维能力是改善其写作能力的有效策略，把高水平的写作过程视为问题解决的过程，写作者可以运用各种问题解决的方法来处理写作任务，教师可以把"目的手段分析法"、"反推法"、"制定简化问题的蓝图"等问题解决的方法当作写作的策略，教给学生，以指导学生有效地完成写作任务。形成问题与认知阈限有关，因此丰富写作者的知识内容和经验是提高写作能力的基础，经年累月的写作实践可以使创造性的写作问题解决转变为只要检索一下储存的经验就能解决的常规性问题。因此，经常性的写作训练、写作实践是提高实际写作水平的唯一途径。

写作过程模式的研究和发展，将心理学引进了课堂，使写作教学领域的研究更富于一种理性的色彩。重视演绎式的理论对实践的指导，而不仅仅是归纳式的成功经验的总结。这是当代西方写作研究的一个显著特点。

第三节　教学论视角：文章的写法、教法与学法

从教学论角度研究写作的规律，是写作研究的一个主要领域。近二三十年来，随着现代教育科学研究的方法和手段的发展，西方写作教学领域的研究也逐渐从纯粹的思辨研究转向了定性与定量相结合的研究，尤其是注重实验研究。由于实验研究的角度各异，大量的实验材料和结论缺乏可比性，无法相互印证或取舍。于是一些研究者试图运用元分析（meta-analysis）方法，对各种教学实验的结果进行统计分析，以找出最为有效的教学内容和教学方法，探求最佳的写作教学设计或模式。

一、元分析：怎样评估写作效果

所谓元分析，是一种统计分析方法，它首先产生于教育科学研究领域，现已扩展运用至心理科学和其他社会科学领域。在现代教育科学研究中，教育成果、教育信息大量涌现，运用传统的思辨研究方法已难以应付。为了有效地处理各种信息，准确、客观地分析各类问题，教育研究迫切需要一种新的综合研究的方法和技术，"元分析"方法便是在这个背景下应运而生的。"元分析"的概念是由美国学者格拉斯（Glass）于 1976 年提出的，其后经库利克（Kulik）夫妇等人的发展逐渐趋于成熟。

为了探讨各种教学理论和方法在课堂教学领域中的有效性和适用性，各国专家和教师在不同地区、不同学科及不同学习水平条件下进行了大量实验研究。

1981 年格拉斯提出一个"效果量"（effect size）的概念，主张用实验组和控制组的因变量标准化平均差表示各项研究的效果量，为教学研究提供了一个重要的评价手段。如要判断某种教学活动造成的影响，可以将控制组的标准差除实验组与控制组均值之差，即可得知影响学生成绩的有关变量的效果大小，用公式表示就是：

$$\frac{\text{实验组的均值}-\text{控制组的均值}}{\text{控制组的标准差}}=\text{效果量}$$

例如，在一次关于植物分类学习的教学实验中，学生经知识测验后被分为水平相同的两个组。控制组实行教师讲授及个别辅导的传统教法；实验组则分小组讨论，对学习材料进行归纳推理来获得概念。测验结果显示，实验组的"效果量"为110 标准差，即实验组的平均成绩相当于控制组的 80 个百分位成绩。经过 10 个月后，两个组再接受一次回忆测验，实验组的"效果"仍在增加，证明了新的教学策略的有效性。

在写作教学方面，美国学者希洛克（Hillocks）的研究最为引人注目。他广泛收集了 1963—1982 年间有关写作教学的实验研究资料共 500 篇，从中筛选出最具代表性的报告 68 篇。希洛克运用元分析的方法对上述研究加以统计分析，其研究成果被认为是西方写作教学研究中最具权威性的报告。①

二、教什么：怎样提高写作能力

怎样才能提高学生的写作能力，"教什么"的问题始终是写作专家和教师关注的焦点，希洛克选取了 39 篇典型的写作教学方案，将其教学内容归纳为 6 大类。

（一）语法

在以语法学习为重点的写作教学中，教师主要指导学生学习各种词汇、句型以及句子的构成，教学目的在于引导学生认识"语言是怎样运用的"。虽然一些语言学家指出这些语法并不足以充分地描述语言，但是许多教师仍然认为掌握语法知识对于写作是必要的。1963 年布拉多克（Braddock）、劳埃德-琼斯（Loyd-Jones）和舍尔（Schoer）等人通过研究表明，语法学习对于提高写作质量并无效果。1976 年以后，伊尔（Eelley）等人在新西兰进行了长达三年的实验研究，就语法学习与写作质量的相关性进行了考察，再次验证了上述结论。

希洛克认为，语法知识的运用是一种直觉，作者在运用语法时是将它自然渗入写作过程之中的。如果过分注意语法，反而有可能干扰写作过程。语法知识对写作的帮助主要在于文章的修改，但是由于语法知识参与写作过程主要是在文字层面上，因此这种修改偏向于低层次，对于写作目的、计划、内容以及风格等高层次内容则难以奏效。

（二）范文

范文学习和语法学习相同，都属于传统写作教学常用的教学方法。在范文教学中，学生学习各类范文的特征和文体结构，并进行模仿作文，由此掌握认知心理学家所说的陈述性知识（declarative knowledge）。教师将这种学习过程分解为若干个较小的学习活动，以便让学生按一定的程序进行范文学习。然而有关研究

---

① 参见 G. Hillocks. *Synthesis of Research on Teaching Writing*，Educational Leadership，May，1987. G. Hillocks. *Research on Written Composition*，Published by the ERIC Clearifheur on Reading & Communication Skill. National Conference on Research in English，1986.

表明，范文学习虽然优于语法学习，但成效并不显著，其原因或许就像有的学者所比喻的：我们可以欣赏一位音乐大师的演奏，但却不一定能如法炮制。学生还需要掌握程序性的知识。

（三）句子组合

教师在教学中间提供一组材料（句子），由学生将这些简单句组合成结构比较复杂的句子或句群，这种句子组合练习并不包括语法术语和知识的直接学习，而是一种有关复杂句型的操练性练习。1970 年代，奥里尔（O'Hare，1973）、费格尔（Faigley，1979）、莫伦伯格（Morenberg，1978）等人的研究表明，句子组合练习有助于提高学生的学习水平。但也有研究者认为，不能把作文质量的提高简单地归因于句子组合练习，斯坎德玛廉和波里特等（1983）认为，句子组合仍是字面层次的练习，可能在文章修改方面它的作用更为明显。

（四）评量表

向学生提供评判和修改的标准，是一种提高作文质量的有效方法。一个评量表一般由一组作文（或一组问题检验表）组成，如四篇作文，分别代表由低至高的四个等级的质量标准（0、1、2、3），可以据此判断它们在用词造句、组织结构、表达方式等方面的优劣高低。学生可以参照检验表的项目内容来评判修改或给自己的作文打分。如：

	0	1	2	3
标点正确	（　）	（　）	（　）	（　）
句型多样	（　）	（　）	（　）	（　）
段落清晰	（　）	（　）	（　）	（　）
见解独特	（　）	（　）	（　）	（　）

教师在教学中引导学生掌握作文的评价标准，然后进一步加以修改，以提高写作能力。

（五）探索

所谓探索的方法与中国写作教学中的"材料作文"相类似。教师提供一组材料，如图片、实物、情节、观点、信息等，要求学生利用这些材料完成某项特定的写作任务。特罗伊卡（Troyka，1974）进行有关议论文体的教学研究，教学设计常以道德两难情境的形式出现，以便培养学生的抽象概括能力和辩论能力。例如：

1. 提供一组有关同一主题的观点或材料，如环境污染、监狱、暴乱、购买机动出租车等；

2. 要求学生以当事人的身份参与讨论；

3. 在讨论中陈述理由以支持自己的立场并反驳对方的观点。

特罗伊卡等人的研究表明，"探索"式的写作练习在提高学生高层次写作能力方面有积极作用，能够有效地提高写作质量。希洛克指出，"探索"写作的特点在于学习和掌握转换原始资料的策略，如学生能够发现个人经验中有用的细节，并进行生动的表述，搜集材料并用以支持自己的观点，分析特定的道德情境并发表自己的看法等等。他认为学习和掌握搜集资料，转换资料和策略，可以适应各学科的写作需要。

（六）自由写作

这种教学方法允许学生选择写作自己感兴趣的任何内容，该方法在欧美国家的写作教学中被广泛运用。欧美教师常要求学生按自己的意愿尽可能地写满一张白纸，要求记日记或每周进行 2～3 次的自由写作，利用音乐或其他媒介来促进自由或自发的写作。有些研究者向学生提供一张设计好的题纸，让学生尽量写出与题目有关的所有想法。他们认为这种方法有助于记忆搜索，比自发地写作更能促进写作者的思维。

大多数欧美专家反对拟出特定的题目进行写作练习，格雷夫斯（Graves，1981）和斯塔顿（Staton，1982）认为命题剥夺了学生产生和发展个人思想的权利。许多研究者将自由写作与小组写作结合起来以扩大写作的效果。相当多的研究表明，在运用自由写作的实验组与进行同学之间的交流反馈的控制组之间并无显著差别，其教学效果并不明显。

1980 年代中期，希洛克运用元分析方法对上述六类教学内容进行了"效果量"的统计分析，研究结果见图 3.3：

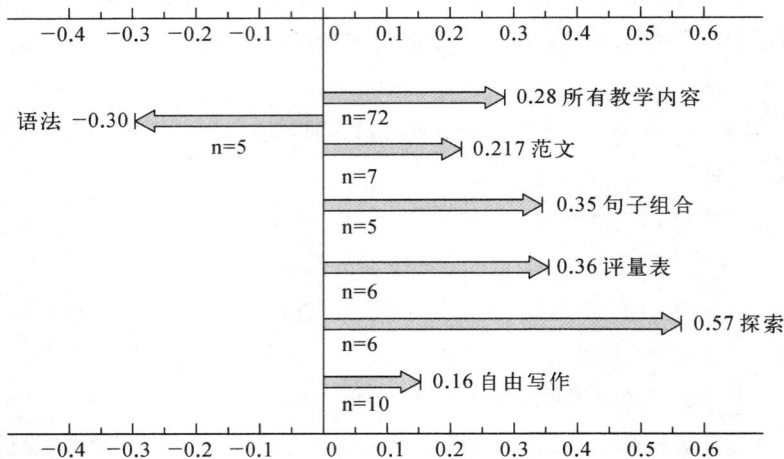

图 3.3　六类教学内容的"效果量"

希洛克指出，现有的研究结果并不能指明什么是最佳的写作课程，但它表明了今后应该强调的重点。例如，研究结果证明传统语法教学可能提高写作质量的说法是不能接受的。希洛克认为，长期以来，写作课程忽略了作者将原始材料运用于写作的策略。例如，许多课程通过提供和分析范文来指导学生进行模仿，然而由于学生缺乏写作所必需的知识和技巧，效果并不理想。最近的研究结果表明，学生需要学习回忆和转化信息的策略，需要练习搜索记忆和将所得信息运用于写作的技巧，如自由写作、联想、灵感等，而这些方面，最有成效的练习是"探索"。有效写作需要什么类型的知识？希洛克强调了"程序性知识"。他指出"语法""范文"属陈述性知识，学习这些知识是必要的，但还不够，最重要的是程序性知识。"自由写作""连句""评量表""探索"等便属于这一类，在教学中强调这些内容可有效地提高写作质量。

三、怎么教：四类教学法的比较

欧美在长期的写作教学实践中，形成了丰富多彩的写作教学方案。这些教学方案依据不同的教学思想或原则，由不同的教学内容和教学方法组合而成。通过对近三十种写作教学方案的分析，发现按照教学活动中教师与学生不同地位和作用，可以把常用的教学方法大致归纳为四大类：讲述法、自然过程法、环境法及个别化法。前三类方法在课堂教学中被普遍地运用。

（一）讲述法（presentation mode）

这是一种传统的教师中心式的教学方法，教师在教学活动中起支配作用，主要通过讲述和组织讨论来指导学生作文。该方法经常采用的程序是：教师命题，讲解文章的文体结构和写作要求，提供范文引导学生讨论分析优良作品的写作技巧，然后要求学生模仿范文进行写作。学生作品交给老师评定，评定的标准是看写作要求在作品中的体现程度。讲述法注重学生写作的结果——作品，而非写作的过程，因此是"成果导向"（product oriented）式的写作教学。虽然这种方法属于传统的教学方法，但在欧美中小学乃至大学的写作教学中普遍使用。但希洛克的分析表明，这种教学方法的效果很不理想。

（二）自然过程法（natural process mode）

这种方法认为写作是一种直觉的过程，教师在教学中主要是刺激学生固有的能力和写作需要，使学生学会怎样表达他们的所知所感。在教学中写作活动由学生支配、主动发起，并按照自己的速度进行。写作题目与写作形式均由学生自行决定，教师担任着"协助者"的角色，主要任务是提供导向正确的写作环境，鼓励学生进行计划、起草和修改等写作过程，但并不直接教授给学生优秀作品的写作技巧或修改文章的准则。"协助者"会要求学生经常写日记，并以日记中的某些部分进行扩展性的作用。鼓励学生运用自由写作的方法去发现意义，探索自己的直觉。在整个写作过程中强调小组交流讨论，通过同伴对自己作文的反馈，进行反复修改。

这种以学生为中心的教学方法为美国"全国写作计划"（National Writing Project）所倡导。与传统的"成果导向"相比，自然过程法主张题目自选，可以减少学生受内容贫乏的困扰，减轻起草过程中的认知负荷；重视计划和修改等写作过程；强调同伴间的合作，由同学担任读者，有助于提示和促使读者回忆出更多的内容要点。自然过程法的基本假定是：写作过程可以自学，也可以从做中学，因此，教师的工作是在提供学生练习写作的机会，而不是直接传授写作的策略。但是，实践证明，单纯的练习并不足以使学生掌握有效的写作策略。

（三）环境法（environmental mode）

海斯、弗劳尔、波里特等人都反对"自然过程法"，认为教师必须介入学生的写作过程，教给他们有关的写作策略、写作过程知识，并协助他们完成各个写作过程，这样才能发挥"过程导向写作教学"的功效。因而环境法受到他们的推崇。环境法中的写作活动由师生共同分担。由教师选择题材，设计教学活动，在教师简要地解说学习内容或教授某些写作策略后，由学生以小组讨论方式进行部分写作过程，如相互帮助构思写作要点或学习写作的技巧，并根据教师提供的评价标准，对同样的作品提供反馈。为了方便教学，整个教学活动通常分为四个阶段：写作前、起草、修改、校订完稿。这几个过程并非直线进行的，而是穿梭交替进行。

"讲述法"和"环境法"虽然都主张以写作专家的做法教导学生，但是他们所强调的专家行为层面不同：前者注重专家的作品，后者强调专家的写作过程。两者对于如何组织教学活动的看法也不同：前者偏重教师讲述、教师引导式的讨论，后者则偏重小组讨论、同学间的互助反馈。"自然过程法"和"环境法"虽然同样强调写作过程和同伴间的互助反馈，但两者最大的区别在于："环境法"强调学习材料和学习活动的结构性，因此有学者又称之为"结构性过程法"（structured process），以与"自然过程法"形成鲜明的对照。

1984 年，希洛克对这四类教学方法进行了"效果量"的统计分析，结果如图 3.4：

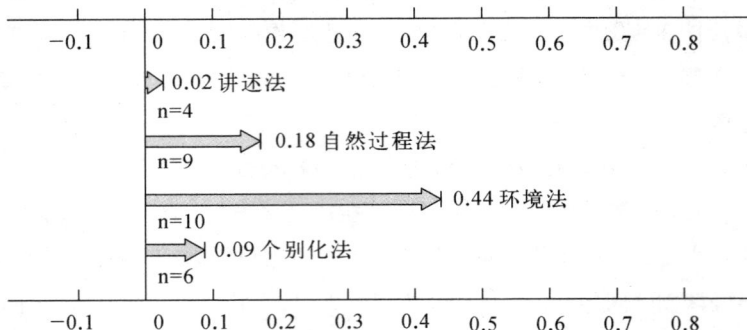

图 3.4　四类教学方法的"效果量"

其中"环境法"的效果最佳，而其他三类方法的差异不是特别显著。希洛克运用元分析方法，对西方写作教学实验研究的成果进行了有效的整合，其研究的方法和结果对于理论研究者来说，是富有启发性的，对写作教学实践也有较强的现实指导意义。当然元分析研究也有它的局限性，即无法利用纯思辨性的研究成果，因而在有关教学模式的理论分析和深层思考方面有所不及。

从近年来国内教育科研的发展来看，强调定性研究和定量研究相结合是一个明显的趋势。然而与国外研究现状不同的是，国内教育实验研究的基础还比较薄弱，尤其像写作教学等人文学科领域的研究更缺乏比较规范和严谨的科学实验，因而定性研究还缺少一个坚实的定量研究的基础。从另一方面看，国内教育研究文献管理的现代化还处于起步阶段，研究者尚不能对已有资料进行有效的检索，要运用元分析等现代统计手段就很困难。因此，我们的教育科学研究要在研究的手段、方法以及思想上有所发展，研究水平有所提高，还要付出艰苦的努力。从这个意义上说，了解、借鉴希洛克等国外学者的研究，是十分有益的。

第四节　比较研究视角：中西写作之异同

孟子说："不揣其本，而齐其末，方寸之木可使高于岑楼。"[1] 这是说，如果不揣度基础的高下，而只比较事物的顶端，那么一寸厚的木块可以比尖角高楼还要高。因此，我们要比较两个事物，还必须从根本上进行比较。中西文章各有特点，研究也各得其法。但二者表现出的种种差异不仅是在学习和研究的方法上，很大程度上反映了东西方语言文化的差异。探究这些差异的现象和性质，可以有许多有意思的发现，进一步比较和鉴别，则可以借他山之石以攻玉。

一、中西语言文字之比较

"以神统形"还是"以形统神"，这是汉语与西方形态语言在语言组织、表达、理解上的两种迥然不同的组织战略。西方的"以形统神"是将句子的句法、语义信息表述于裸露的丰满的形态变化上，其理解策略主要是以定式动词和它的

---

[1] 《孟子·告子章句下》。

句法特征（及物、不及物）来把握语义和语用。句中所有的重要词项都必须出现。在汉语的"以神统形"中，句子的句法、语义信息则是隐藏的，句首连续出现的主脑成分和句中连续出现的动词都没有结构标记，句子在句法上的限制不明确，重要的词项还可以人详我略。如将中西语言作比较，西方语言属可作客观的形式分析的一种"静态"的语言，而汉语则是一种必须联系实际的人的主体意识、语言环境、句子表达功能来作意会分析的"动态"语言。其具体差别可以从两方面来考察。

1. 形合与意会

西方语言中，句子的各种意群成分的结构都用适当的连接词和介词来表现相互关系，形式严谨，但缺乏弹性。汉语句子中的各意群、成分通过内在的联系贯穿在一起，采取意义支点的方法组合句子，没有形态成分的约束，结构比较灵活。汉语重意会不重形合，须由读者自己去体会语法关系。这种特点使汉语的运用富于语言艺术的色彩，比较讲究风格和韵味。例如"枯藤老树昏鸦，小桥流水人家，古道西风瘦马"，这类全由名词组成的句子，体现了典型的中式语言风格。因此体现在作文时，西方语言组织严密，关系外露，表达精确，力求言能尽意。而汉语的组织形态则表现为虚实相间，常用"省略"形式来达到以意统形、辞约意丰的目的，追求所谓书不尽言、言不尽意的境界。

2. 抽象与具体

语言作为思维的外壳，不同的语言也反映了不同的思维方式。西方语言靠关系框架来生成组织，体现出理性思维的特点，而汉语则须靠体验感受来把握事物的意义，习惯于通过生动的具象来反映抽象的概念，更多地体现出形象思维的特征。与中西方的语言习惯思维相适应，中西方的文字也有质的不同。西方文字是表音文字，文字与声音直接联系，受时空制约大，成为一种完全依附于口语的非自主的体制。因此在西方语言学研究中，口语占有重要的位置，而书面语则被当作一套记录口语的工具。汉字是以视觉符号直接表示概念的，书面语可以独立于口头语的变化之外，体现了超时空的独立性。这种独立性维系了中华民族几千年言语异声的统一，传承了悠久的历史文化，也造成了汉语文讲究辞章的传统。

二、中西写作观念之比较

由于中西语言文字、思维方式以及社会文化背景的差别，中国与欧美国家的写作观念也有明显的差异。这种差异突出表现为三个方面：

1. 理性分析与感性体悟

从观念的基本倾向来看，西方的写作理论多重论辩，带有较多的分析和逻辑性。而中国的写作理论则重领悟，带有更多的直观性、经验性。这些不同不仅表现了东西方语言文字和思维方式的差异，也反映了东西方理论形态的基本区别。在传统的写作理论上，中国人很少像西方哲学那样进行严密的论证分析，而习惯于借用感性知识和形象思维来说明抽象的道理。诸如"不着一字，尽得风流"① 的说法，典型地体现了中国传统写作理论重感性体悟的重要特征。在这种审美意识的影响下，中国传统的写作理论中已形成了一套完整的概念和命题，如神、气、意象、意境、风骨、神韵等写作概念，如神思、造境、写意、以形传神、因声求气、外师造化、成竹在胸等理论命题。传统的写作理论在中国写作实践中有着深远的影响，并已成为当代写作教学的一个十分重要的理论基础。相形之下，欧美国家的写作实践受传统的影响较小，而更多地吸收了近代科学理论的营养。

2. 实用与抒情

语言文化的不同以及社会经济文化的巨大差异，还造成了中西写作在写作文体上的不同偏向。从心理学角度看，人对外物的反映可以广义地分为两大类：一是知觉认识，二是情感体验。前者是对客观世界的摹写，后者是对客观世界的反应。大体上说，西方人的文学艺术在传统上比较偏重对世界的知觉认识，所以他们把文学本质看作是摹仿；而中国的传统文艺则偏重与对世界的情感体验，更强调文学的主观性。这两种不同的反映方式表现在写作上，西方人在写作观念上以叙事为本体，注重实用文体的写作；而中国人以抒情为本体，最正统的文学是诗和散文。随着现代商业社会的发展，欧美国家的写作更突出地体现出客观性、实用性的特点，加强了一些实用文体如调查报告、通讯报道、讲演词、说明书、广告等形式的写作；而中国的写作在变化中仍更多地保留了注重文艺性、抒情性的特点。

3. 写作的社会功能

中国和西方国家写作观念中内在精神的差异，在双方对写作的社会功能的不

① ［唐］司空图：《诗品》。

同认识上有着深刻的体现。可以说，中国和西方的写作理论，从不同角度都强调了写作的社会功能。西方人出于现代商业社会的需要，认为"写作是一种交流"，由此强调其社会交际作用。而中国人受传统意识形态和写作理论的影响，主张"诗言志"、"文以载道"，主要是强调写作在"教化"、"通政"方面的社会功能。中国和欧美的写作理论在强调社会功能的同时，也都注意到了文章和写作的个性。西方写作理论受人本主义和儿童中心论的影响，十分注意培养儿童的个性和创造力，提倡个人生活经验，要求学生在作文中充分表达自己的思想和感情。中国写作理论在注意个性表达的同时，总是表现出更强烈的社会责任感。写文章要"直抒胸臆"，要"有我"，但从根本上说还是"文章合为时而著，诗歌合为事而作"。① 这些观点深刻地反映了中西双方在社会与个人关系等意识观念问题上的不同。

三、中西写作教学之比较

中西写作观念在理论思维上的差异也反映在学校的写作教学实践中，不仅体现在写作内容要求上，还体现在不同的教学方式方法上。中国传统的写作教学往往是"点悟式"的，传道者三言两语，点到为止，然后靠受教者自己去揣摩，去体味，去领悟感受。学生要真正掌握写作的规律，就必须多读多写。所谓"有口里说不出来的意思，想去却是逼真的"。② 在长期的写作教学实践中，这种重视感性体悟的教学方法与讲究辞章的写作传统将结合，已积累了许多宝贵的经验。

欧美国家的写作教学则更多地表现出逻辑分析式的方法。它首先用于句式、句型的教学方面，当然这与西方语言文字的特点有着密切的关系。其次在篇章结构教学方面，欧美国家比较注重文章的逻辑结构。与中国的篇章结构有所不同的是，它以句子、段落、作文为三大支柱来进行系统的文章表达基本训练。如传授如何围绕一个主题句或中心句，从句子发展为段落，由段落扩展到篇章等。

随着现代教育学、心理学的兴起和引进，中国的写作教学在保持传统特点和优势的同时，也在不断探索培养学生写作能力的科学方法和途径，力图改变写作

---

① ［唐］白居易：《与元九书》。
② ［清］曹雪芹：《红楼梦》第四十八回。

教学的随意性、盲目性和重复性。近二三十年来，我国的写作教学研究的一个重点，就是探索和构建作文教学序列和训练体系。比较有代表性的教学体系可以归纳为下列几种。

1. 以文体为序。以记叙——说明——议论三种文体为序进行练习。这种教学体系以中小学统编教材为基础，适应性较强。但是这种训练思路比较强调文体的特殊性，不太利于多种表达方式的综合运用，因此近年来也受到不少人的质疑，如提出"淡化文体"的概念。

2. 以知识为序。按照文章构成的法则，由词、句、段到篇章，从局部、单项到整体、综合进行分程训练，逐项落实。这类教学序列十分重视写作基本功的练习，但也有失之于机械性、程式化的弊端。

3. 以能力为序。这方面的研究成果比较丰富，产生了不同的训练序列。如：观察——分析——表达序列；审题——立意——选材——布局——修改序列；收集材料——整理材料——书面表达——文章修改序列；模仿——创造序列；等等。这些序列注意按学习者的心理特点和写作能力的形成过程来安排教学，但如何形成系统的写作知识和能力结构，还有待于进一步研究。

4. 语言和思维训练体系。这种教学体系认为不同文体在语言要求上有所不同，而思维的条理性则是各种文体的共同要求，因此要强化写作训练的思维因素，如可以有序地进行清晰性、连贯性等方面语言练习。

总的说来，国内各种写作训练序列的基本思路是先简单后复杂，先分解后综合，力图对写作能力培养的全过程进行科学安排，使学习者在系统、科学的训练中最终形成完善的写作能力。

国外对写作训练序列的研究也有一定的发展，但总体上欧美国家更偏重于对写作教学的方式方法的研究。如前所述，他们根据学习者在写作过程各阶段活动的特点，探讨可以经过什么样的教学策略，来帮助他们克服所遇到的困难。在研究方法上，不仅有理论、原则的探讨，而且比较重视实验论证；定性研究与定量研究相结合，宏观的理论体系研究和微观的具体方法指导相结合。在这方面，欧美学者的研究思路和方法值得我们学习和借鉴。

四、中西论文写作之比较

论文是研究者最主要最常用的表达形式，从比较研究的角度来考察中西论文写作的差异，也会对我们教师的论文写作有一定的启发性。中国自古以来是一个文章大国，但确切地说，是一个散文大国。如果翻阅一下《古文观止》之类的文章选集，我们就会发现，千百年来流传下来的名作名篇，基本上是以文学性、抒情性的散文为主，现代意义上的论文数量很少。这是中西写作文体的一个重要差别。

1. 中西论说文体的传统和风格

中国古代的论文是自先秦以后才发展起来的。春秋时期虽然已经出现了不少伟大的思想家、哲学家如老子、孔子等，但他们的论述还不是以论文形式出现的。老子的《道德经》共 5 600 字，分为十八章（小节），每句话都表述了观点，但前后并无直接的联系，还不是成系统的篇章。孔子的《论语》，原本就是弟子记录他讲课的语录汇编。到战国时期，论文的形式逐渐成型，孟子、墨子、韩非子的一些论述都有一定的篇幅和主题。战国末期李斯的《谏逐客书》就是这一时期论说文的代表作之一。

与先秦的论文相比较，西方的情况有所不同。在古希腊时代，苏格拉底本人没写过什么著作，柏拉图的《理想国》是对话体，亚里士多德则留下了大量的讲课笔记，但此后的西方学者的论说文就逐渐成型，有了基本的模样和风格。如希波克拉特斯的《论风、水和地方》（医学）、阿基米德的《论平板的平衡》（力学）、赫拉可利特的《论自然》（哲学）、普罗泰戈拉的《论真理》、《论神》、《相反论证》，高尔吉亚的《论不存在者或论自然》等等。这些著作许多已散失，但从留下的一些残篇看，从标题到内容，与现代论文已有些近似。由于拼音文字的特点，从古希腊文到英文，西方的论说文的形式从古到今具有比较明显的延续性。在内容上，也显示了西方论文重思辨、重学理探讨的传统。

中国古代的论文到秦汉时期已初具规模，汉代文坛已出现了晁错的《论贵粟疏》、贾谊的《过秦论》、恒宽的《盐铁论》、诸葛亮的前后《出师表》等名作。唐宋时期，更有柳宗元、韩愈、司马光、苏辙等人的大家名篇。明末清初以后，则有顾炎武、戴震、段玉裁、章学诚等著名学者在考证学方面开创的论述体裁。

南北朝时刘勰曾将论文体裁分为四品：陈政、释经、辨史、诠文；又分为八类：议、说、传、注、赞、评、叙、引。由于受"述而不作，信而好古"的传统观念影响，中国古代文人往往通过评、赞、注、疏等形式来表达自己的见解和思想，而古汉语的文字表达又比较精炼，因此从形式上看较少长篇大论。但中国文学讲究辞章的特点和传统，又使古代学者善于凝神炼字，通过精彩的修辞和优美的词句阐发思想、抒发胸臆。如"泰山不让土壤，故能成其大；河海不择细流，故能就其深"（李斯《谏逐客书》）、"鞠躬尽瘁，死而后已"（诸葛亮《后出师表》）、"弟子不必不如师，师不必贤于弟子；闻道有先后，术业有专攻"（韩愈《师说》）等，都是脍炙人口的千古名句。

从内容上看，中国古代的论文承袭了"文以载道"的传统，重视议论的社会功能，所以大多属于政论文一类，偏重于政治、伦理、社会问题的探讨。即使是上述论说名篇，其实也含有许多描述和抒情的成分。与西方学术传统中"为知识而知识"、"为学术而学术"的论说文体不同，中国古代缺少那种纯思辨的论说需要和写作习惯。

2. 中国现代论文写作的转型与困惑

进入现代社会以后，中国的论文写作面临着一个重大的转型。从语言形式上，要由文言文转为白话文；从论述内容上，要吸收外来的名词术语以及相应的理论观念。十九世纪以后，西方文化和语言成为强势文化，主导了包括学术研究在内的话语权。因此，我们的论文写作，一方面经历着从传统到现代的转变，另一方面还对面临着本土对外来的适应。

二十世纪初以来，西学东渐，中国的文学写作和学术研究都受到西方语言和文化的严重冲击。欧化现象普遍产生，长定语、复合句、倒装句、外来语、新名词、抽象概念不断地出现在各种写作文本之中。现在我们强调写论文要有一定的规范，这规范其实基本上就是西方学术研究界创立的写作文本的标准。写论文又要有一定的理论框架，而现代的科学理论（包括人文社会学科的理论）也大多来自西方。由于在形式和内容上必须依靠外来的规范和理论，因此在论文的语言表述上不可避免地受到很大的影响。由此产生的结果是，中国的写作传统出现了断层。由于传统的优秀文章的语言风格与现代论文的写作要求不相适应，传统写作的重视辞章和文采的特点就受到了严重的制约。人们常说，现在许多学术文章不好看、可读性差。这种"不好看"的文章，除了内容言之无物外，语言枯涩干瘪也是一个重要的因素。还有一些作者有意或无意地，在写作中大量运用不太符合汉语表达习惯的词汇和句型，追求一种深奥莫测的阅读效果，这显然进入了一种新的以文害意的误区，当然也谈不上与国际规范接轨。

学术语言自然有其自身的要求和特点，如准确、严密、逻辑性强等。但是如何在符合现代论文写作规范的同时，发挥中国语言文字优美流畅的特点，如何在借鉴吸收外来先进文化的同时，保持和发展中国传统文化的精华，就成为现代论文写作研究和实践面临的一大困惑和挑战。五四以来，许多作家和学者在探索中国语言文字的新的表达方式方面付出了大量的努力，创作了不少优秀的作品，包括在学术研究方面，也产生了不少文质兼美的好文章。在现代论文写作的发展道路上，正所谓"路漫漫其修远兮，吾将上下而求索"，在前辈开辟的路径上，还有待后人的拓展和探索。

　　20 世纪 60 年代，美国掀起新教学运动。一天，有一位数学家的女儿从幼儿园放学回家，爸爸问她"今天学了什么?"女儿高兴地说："我们今天学了'集合'。"数学家爸爸想：这么抽象的概念，幼儿园的小孩子能理解吗？于是他问道："你们老师是怎么教的?"女儿自信地说："老师先让班上的所有的男生都站起来，告诉我们这就是所有男孩子的集合；然后，她又让所有女孩子站起来，这就是女孩子的集合；再后面，是白孩子的集合，黑孩子的集合……最后，老师问大家：'听懂了吗?'我们回答说懂了。"数学家想，这样的教学法似乎也没有什么问题；想想不放心，又提出一个问题作为最后的检验："我们能不能以世界上所有的匙子或者土豆组成一个集合呢?"小女孩迟疑了一会儿，最终肯定地说道："不行！除非它们都能站起来。"这个故事曾被一些作者教师用来说明教育案例的性质和作用。其实，它也可以从一个特殊的角度来说明文体类型的复杂性。

CHAPTER 4

在数学术语中，"集合"是指一组具有某种共同性质的数学元素，它把一定范围内可以确定的、与其他因素相区别的事物，当作一个整体来看待。严格地说，写作文体的类型特征还不具备集合概念所需要的确定性和互异性。我们在这里讨论科研写作的文体类型和性质特征，一定程度上反映了人文社会科学研究的复合多元的特点，而不能完全按数学和自然科学的精确性来要求。不同的文体类型，它们在各种写作要素方面更多的是体现为不同的侧重点和倾向性，而不是截然相反或对立的差异性。其实在科研写作的主要特征和表达形式方面，各种文体类型往往有许多共通之处。了解了这一点，有助于我们更好地理解和把握不同文体的基本性质、功能和表达方式。

根据教育科研的内容和形式，教师的科研写作主要有两大类：一类是论文写作，一类是案例写作。前一类以论说为主，大部分教育研究的文本表达都可归于这一类；另一类是以叙事为主，这是近年来颇受广大教师欢迎的科研写作方式。这两大类文本同时又可分为若干亚类，并各有其类型特点。此外还有笔记体等非常规形式的写作，这里暂且不论（详见本书第十章）。本章先介绍实践研究成果的几种主要表述方式，然后着重阐述论文与案例两大类型的基本性质和写作特点，并探讨教师把握不同文体时所面临的一些普遍性问题。

第一节　实践研究成果的表达方式

教师的实践研究与专家学者的理论研究的差异，源于研究对象和研究取向的不同。由于实践研究更多地依赖于实践材料而不是文献资料，因此表现在文本形式上，就多具体而少抽象，多描述而少思辨。实践智慧蕴含于个别的具体的情境之中，并集中体现于范例；因此实践研究在很大程度上就是对范例的研究，是范例的提取、表达和传播。依据抽象程度由低到高的差异，实践研究的结果和表达形式可以分为几种不同的层次类型。

一、教育现场的记录选编

课堂教学和学校教育是一个复杂的情境，现场记录是研究某个情境的基本手段，包括文字、音频、视频等形式。这类实录的价值，在于尽可能地保留了现场的整体性和直观性，提供了大量的原始信息，使人对某个特定场景有比较全面的了解和一定的体验感受，进而模仿、借鉴或思考、批评。

由于现场信息庞杂多变，因此任何记录整理都受限于一定的观察角度、记录手段和研究目的。就如常见的"特级教师课堂实录"、"名师授课录"等教学实录，看来是原汁原味的客观呈现，其实选编了哪些教师的哪些课，从哪些角度用哪些手段记录，观察的焦点是教师还是学生等，都反映了选编者一定的偏好、趣味、思考和导向。值得注意的是，现在各种教学实录的内容过于单一，基本上集中于课堂教学本身，而很少涉及课前的备课过程和课后的说课、评课、答疑和争论等内容。虽然课堂现场的记录更为直接和"有用"，但有关课前课后的"磨课"交流，却更有效地揭示了隐藏在教学现象背后的许多想法和感受，是隐性知识显性化的重要途径。因此从实践研究的角度看，有必要重新审视教学实录的选编思路，开掘和补充有关"分享智慧"的内容。

实例 4.1　《大芦荡，你还在守望吗?》①

［课堂实录］

……

步老师：废墟是什么意思？废墟是荒地，但不是所有的荒地都是废墟。第二

---

① 选自《〈大芦荡，你还在守望吗?〉课堂实录及专家评析》，原载《上海教学研究》，2015年第 4 期，文字有改动。

十八节，三个"怎么会"恐怕把这个守望又推进了吧。在读的过程当中，要这样一边读一边思考。时间只有一节课，留下两个问题或作业。任选其一：第一，从"萧瑟"到"困惑"——我对大芦荡哲思的理解；第二，从"守望什么"到"还在守望吗?"——我对行文思路的感受和困惑。今天就讲到这里，下课。

［课后自评］

步根海（上海市教研室语文教研员）：有的老师问我"如果还有第二节课，你怎么收尾?"我不是这么考虑的，这篇文章我一定没有第二节课了，但是对学生的作业是要做评价的，那就是另外一个角度了，而作业的评价与对这篇文章的再认识是密切相关的。我并不企图用一节课解决那么多那么深的问题，而是让学生由阅读的感觉思考今后应该怎么来读这一类文章。因此显性地说，关注一些重要的词语，关注一些标志性的语言，关注这些语言产生的语境，关注语言内在的逻辑联系，以及关注学生阅读之后的自己的感受等等，就是我们所说的"学习策略"。

［专家评析］

孙宗良（复旦中学特级教师）：我们现在的语文课过多地采用解析的手法，分析、切割，或者是几个关键词分析。实际上语文课的整个过程应当是让学生通过解析然后在自己脑子里完成重构，而不是解开以后得到的几个概念、几个判断。步老师的课有两点非常突出，一个是层叠，一层层往下走；另一个是相融，即教的过程与学的过程的融合。实际上步老师的课堂都没有经过大的设计，但是对学生的思维方式和行为的引领非常有价值。从步老师这里来说不是刻意的行为，而是自觉的行为，甚至是下意识的行为。

二、叙事性的案例撰写

以叙事为主要方式的教育案例，是对现场信息进行加工整理的结果。由于研究者的目的、思路和能力的不同，对同样的现场会有不同的叙事和描述。与教学实录不同的是，教育案例中的情境描述带有更强的主观性，是有针对性地对客观现实进行选择和裁剪。研究者的选择性和主观性，使主题得以聚焦，使范例得以形成。与教学实录相比，教育案例更为集中地蕴含了情境中的某些实践智慧，同时又保留了一定的现场感和整体性。

更重要的是，叙事性的案例撰写可以把不同时空的相关信息组合在一起，包括灵活运用访谈、资料、反思等方式弥补现场观察的不足，以促进了解和思考。教育案例叙事灵活、可读性强，因而受到中小学教师的普遍欢迎，已成为教师实践研究的一种重要方式（详见本书第九章）。然而在叙事研究热兴起的同时，我们也要有一点冷思考。目前教师撰写的大量叙事类文章，有相当部分是用描述和抒情代替了思考。其实叙事研究之所以有别于文学创作，关键在于生动和感动的背后还传达了思想，好的叙事应该是有思考的叙事。我们应该认识到，在叙事研究中，"叙事"只是一种表达方式，表达的内容还是"研究"。我们所叙之事，离不开课例研究、行动研究、调查研究、经验总结等研究方法的应用过程。也就是说，对事件的描述应该是为体现研究的内容而服务的，只见生动的描述而看不出研究的目的和内容，那只能称之为"叙事"而不能叫做"叙事研究"。

实例 4.2　叙事背后的故事①

写这篇《走近杜威的"做中学"》（参见本书第九章第二节），原本有着两个方向的设想：在黄老师工作室的成长和读杜威的成长过程，我更倾向于写前者，希望以此给自己工作室四年的成长画上一个圆满的句号，也不负老师四年的倾心栽培。可是四年的时间太久，太多的线索反而让我无从取舍，最终也无法聚焦在四千字。在征文截止的前一晚，才下定决心来改这篇文章。事实上，在此前，我已经有了五万字读杜威理论的基础，加上与小潘老师一起做劳技课的两万字的过程积累，现在所要做的就是提炼思想。文章最终能获长三角"成长纪事"征文一等奖，可能是有点"新意"。其实我的得意之处在于文章两条并行的线索，明线是我陪小潘进行实践探索过程中小潘的成长，暗线是我在读书小组中获得的灵感和支持。并行的两条线突出的都是一种团队的力量，是一种共同体精神。

三、教学设计和活动方案

教学设计和活动方案，包括通常所说的教案以及各种教育教学的活动设计。所谓备课，主要内容就是写教案。教学设计的基本特点是教育过程的概括化和程

---

① 选自上海市浦东新区今日学校张丽芝老师的经验材料，文字有改动。

序化，它可以将复杂的教学情境简化为几项基本的操作性内容，如教学目的、教学内容、实施步骤和方法手段等，具有很强的指导性和实用性。与课堂实录和教育叙事相比，教学设计在表述语言上少有描述和叙事，主要是说明性和解释性语言，比较抽象概括。因此教学设计便于直接、集中地提出执教者的教育理念及相应的方法手段，但与此同时，它也在很大程度上丧失了实践的情境性和整体性，因而不利于教师实践智慧的揭示和传递。

改进教学设计的一个基本思路是增加设计方案中的描述性成分，即把抽象的程序与具体的实例结合起来，以到达局部与整体、理性与感性、预期与效果的统一。我们可以把有关教学设计看作两大类：一类是预设型的，即在教学和活动之前有比较周密的思考和规划，如常见的教案；另一类是生成型的，即在教学和活动之后再提出结合个人体验的实施要点，即经过实践检验的教学设计。从实践研究的角度看，一项好的教学设计不仅说明应该怎样做，而且还要说明实际做得怎样，包括何时、何地、何人、在何种环境条件下"做"的过程、结果及经验教训。通过补充描述性的情境实例，教学设计将成为一个预设与生成的结合体，从而体现更有新意和深度的研究。用叙事方式将这类创意设计的实施过程表述出来，就可以形成一篇富有教师个性特点的行动研究报告（详见本书第十章第三节）。

实例 4.3　备选答案我设计①

学生仅仅是被告诉该怎么思考，不能获得思考的技能。怎样才能设计一种既能提高学生学习兴趣，又能促使学生有效思维的学习活动呢？我们设想，在数学学习的练习环节，组织学生换位思考，以出题者的身份，预设可能出现的错误，自行设计数学选择题的备选答案，并组织交流设计的备选答案及设计理由。

（实施步骤及实例略）

注意要点：第一：给学生充裕的时间进行自行设计。高质量的备选答案是需要时间思考的，对学生来说，一方面要正确解决这一问题，另一方面还要针对题目的信息，反思自己的思维过程，预设有价值的错误。这一过程应该有时间的保

---

① 选自何萍：《备选答案我设计》，原载《智慧教师的 50 个创意》，华东师范大学出版社，2010 年版，第 138—141 页，文字有改动。

证，不能流于形式。第二：尊重学生的设计成果。尽管有些答案可能漏洞百出，容易被识破，甚至没有应用价值，但也是学生思维的成果，代表了学生的思维水平。教师不单自己要尊重，也要在班级学生中营造一种尊重的氛围，我们可以指出他的缺点，帮他改进，但是不能嘲笑。课堂的情感氛围对于促进学生思维有着重要的作用。

四、经验总结型论文

经验总结是一个从感性的实践到理性的认识的抽象过程，经验总结型的论文是教师研究成果的一种主要表达形式。与学术型的论文有所不同，经验总结型的论文主要不是通过引经据典来论证推理，而是通过事实材料来说明问题，是一种"抽象经验＋具体例子"的表达结构。与前面三种表达形式比较，经验总结以提炼概括某种经验为主要路径，抽象程度较高；同时又要提供一定的实践事例作为论据，有一定的具体形象性，是一种具体与抽象、感性与理性结合的表达方式。

写好经验总结，其基础当然是对教育教学有自己独到的理解和丰富的实践，但从表述形式上说，关键在于有比较精彩的例子。我们可以看到，有些教师的经验总结看起来平淡无味，而有些比较生动而有启发，其差别往往并不在于理念的高下，而在于所举实例的精彩与否。因为在大多数情况下，所谓先进经验一旦从具体生动的实践情境中提炼出来，成为几条抽象的大道理之后，很容易丧失原有的个性特点。如果不同的经验表述大同小异，就很难让人领悟其中的奥妙。要使经验总结具有一定的独特性、新鲜感和启发性，就要依靠精彩的事例来补充说明。因此，经验总结要精选材料，要恰如其分地呈现出先进经验的实践场景，这样才能体现出"经验总结"从具体到抽象、又化抽象为具体的特点。

当然教师的实践研究并不一定局限于经验的描述和解释，在一定条件下，也可以做思辨性和实证性的研究，撰写理论性较强的学术论文和研究报告。特别是经验总结型论文与学术型的论文，在形式上也很难截然区分。适当的思辨研究和理论研究，包括结合自己的实践做一些文献资料研究，对于提升研究者的思想水平和理论素养，也是有益和必要的。可以说，具备一定的理论功底，也是做好实践研究的基础。总体来说，适当的思辨研究可以增强研究者的内功；而由于实践研究的对象特点和表达需求，研究者的功力将更多地体现在经验总结性论文和叙事性案例两种主要形式之中。

第二节　教育论文：怎样以理服人

　　教育论文是以一定的教育理论或观念为指导，以议论为主要方式，对教育领域中的现象和问题进行阐述分析，并在此基础上做出某种结论或揭示某种规律的一种文本表达形式。说理是论文的基本属性，写论文的基本目的就是阐述道理，以理服人。为了达到阐述和说服的目的，就需要用充分的论据、有力的论证来证明自己的论点。由于论述内容和说服对象的不同，论文还需要恰当地掌握和运用不同的文本表达方式。

　　撰写论文，首先遇到的问题是写什么，然后才是怎么写，也就是说要根据写作的内容来选择写作的形式。一些专家学者曾从不同角度出发，提出论文分类的标准和特点。有按研究领域区分的，如教育写作、文学写作、新闻写作、财经写作、科技写作等；有按应用范围区分的，如报刊论文、学位论文、学年论文、实验报告、总结报告等；有按论说形式区分的，如议论型、评论型、考证型、商榷类、综述类等。本书谈教育科研写作，偏重研究方法与写作方法结合；着重从教育科研常用方法的角度，把教育论文分为三类，即：经验总结、学术论文、研究报告。

　　教师在工作中有了一些经验体会，想进一步总结提炼出来，可以写经验总结；对某一方面的问题有比较深入的思考，想阐发一下自己的观点，可以写一篇学术论文；做了一次调查，或进行了一段时间的教学实验，可以写一份研究报告。采用不同的研究方法就会有不同的材料来源，对不同的写作材料给予恰当的表述形式，就能收到比较理想的表达效果。当然，所谓经验总结、学术论文、研究报告，总体上说都是论文，有时候区别并不明显；但是具体问题具体分析，这三种类型在体裁特点和应用方法上还是有一定区别的。为了分析和理解的方便，下面将结合实例分而述之。

一、经验总结

　　中小学教师撰写的论文，有相当部分属于这种类型。我们在教育教学工作中取得了一点成绩，或者遇到了一些问题，无论是成功还是失败，其中都有经验或教训值得总结。但是不少教师平时忙于工作，疏于动笔，往往有了一点经验体会，却不知如何厘清思路，布局谋篇。一般来说，大多数教师写经验总结，涉及的内容范围不会很广，通常是一事一议，夹叙夹议。这类论文的特点是：

基本经验＋典型事例，有一定的理论色彩。

这里需要说明的是，经验总结的写法不等于经验总结的研究方法，前者是经过总结提炼后的经验成果的表达方式，后者则是从实践过程中收集材料归纳总结经验的研究方法。作者在某一方面有了一些经验研究的成果，把这些经验成果概括成简洁明了的几点认识，再结合具体事例分别加以说明，这就构成了经验总结写法的基本形式。也就是语文老师常说的，以观点带材料。这几条提炼出来的基本观点或者是基本认识，一般就体现为文章的小标题。下面是一位班主任老师撰写的经验总结的基本框架：

实例 4.4　《我是怎样带"差班"的》①

一、客观地分析和评价"差班"学生

1. "差班"里的学生并非都是差生

2. 成绩差不等于智力差

3. 不能简单地把纪律性不强看成是品德差

二、坚持深入细致的思想工作

三、坚持严格的班级常规管理

1. 抓教室的清洁卫生

2. 抓学生的出勤

四、争取全体科任老师的支持、配合和帮助

文章共分四大部分，四个标题概括了作者带"差班"的四条经验，每一部分作者都通过一些具体事例来加以说明。

具体事例是经验总结的重要组成部分，文章中的事例是否恰当、生动、给人以启迪，很大程度上影响到这个经验总结的价值。因为经验总是有它的针对性或

---

① 参见《浦东教育研究》1994 年第 3 期。

是局限性的，但是要分析出每一条经验的适用条件，难度就非常大；因此通过举例来加以说明，就比较切实可行。比如上述文章中谈到"深入细致的思想工作"，作者补充了一个例子：高三时一些学生学习心不在焉、成绩直线下降。原来他们家所在地已被上海浦东新区的外高桥保税区征用，就业问题实际已经解决，因此学习动力不足了。

如何解决这个思想问题呢？我要求全班同学都去看看近来报刊上刊载的各种招聘广告，了解一下现在各类企事业单位，特别是"三资"企业对人才的要求标准是什么。同学们发现大专以上文化程度，有一定特长已成为招工的普遍要求。于是，我据此对全班同学进行了在中学生活的最后阶段刻苦学习、全力拼搏，争取学有所成的教育。果然，班级的学习空气浓厚了。这几位同学的学习情绪也得到了稳定，期末考试的成绩也有一定的提高。

文章要是单纯阐发思想工作的重要性，意义并不大，因为这个道理大家都懂；但通过具体事例，就不仅告诉别人要做什么，而且还说明了自己是怎么做的。基本经验加上典型事例，使文章具有了更多的启发和借鉴意义。教师的经验总结之所以有价值，不仅是说这些经验具有实践意义，即通过实例供别人学习借鉴、解决实际问题；而且还有一定的理论意义。教师通过经验总结，用易于理解的方式解释阐述了某些理论，并从个人的实践的角度说明了理论的可行性和操作性；或者从在特定的实践情境中领悟并阐发了某种创见，从而形成教师个人的实践性知识，丰富和发展了教育理论。

二、学术论文

这里说的论文是指学术性较强的研究论文，按照国家有关部门较有权威性的说法，"学术论文是某一学术课题在实验性、理论性或观测性上具有新的科学研究成果或创新见解和知识的科学记录；或是某种已知原理应用于实际中取得新进展的科学总结，用以提供学术会议上宣读、交流或讨论；或在学术刊物上发表；或作其他用途的书面文件。学术论文应提供新的科技信息，其内容应有所发现、有所发明、有所创造、有所前进，而不是重复、模仿、抄袭前人的工作"。① 与经验总结型的论文相比，学术论文更强调在前人基础研究上的发展和创新。从写作方法上看，它的主要特点是：

基本观点＋理论依据，理论性、思辨性比较强。

写学术论文的主要目的是讲清道理，针对某一问题表明自己的观点。论述的重点不仅在于说明是怎么做的，更要证明为什么这样做，也就是说，要从教育学、心理学等角度提出教改实践的理论依据，当然，也不排除必要的事实依据。同样以带"差班"为例，有一位老师写了一篇《对转化后进学生的几点思考》，其中第一部分的结构是这样的：

实例 4.5　《对转化后进学生的几点思考》②
一、了解学生心理，是转化后进学生的基础
1. 重感情与感情投入枯竭的矛盾
2 自尊心强与得不到尊重的矛盾
3. 好胜与不能取胜的矛盾
4. 上进心与变动个性的矛盾

上面两个实例，都强调了带班的第一步是要了解学生，因为这是进一步采取教育措施的基础。在第一篇经验总结型的文章中，作者主要是通过列举事实来说明如何了解学生。比如说明"成绩差不等于智力差"：

就拿我所教的班级来说，有的同学学习成绩总是名列末尾，但对导弹、新型歼击机等军事装备，对航空航天知识却很精通；有的同学理科一塌糊涂，却能引经据典，写出一手漂亮的文章。我们能说这些同学智力差吗？

第二篇学术论文则着重从心理学的角度进行分析，比如指出"重感情与感情

---

① 全国文献工作标准化技术委员会：《科学技术报告、学位论文和学术论文的编写格式/GB 7713—87》（中华人民共和国国家标准 UDC 001.81），国家标准局 1987 年 5 月 5 日批准，1988 年 1 月 1 日实施。

② 参见《上海教育科研》1994 年第 4 期。

投入枯竭的矛盾"：

后进学生性格特点之一是重感情、讲义气，渴望得到保护、帮助和同情。然而，许多后进学生却得不到正常的感情投入，他们或遭父母遗弃，或被教师歧视，或受同学冷落，这就与他们需要得到感情产生了矛盾。

理论阐述看起来不如列举事实那么具体生动，但思考问题比较深入，更能揭示事情的本质。就像作者所说的，"只有正确理解后进学生的心理，尽力处理好他们身上的矛盾，才会使我们在解决问题时更理智、更冷静、更科学，收到较理想的效果"。比较而言，经验总结偏重个性，学术论文偏重共性；经验总结偏重说明事实，学术论文偏重提炼论点；经验总结偏重具体操作，学术论文偏重揭示规律。

无论是经验总结还是学术论文，写好文章的前提是言之有物；也就是确实有经验可介绍，有观点可阐发。不少教师觉得自己不懂写作的方法，所以写不好论文。其实这多半是缺乏研究基础的缘故。写作是研究的结果表述，有了可表述的内容，才有表述的形式和技巧。

写文章也要讲究一点修辞和形式美，比如文字风格要统一，又要有所变化。下面是《对转化后进学生的几点思考》一文中的五个小标题：

一、了解学生心理，是转化后进学生的基础
二、动之以情，是转化后进学生的前提
三、因势利导，是转化后进学生的关键
四、言传身教，是转化后进学生的有效手段
五、加强家校联系，是转化后进学生的重要环节

与《我是怎样带"差班"的》一文中的标题比较，后面一篇显得更有文采一些。不过我们还是要注意形式是为内容服务的，要防止一味追求形式美而影响了对内容的理解，或者与内容的风格不协调，即所谓以文害意。

三、研究报告

严格地说，研究报告也是学术论文的一种形式，但是根据一般研究者的分类

习惯和举例说明的需要，这里还是单独列出一项，予以介绍分析。根据内容的不同，表达形式也有一些差异，这里主要是指以定量研究为主的实证性研究的结果表述形式，包括调查报告、实验报告等。撰写研究报告，是对调查、实验的结果进行分析、归纳，获得理性认识的过程。它的特点是：

假设＋验证，结构比较规范严谨。

无论是调查研究还是实验研究，研究者在着手时总有一定的设想或叫预期，希望通过实际操作来进行验证。比如"差生"是怎样产生的，究竟是学习动力不足，还是智力有问题？前面列举的两篇文章，都是从改善师生关系、解决学生的思想情感等问题的角度来介绍经验、阐明事理的。那么情意问题是否是造成"差生"的主要原因呢？为什么不少人认为"差生"就是差在智力上？虽然许多文章讲得很有道理，但在未经实证研究之前，它们的观点还只能算是一个假设。

上海市教科所曾在 20 世纪 80 年代末开展了一项研究，在全市 10 个区、3 个县、抽取 3 000 多名学生进行测试和背景调查，获得了 100 多万个数据，对学习困难学生的特点和形成原因进行研究。结果表明，学习困难学生（即通常所说的"差生"）大致可分为四种类型，所占人数比例分别为：（1）暂时性困难，18.4％；（2）能力型困难，5.7％；（3）动力型困难，57.8％；（4）整体型困难，12.2％。这项研究说明，大部分学习困难学生属于动力型困难，从而证明了"差生"的产生主要在于学习动力不足等情意因素。这个研究结论应该是比较可靠的，它通过实证研究支持了有关的理论假设，因而更具有说服力。

与经验总结、学术论文相比，研究报告的形式比较严谨、写法比较规范。比如一份调查研究报告，一般包括下面几个部分：

1. 问题的提出。说明这项研究的背景、目的、意义及主要内容，包括要研究什么问题，为什么要研究，前人是否有过同类的研究，我们这次研究的重点是什么，等等。

2. 调查的方法和对象。说明调查的对象、方法、时间以及主要内容，包括调查对象是怎么选择的，调查项目和题目有哪些，运用了什么调查手段，数据资料是怎么处理的，等等。

3. 调查结果与分析。调查的结果一般用统计表的形式表述，可以根据调查内容的不同部分归纳成若干个表格，每个表格附以必要的文字说明。

4. 讨论与思考。这一部分的主要内容包括：要根据调查的结果给出本研究的结论；对调查的结果和结论作进一步的分析和解释；提出对这个问题的建议和对策；研究中存在的问题和进一步研究的方向。

以上介绍的是研究报告的正文的主要内容，在正文首页的下方，还可以对报告的题目和作者作必要的说明，在文末要列出参考文献和注释等。

此外还有一种近年来比较常见的研究报告形式，就是综合性的课题研究报告。这类研究报告可能包含了经验总结、学术论文和研究报告等多种形式因素，它在内容上可以容纳更多类型的研究成果，在形式上也能更好地反映中小幼教师实践研究的特点，因此应用比较广泛。这类研究报告的写作方法问题，我们将在本书第八章中详细讨论。

如前所述，写作的文体类型有时边界不太明显，不同文体的内涵往往是交叉概念，比如经验总结与学术论文就难以截然区分，读者只要理解其主要或典型特征即可。此外，不同文体类型各有其特点和功能，也无须有高下之分。就如研究报告有严谨准确的特点，但它并不能取代经验总结而达到鲜活灵便的传播效果。

第三节 叙事和案例：怎样身临其境

除论文以外，教育科研的另一大类写作形式就是案例写作。案例研究与叙事研究近些年来先后兴起，反映了教育研究的发展变化对研究方法提出了新的要求。在这个过程中，对于研究方法自身的研究也从概念介绍向实际应用逐步深入；其中叙事研究与案例研究的性质问题，逐渐受到了研究者和中小幼教师越来越多的关注。本节尝试在叙事研究与案例研究比较分析的基础上，对两种研究的性质和写作方法问题作一个初步的探讨。

一、大同小异：叙事与案例之辨析

从方法论角度看，叙事研究与案例研究都属于质的研究的范畴。质的研究是以研究者本人作为研究工具，在自然情境下采用多种方法收集资料，对社会现象进行整体性探究，使用归纳法分析资料和形成理论，通过与研究对象互动对其行为和意义建构获得解释性理解的一种活动。（陈向明，2000）叙事研究和案例研究都是质的研究的应用形式，具有质的研究的基本特征，如在自然情境中收集资料、对事件及细节进行整体的细致的描述、自下而上地归纳资料形成理论、在研究者与研究对象的互动中完成对事实的解释和建构等。

叙事研究与案例研究的理论基础，已有不少研究者作了多方面的阐述，如从现象学、解释学、文学叙事学、现代知识论等角度进行的研究。总体而言，叙事研究和案例研究在一定程度上反映了后现代主义的思维方式和认识论。后现代主义强调事物的多样性和不确定性、否定所谓的中心和权威、提倡反本质主义的知识观和认识论。而在研究的方式方法上，叙事研究和案例研究适应了这样一种认识论的表达需要。这种适应体现为研究方法的几个基本特点：面向日常的微观的生活世界，以观察、倾听和感受为主要研究手段，研究过程和结论的开放性等。因此，叙事研究和案例研究有助于改变以往教育研究追求唯一性、精确性的技术理性倾向，有助于加强与人类的经验世界的联系，以便更好地传达"沉默的大多数的声音"。

在以往大多数研究中，案例研究与叙事研究是被分别阐述的，或作为同一概念替换使用，其性质和相互关系不免处于一种模糊状态。因此，二者的异同成为许多实践者比较疑惑和纠结的一个问题。有一位中学科研室主任曾表达了她的困惑："本来我似乎明白叙事研究和案例研究的区别，但读了徐碧美的《追求卓越——教师专业发展案例研究》后，我发现她的案例研究就是我认为的叙事研究。当我读郑金洲的《行动研究指导》中'行动研究成果的主要表达形式'时，发现他把'教育叙事'和'教育案例'分开来写，说明这两种研究成果的表达方式是不一样的。我请教过好几个朋友，包括教育学博士，他们也说不清楚。"[1]

作为研究和表达的方式方法，叙事研究与案例研究有着共同的"质的研究"的方法论背景，这是二者的边界比较模糊的主要原因。其区别主要在于二者的研究侧重点有所不同，导致其思维和表达方式有所差异。

---

[1] 仲丽娟：《教师专业发展的叙事研究——一位中学教师的亲历亲闻》，北京大学出版社，2010 年 7 月版，第 14 页。

（一）叙事与案例的联系

叙事是一种表达方式。叙事是人类传达思想的一种基本的语言表述方式，研究者通过对人、事、物的观察和描述，叙述了事情的发生、发展和结果，从而反映个人的经验和看法。而案例是一个特定的情境。案例是发生在一个特定的时间和空间范围里的事件，作为特定情境中的研究对象，比较集中地反映了研究者所关注的事情和问题。案例研究的情境性，使研究体现了一定的整体性和典型性，有助于对特定事件的反映和认识。

由于事情总是发生在一定的情境之中，而案例研究又往往是以叙事为主要表达方式的，因此也可称作叙事型的案例研究。在这种情况下，很难将二者截然区分，因此可以将二者看作是同一概念。

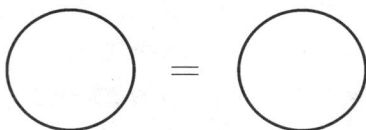

调查可以叙事，实验可以叙事，经验总结、行动研究也可以应用叙事的表达方式。一项教改成果，如果主要以事实描述的方式而不是数量统计或理论思辨的方式，系统地反映了研究的过程和结果，就可以称之为叙事研究报告；在大多数情况下，也可以称为案例研究报告。

但是，还有一些情况有所不同。一种情况是某些叙事缺少明显的情境性，如自传、传记类的文字，往往时间跨度大，场景转化多，情境特征不太明显。还有些比较特殊的，如意识流的小说，其中事情发生的时间、地点、环境甚至人物面貌都不太明确清晰。这些叙事就很难与案例等同看待。另一种情况是，案例的表述方式并不局限于叙事，它还包括议论、说明等重要方式。有相当多的案例研究，叙事在其中只占很小的比重，而主要篇幅在于对所叙之事的讨论和分析。这类案例，实际上是以叙事为基础、以议论说明为主要表达方式的，可称为非叙事型的案例研究。

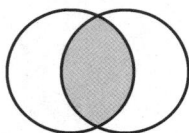

叙事研究与案例研究既可能表现为相同或相似的形式，又可能呈现为不同面貌。因此从总体上说，二者可被看作是交叉概念。

（二）叙事与案例的区别

就研究的侧重点而言，叙事研究比较偏重于按时间顺序反映事情发展的过程，而案例研究则具有更强的空间感，更注重在特定情境里事物的组成要素及其相互关系。从索绪尔语言学的视角来看，叙事研究反映了不断变化着的各个单位的相互关系，即有历时性的特点；而案例研究反映的是同时存在的各种形式之间的关系，即体现了共时性特点。因此可以说，如果是偏重于表现一段时间内的事物发展过程的，那么研究将注重叙事方法的应用；如果是偏重分析某个特定情境中的事物关系的，案例研究的特征将更为明显。二者的区别可见表 4.1。

表 4.1　叙事与案例的特点及区别

	叙　　事	案　　例
基本性质	一种表达方式	一个特定情境
概念内涵	时间概念	空间概念
关注重点	发展过程	相互关系
思维方式	偏重感性认识	兼顾理性认识

由于在一项质的研究中，事情的发生情境与发展过程是一个错综复杂的研究对象，因而叙事与案例的边界往往比较模糊。从"共时性"与"历时性"的关系来看，语言的历时性实际上是由无数共时性所构成的，共时现象就像是历史长河中的一个断面或切片，共时研究是历时研究的基础或实质。因此，要进一步提高叙事研究或案例研究的质量，需要更多地关注一个教育事件中所包含的各种教育因素以及相互之间的关系。

由于案例研究关注的是事件的组成要素和各要素之间的关系，因此带有更多的"分析"特征和理性思考的成分；体现在表达方式上，就可能在叙述描写的同时，还兼有议论和说明等形式。尽管如上所述，在大多数情况下，叙事研究与案例研究在文本形式上很难截然区分；然而许多擅长和偏爱感性表达的研究者，会自然地倾向于接受和采用"叙事研究"的说法。这可说是"叙事研究"受到热捧的一种社会心理基础。

二、两种案例：叙事与非叙事之比较

与论文写作相比，案例写作有很大的自由度。从文体上看，很难分门别类地概括出不同的案例写作特点和写作方法。从文本的表达方式看，以叙事为主是案例研究的基本表达形式，也是中小幼教师应用案例研究方法的主流和常态；另外还有少数以议论为主的案例写作形式。这里分别结合实例作，说明案例研究的一般形式与特殊形式，即叙事式的案例研究与非叙事式的案例研究的特点和功能。

（一）叙事式：案例写作的一般形式

一般地说，案例与我们通常所说的"论文"有所不同。因为从文体和表述方式上来看，论文是以说理为目的，以议论为主的；而案例则以记录为目的，以记叙为主，兼有议论和说明。或者说，案例是讲一个故事，是通过故事来说明道理。由于案例能够直接地、形象地反映教育教学的具体过程，因而有很强的可读性和操作性，同时也非常适合于有丰富实践经验的第一线教师来写作。

那么怎样撰写案例，它与教案、教学设计、教学实录有什么区别呢？

一般来说，与教案、教学设计的区别比较容易理解。教案和设计都是事先设想的教育教学思路，是对准备实施的教育措施的简要说明；案例则是对已发生的教育过程的反映。而案例与教学实录的体例比较相近，它们的区别也体现了案例的特点和价值，这个区别主要表现为下面三点：

案例要有一个主题。写案例首先要考虑我这个案例想反映什么问题，是想说明怎样转变"差生"，还是强调怎样启发思维，或者是介绍如何组织小组讨论等等，动笔前都要有一个比较明确的想法。有了主题，写作时就不会有闻必录，而要是对原始材料进行筛选，有针对性地向读者交代特定的内容。

案例要说明结果。一般来说，教案和教学设计只有设想的措施而没有实施的结果，教学实录通常也只记录教学的过程而不介绍教学的效果；而案例则不仅要说明教学的思路、描述教学的过程，还要交代教学的结果，即这种教学措施的即时效果，包括学生的反映和教师的感受等。读者知道了结果，将有助于加深对整个过程的内涵的了解。

案例要有评析。对于案例所反映的主题和内容，包括教育教学的指导思想、过程、结果，对其利弊得失，作者要有一定的看法和分析。评析是在记叙基础上的议论，可以进一步揭示事件的意义和价值。

与通常意义上的论文相比，案例的内容和写法更贴近中小幼教师的教改实践，是一种很有价值的文章体裁。要写好案例，首先要有实践的基础和经验的积累，其次也要有一定的写作技能。比如内容上要选取具有一定独特性或复杂性的事例，要注意一些关键性的细节；写法上可以渗透情感，增强表达的生动性和说服力；编排结构可以点面结合等。

有一位青年女教师曾写过一篇《走近语文教学的艺术殿堂》，其中写到在一次作文讲评课上，让一个男生上讲台朗读，结果这位略有口吃的同学遭到了哄笑。

实例 4.6　《走近语文教学的艺术殿堂》①

台下的同学们紧紧注视着他，课堂里死寂一片。沉默中，我突然从后悔自责中省悟：初为人师的我不是也有过临场时的恐惧和冷场时手足无措的尴尬吗？是自信战胜了这一切。有时候，一次小小的成功能够激活一个人潜在的巨大的自信，可一次难忘的失败也往往可以摧毁一个人仅有的一点自信。眼前的这一个男孩难道会陷入后一种情形吗？不，绝不能。我终于微笑着开口了：“既然他不太习惯在众目睽睽之下说话，那索性我们大家都趴在桌上，不看，只用耳朵听吧！”我带头走到教室后，背对讲台站定，同学们也纷纷趴下头来。终于，我的背后传来了轻巧的羞怯的声音。那的确是篇好作文，写的是他和父亲间的故事。因为动情的缘故，我听到他的声音渐渐响了起来，停顿也不多了，有的地方甚至可以说是声情并茂了，我知道他已渐渐进入了状态，涌上心头的阵阵窃喜使我禁不住悄悄回头看看他。我竟然发现台下早已经有不少同学抬起头，默默地赞许地注视着他。朗读结束后，教室里响起一阵热烈的掌声。我知道这掌声不仅仅是给予这篇作文的。

时任上海市教委副主任的张民生同志在《一个素质教育进课堂的生动案例》一文中，对这个事例评论道：②

有口吃的孩子说不出话了，一般好教师的处理方式是：“没关系，你先下去，下次有机会，再好好准备一下。”但王老师有另一种视角，一种新的境界，这么

---

① 王伟娟：《走近语文教学的艺术殿堂》，《上海教育科研》，1999 年第 6 期。
② 参见《上海教育科研》，1999 年第 6 期。

处理这种场面，化解尴尬的处境，对于学生可能是终生难忘。要做到这一点，关键是在教学过程中，思考问题的角度是以我原来设计好的教学过程为主呢，还是以学生为本去考虑问题。

上面这个案例通过生动细致的描述和准确到位的点评，反映了一位青年教师在以学生为本的教育思想的指导下，如何处理课堂上的突发事件的经过，给人以许多启迪。这里为了举例的方便，事例和点评分别选自两篇文章，一般在撰写案例时当然是合为一体的。一篇好的案例，可以胜过许多泛泛而谈。说到底，好文章不是"写"出来，而是"做"出来的。

（二）非叙事：案例写作的特殊形式

前面提到，案例研究的表述方式并不局限于叙事，它还包括议论和说明等重要的形式。因此在一篇案例中，当议论的成分占有了主要的篇幅和位置后，这篇案例就不能说是叙事型的研究文本了。我们可以把这类文本称作议论型的案例。这类案例的形式比较特殊，并不是教师科研写作的常态，但是它又有鲜明的特点和独特的功能，值得作一些介绍和评析。

以议论为主要表达方式的案例，之所以还称作案例而不是论文，是因为在文体的基本性质上还有别于论文。其一，在思维方式上，案例是归纳思维，论文是演绎思维。案例是从个别的具体的事物出发，达到一般的抽象的认识或更深切的感受，而论文的认识途径则是从一般到个别，从抽象概念到具体事物。其二，在研究目的上，案例重在介绍事实，而论文则强调证明观点。案例研究提倡更多选择的可能性，而论文则指向真理的唯一性。总之，案例基于情境，而论文基于论点。

下面提供两个案例供大家参考。

实例 4.7　《一个诚实与集体主义的两难问题讨论》[①]

1. 教例

初一（10）班的徐老师在开学初，从学校领取了桌子和长凳，并被告知：这

---

① 　根据徐嵘同名案例改写，参见《上海教育科研》，2000 年第 1 期。

是学校的公共财物，学校在学期结束时，将进行财物验收，若有损坏或丢失，则由班级按损失程度赔偿。另外，该班在学期末的班级评比中将被扣分，集体荣誉会受到损害。

在徐老师的管理下，同学们的集体荣誉感日益增强。可就在学期结束前的一个星期，班上的凳子连续丢失了三条，并出现在其他班级的教室里。很显然，凳子是被偷走了。同学们心里很不是滋味。过了几天，凳子又回来了，但是并不是原来的那几条。徐老师觉得很奇怪，找来同学一问，原来有的同学气愤不过，也去别的班级"拿"了凳子。

2. 初步的思考

面对凳子被盗事件，徐老师该如何向同学们解释？在了解了三条凳子的由来后，徐老师又会采取什么态度？此时应该遵守诚实的道德原则，还是维护班级的集体利益？老师可以采取两种做法：一是保持缄默，不发表意见；二是要求还回凳子，并对全班进行教育。

3. 分析与讨论

伦理学有两种思维方式：非结果论（动机论）与结果论。前者在考虑道德两难问题时，是看行为者的动机而不是结果，来判断行为的对错。出于善良的动机，不论结果好坏，都被认定是道德的行为。后者则以行为的结果作为判断行为是否道德的标准，动机良好但产生了有害的后果，那么也不能认为是道德的行为。

（1）在动机论看来

徐老师如果保持缄默，存在两个问题：首先，将违背动机论者提倡的做人要"诚实"的普遍性和一致性的原则。不能因为自己是被盗者，就可以接受别人的凳子。其次，违反了"己所不欲，勿施于人"的立场。

徐老师如果对学生批评教育，退回凳子，也同样存在困难：其一，初一（10）班将要面对由于诚实而带来的不利后果以及他人因不诚实而获利，老师能否说服同学们坚持诚实？其二，这样做法是否纵容了其他班不诚实的同学？

（2）在结果论看来

正确的行为应该是使善最大化的行为。如果徐老师默许：首先，将使集体的利益和荣誉得到维护；其次，拿走别人凳子的结果，只是使凳子在整个学校里流动，并很可能使最初盗走初一（10）班凳子的人也尝到被盗的痛苦，对他们起到惩戒和教育的作用。这正是使"善"最大化。

但是结果论者的行为也存在困难：其一，一个班级的利益只能说是狭隘的小团体感，很难成为集体主义。其二，如果每个班级都经历被盗的痛苦，不是"恶"最大化了吗？怎么能确定被盗的同学不会变本加厉，而是受到教育和感悟？最后，结果论者强调追求好的结果，会促使不择手段，其后果可能与善最大化的期望正好相反。

4. 余论

也许可以寻求两种思维方式的共性来对教师行为进行道德评价。首先是动机论与结果论的一致性，其次是手段与目的的一致性。徐老师也许可以这样做：

让同学将凳子还回去，组织讨论什么是真正的集体主义，如何才是维护集体利益的正确行为；同时，为了防止凳子再次被盗，可以让校方在全校范围内进行教育，制止这种行为的发生。为了避免以后的损失，可以在班上实行凳子责任制，如给凳子画上记号、由个人负责管理等。并让他们理解，这一次自己受到了一点损失，正是为了不让偷拿凳子行为继续下去，既是出于好的动机，又可以达到良好的目的。

在这个案例中，第一部分"教例"是叙事，总共不到三百字。而其后第二、三四部分的分析讨论原有七八千字，发表时经过删改也有五千字左右。这个案例围绕班主任工作中的一个道德两难问题，对教师可能采取的不同行为方式进行了探讨。案例从教育哲学、伦理学的角度，引述了康德、穆勒和边沁等人的观点和学说，对不同做法的利弊得失进行了深入的思考。

这个案例首先引入了一个比较典型的复杂情境，然后结合实际提出了应对的思路和策略。与一般教师凭经验和感觉行事的做法相比，案例研究帮助教师从理论思考中去寻找到自己的行为依据，以避免教育教学的盲目性和保持行为的前后一致性。相信许多教师可以从中看到自己的影子，并得到有益的启示。与一般的论文形式相比，上述案例虽然以议论性的文字为主，但是全文的线索是围绕所叙事件展开，而不是围绕中心论点展开，并带有夹叙夹议的特点。严格地说，文章作者也没有直接地正面地提出自己的观点，而是在设想的基础上提出了更多的选择性和可能性。这类议论型的案例写作对作者的理论修养和写作水平提出了较高的要求，虽然在学校科研中较少应用，但写好了，确有其独特的功能和意义。

实例 4.8　《找体育老师去——研究性学习的社会学意义》[①]

在上海市区的一所重点中学里，高一年级正在开展研究性学习的教改试验。一些学业成绩比较一般或性格偏于内向的同学，第一次参加这种自由组合、自我设计的探究活动，一时没了方向。经过一阵彷徨，他们决定去找体育老师。有的同学最初动机是：搞体育课题比较好混。

有15名同学在田老师等指导老师的帮助和建议下，分别成立了四个研究小组，即"高一学生睡眠状况调查"、"CBA 与 NBA 市场差距的调查"、"上肢力量训练方法的研究"、"体育场馆开发和利用的研究"。于是同学们抱着试试看的态度参与了学习和研究。在探究过程中，指导教师细致而严格地提出了许多具体要求。如"高一学生睡眠状况的调查报告"先后六易其稿，在构思角度、资料应用、图表排版等方面都体现了鲜明的特点，被学校推荐上报参加全市的课改交流。

初战胜利激发了同学们的探究热情。在第二轮活动中，有三位同学再次参加了田老师指导的"学校体育场馆的改建和新建研究"课题组，经过深入细致的资料研究和实地调查，在解决市区学校场地不足的问题上提出了不少建设性的意见，如"活动折叠式雨棚"、"旧防空洞改建地下篮球馆"等。他们还别出心裁地提出了学校田径场跑道的建造设想：围绕校园操场的最大外径，造一座高架环型跑道。这个创意在学校研究性学习成果交流时引起了热烈的反响。一些同学看了设计草图后表示，希望在自己毕业前看到这个改建方案的实现。就这样，在研究性学习活动中，几个体育爱好者意外地体验了成功的喜悦。

在教育社会学的理论中，根据学生伙伴关系的亲疏远近等不同状况和组合，有所谓"受宠儿"和"嫌弃儿"的说法。研究性学习主要是一种以合作学习方式进行的自主探究的学习活动，由于这种活动的性质和内容与通常在学校里发生的其他活动（如学科学习、课余活动、团队活动等）有很大的不同，因此，学生在研究性学习活动中所形成的人际关系是一种什么样的状态，学习内容和方式的变化对他们的发展会产生什么样的影响，是很值得研究的。其中特别值得关注的是

---

①　根据有关案例改写，参见张肇丰：《研究性学习的社会学意义》，《教育研究》，2004 年第 2
期。

那些"嫌弃儿"的处境和前景，是否如一般而论，研究性学习促进了每一个学生的发展？从教育社会学的角度看，这个事例具有一定的典型意义，可以引发进一步的思考和讨论。

1. 非学术性知识重构学业评价标准。各种社会性知识、生活经验、灵感创意等非学术性知识，难以纳入传统的学科教学和评价的渠道，但却在解决问题的过程中起着关键性的作用。然而，作为创造力的体现，研究性学习的成果却很自然地被归入了学业成就的范畴，创造者的能力也相应地获得了学生主流群体的认可。这种认可，对于激发后进学生的自信心和学习积极性，有着无可替代的作用和价值。

2. 人际交往成为教育的内容和目的。人际交往不仅仅是教育的形式和手段，这实质上反映了从传统教育向现代教育转变的一条分界线，同时对于认识当前教育教学改革的目标和方向有着至关重要的意义。同学们谈到研究性学习，最强烈、最深刻的感受往往就是与人的交往方面的收获，其中包括对社会的接触和了解、与同伴之间的交流和合作、与指导老师的新型教学关系，以及对自我的重新认识。就"嫌弃儿"学生而言，这种积极体验在改善其自我认同方面有着显著的作用。

3. 同质分组易于强化层际差异。从合作学习的理论看，异质组通过合作，更有利于运用小组各成员所拥有的不同文化资源，互相取长补短，增进学习成效。然而，自由组合必然导致一定数量的同质组的产生，包括低层次的同质组。与以往教师指定的合作学习小组不同，研究性学习中的自由组合扩大了层际差异。如何避免其负效应，是学校教学管理中面临的重要课题。

在实例4.8原稿中，有关叙事的文字约一千字，评析文字约五千字。这个案例探讨了研究性学习对于"嫌弃儿"教育问题的积极作用，在同类研究中有一定的新意和深度。这类案例的写法特点是先叙事，再评析；故事有一定的典型性和吸引力，评析则尽量从理论上发掘事件内在的价值和意义。但通常案例的主要篇幅在叙事，如果议论过多，又不能紧扣叙事，就可能失去案例的特点和魅力。

与实例4.7比较，实例4.8叙事的篇幅也并不算少，但由于后者缺少一条贯穿全文的问题线索，无法夹叙夹议，后半部分的评析就与前面的叙事有所游离。由于这类案例的叙事部分和议论部分具有相对的独立性，文体上比较难把握。对此，只能有两条修改的思路：一是加强叙事部分，增加与主题有关的细节描述，议论部分则点到为止，即向叙事为主体的一般案例形式靠拢。二是放弃案例，改写为一般的议论文，即对有关研究性学习的整体情况和倾向性问题作概括的描述，重点放在改进思路的论证上。根据有关杂志编辑的意见，本文发表时最终还是采用了第二条思路。

三、走出困境：如何体现"沉默的大多数"

叙事研究和案例研究有其特殊意义与独特的价值。现在的问题是：从关注微观的经验世界出发，是否能传达出我们以往所听不到的"沉默的大多数的声音"？是否能达到"解构"固有的观念和理论的目的？事情可能并不那么简单。生活在"现代"的人们，毕竟还没有完全具备"后现代"的头脑。对科学、理性、规律、真理的追求，不仅是一种认识方式，实际上已成为我们的生活方式和信仰方式。因此在大多数情况下，叙事研究和案例研究呈现为一种"大处着眼小处着手"的研究手段。与以往运用思辨研究、实证研究等方法相比，实际上是"求大同存小异"，起点有所不同，结果却殊途同归。这种"现代"与"后现代"的矛盾和困惑，使得叙事研究和案例研究看似简单却难以深入、不易把握。

1. 大叙述与小叙述

有学者曾提出有关教育的叙述，无论其是理性的、哲学的、科学的，还是经验的或描述的，如从归纳和演绎的语言逻辑，或思辨和实践的知识叙述来看，大概可以划分为思辨形式的、试图安排人类精神与生活的"宏大叙述"，以及关注于个体和群体内在世界和经验意义的"经验叙述"。[①] 两种不同的叙述或表达方式，有其各自的研究取向。然而一直以来，以探求客观规律、普遍真理、本质意义为目的的"大叙述"是如此强势，以致关注个体经验和意义的"小叙述"很容易迷失自我，成为大叙述框架里的小注脚。

如果从事件与意义的关系角度看，上述研究主要存在着两类现象。一类是观点带材料，即先有意义，后有事件。这时研究者的基本思路仍是演绎思维，先有一个预设的观点或理念，然后找出符合需要的事实材料。在某些情况下，研究者

---

① 丁钢：《教育经验的理论方式》，《教育研究》，2003 年第 2 期。

还可能根据研究的需要，特地"做"几个案例。比如，在一定的理论指导下在中小学实施一项教改实验，然后用叙事的方法描述理论应用的过程，提炼出所需要的案例。另一类是材料凑观点，即在事件叙述的基础上，再阐述一些启示或思考。这往往是一些研究者并没有自己的思考，但是为了显示研究水平，也在叙事后外加一些理论观点。

这几年来涌现的叙事研究和案例研究中，能给人留下较深印象和启发的不是很多。大量的叙事涉及学校生活的方方面面，但这些小叙述多半是证明或引出人们耳熟能详的大道理，对事件本身似乎还缺乏深刻的体验和认识。如果开放的研究过程仍然导致单一、固定的研究结果，小叙述与大叙述合二为一，这些所谓质的研究自然也就削弱了自身的意义和价值。从认识上说，还是对教师个人的经验体验的独特意义和价值关注不足。从方法上说，是观察体验感受的深度不够。

2. 私密性与公开化

叙事的方式可以包括多种类型，如口述、笔记、日记、书信及传记等，这些叙事往往带有私人的隐秘的性质。作为叙事研究，就有两种情况：一种是叙述者即研究者，如中小学教师讲述自己从事教改的经过；另一种是专业研究人员将教师作为研究的对象和材料的来源。无论哪种情况，研究的结果一般是要公开的。这样的叙事研究实际上就形成了一个从私密性到公开化的过程。

如果我们进一步了解上述过程，可能会发现叙事研究或案例研究的结果并不一定"逼近事实的真相"。原因在于，有许多非常强势的"大叙述"在影响着研究者自身的"小叙述"。当原本带有私人性质的内容将要公开呈现时，研究者往往会有意无意地考虑到各种"主流意识"及评判标准。比如揣摩这样的叙事有没有"意义"，是否拿得出去，能否得到认可、可以发表或得奖等。实际上，在从私密性到公开化的过程中，有许多事实已经变异了，或者说，"真相"已经被有意无意地"遮蔽"了。叙事研究和案例研究一旦被赋予先验的意义，也就很容易走上模式化和标准化的道路。

因此，关注微观的生活世界、强调个体经验的意义，首先取决于叙述的"真实性"。需要说明的是，所谓叙事的真实性，并不完全等同于客观性。因为研究者对事件的选择、叙述和评价，本身就带有一定的主观性，叙事研究的过程也是一个主观与客观相互作用的过程。叙事和案例研究往往带有研究者比较明显的主观倾向，这也是这类质的研究区别于以文献研究为主的思辨研究和以定量分析为主的实证研究的重要特点。关键在于，叙事本身能否尽可能地反映当事人的独特体验，能否"个别化"而不是"大众化"地反映他们的经历，包括其情感、态度和价值观。

3. 共时性与历时性

"共时性"与"历时性"是现代语言学家索绪尔提出的一对重要概念，后来被借鉴应用于文学、历史、文化等多方面的研究。共时性研究原是注重语言的结构系统、音义关系，即相对稳定的深层特质。历时性与共时性相对应，侧重语言的历史发展、积累及其变化。共时性反映的是同时存在的各种形式之间的关系，而历时性则是反映了不断变化着的各个单位的相互关系。从二者之间的关系看，共时现象就像是历史长河中的一个断面或切片。

目前相当多的叙事和案例研究，忙于讲述事件的经过，而忽略了产生故事的特定情境。对于发生的一个教育事件，观察角度往往比较单一：一般偏重于对人物外部表现的叙述，而忽略对内心世界的揭示；强调对执教者的观察，而不太注意学生及旁观者的反映；习惯于对事件平铺直叙，而疏于对重要场景的描述以及对事件发生的环境的交代。于是故事有了，但影响故事发生发展的各种原因并不很清晰。

在一个语言系统中，每个语言单位的价值都是由另一些单位所确定的，语言的变化就是不同语言单位之间的关系变化；也可以说，语言的历时性是由无数的共时性所构成的。从"共时性"与"历时性"的关系看叙事与案例研究，值得重视的是，共时研究是历时研究的基础或实质。要进一步提高叙事和案例研究的质量，重要的是能够反映教育事件所包含的各种教育因素以及相互之间的关系：首先是同时存在的各种教育要素的特点及其关系，其次才是它们的变化发展。缺少场景和细节的叙事难免失之笼统，有共时研究才有历时研究。

4. 叙事热中的冷思考

由于各种条件和环境的限制，目前专业研究人员直接从事叙事和案例研究的并不多。案例热与叙事热的兴起，很大程度上与广大教师的积极参与和支持是分不开的。作为一种更为接近教师生活实际、体现教师思维特点的研究方式，教师的叙事和案例写作得以在较大程度上摆脱"宏大叙述"的影响，在不同的深度和广度上呈现了教师个体和群体的经验世界。

中小幼教师的教育研究通过叙事的方式多角度多方面地观察、记录、思考了自己的实践行为并加以改进，在一定程度上，突破了以往抽象提炼经验的方法局限，具有一定的理论和实践意义。教师的叙事和案例研究之所以取得了积极的成效，关键在于研究的方式方法与教师的工作特点和思维方式形成了紧密的联系。这种实践反思式的研究体现了教师研究的一些基本特点，如研究内容和研究过程的开放性、能够充分表达内心的感受体验、注重个体及群体间的交流互动等。

现在需要避免的一个误区是，有些人认为叙事研究比写论文要容易；这样"扬长避短"的结果，就是产生了为数不少、平铺直叙的"叙事研究报告"。其实从许多作者的实际能力和个性特点来看，文学性的叙事也未必是他（她）的长处，只不过是试图摆脱论文式的研究作一次新的尝试而已。这也是研究者对自己缺乏深入了解和正确认识的结果。事实上，无论采用什么研究方法，基本的思辨能力还是研究者的必备的素养之一。从这个角度看，要提高案例研究和写作的质量，也离不开研究者的自我认识和自我提高。

从研究的发展趋向来看，叙事研究和案例研究的积累可能也有一个量变到质变的过程，当质的研究达到一定的数量以后，就可能为量的研究提供新的来源和基础。这样，质的研究与量的研究的结合、定性研究与定量研究的结合，将为教育研究开拓新的视野。

义理：论文的选题与立意

　　义理、考据、辞章，是清代著名文学流派桐城派所用的文学和写作术语，其代表人物姚鼐最早系统地阐发了写文章要义理、考据、辞章三位一体的观点，对后人产生了很大的影响。当代中学语文教材曾多次收录今人编写的《义理考据辞章》一文，可能许多读者还有印象。但是更多的人认识姚鼐，恐怕还是通过课本中的那篇著名的《登泰山记》。姚鼐的这篇散文记述了与友人于冬日登泰山观日出的经过，构思细密，文字简洁，一反唐宋散文追求铺陈华美的倾向，体现了桐城派文章"清真雅正"的特点。其中记行程："自京师乘风雪，历齐河、长清，穿泰山西北谷，越长城之限，至于泰安。"五个动词，清晰地描述了作者顶风冒雪、穿山越岭的艰辛路程。至描写日出景色："极天云一线异色，须臾成五采。日上，正赤如丹，下有红光动摇承之，或曰：此东海也。"意境开阔，静动有序，寥寥数语，展示了一幅壮美的图画。但也有后人质疑道，《登泰山记》既无深刻的义理，考据也不尽详实，惟有词章可取。这种说法是否有道理呢？

CHAPTER 5

今人所说的三要素，与当年桐城派的用意已有所不同。从论文写作的角度看，用现代人引申的说法和理解，义理当然不再专指圣人之道和程朱理学，而是泛指文章的观点、立意及选题；考据也不仅是事实清楚确凿，而是包括了材料处理和研究方法；辞章则不仅是讲究语言修辞，还涉及论证的逻辑和思路。大体而言，义理和考据是论文写作的内容要素，而辞章则是形式要素。一篇好文章，应该是内容与形式的统一。写文章要三者统一，是原则性的说法和要求，具体到不同文章，还会有所区别和侧重。例如撰写或评价一篇论说文，是否有鲜明的观点和立意必然是首要考虑点；而对于描述性的散文，辞章因素的影响和作用则更为明显。一般来说，一篇好的论文，表现为观点鲜明、材料充实、论证有力，也就是体现了义理、考据、辞章三者的统一。本章将着重探讨论文写作中的义理问题，即选题与立意。

第一节　论文选题的角度

"义理"泛指文章的观点、立意和选题，但这里主要讨论选题的角度和思路。因为选题是阐发观点和立意的基础，确定了研究和写作的选题，才能引发深入的思考和深刻的见解。同时从写作方法研究的角度看，观点和立意比较强调新颖性和独特性，更多地取决于写作者的个人素养；而选题还关注重要性和可行性，更具有写作指导的启发性和借鉴作用。

常言道："选题是成功的一半。"这句话揭示了选题好坏对于论文成败的重要性。这是因为，选题不仅决定了论文的价值和意义，还关系到写作的难度和作者的可接受程度。选题的角度可以有不同的分类标准，这里结合中小学教师论文写作的实践，尝试分为四种主要类型。

一、受到广泛关注的热点问题

从问题出发，是教师教育科研的一个基本原则。教育问题也有不同的类型和层次，但无论是理论问题还是实践问题、宏观问题还是微观问题，只要是受到广泛关注的热点问题，都可以考虑选作研究和写作的题目。因为只要有问题存在，就会有解决问题的需求；而问题受到的关注程度越高，就说明对研究成果的需求就越迫切。当然，选题的重要性还要与研究的可行性联系起来做通盘考虑。一般来说，我们可以把研究和写作的题目分为三个不同的层次。

（一）理论层面：从学术争鸣的角度看选题

俗话说"真理越辩越明"，教育理论的发展离不开学术争鸣。理论层面的问题讨论学术性、思辨性较强，与实践操作有一定的距离，一般属于专家学者关注的范围，中小学教师参与较少。但是具体实践也离不开理论的指导，适当关注和参与理论界的学术探讨，也有助于教师拓展认识视野，提高思想水平，更全面、更深入地认识和把握教育教学实际问题。

事实上，这些年来教育理论界也不断提出理论要与实际结合，强调理论研究要关注教改实践。在 20 世纪 80 年代，教育理论研究还偏重于基本理论探讨和教育学科建设，学术争鸣的题目和内容带有较明显的纯理论色彩。如先后探讨了"教育本质"、"教育规律"、"教育原则"等概念内涵。其后，逐渐针对中小学教育的实际，出现了有关"能力"、"智力"和"非智力因素"的研究和争鸣。到 90年代，有关"素质教育"的讨论成为关注的焦点。有大量的文章探讨了"素质教育"的概念内涵、实施途径等问题，其中包括了"素质教育"与"应试教育"、"全面发展教育"、"个性发展教育"的关系等，也包括了一些对"素质教育"概念本身的科学性的质疑。这些讨论和争鸣的内容不断发展和深化，一直延续至今，如三维目标与核心素养的关系等。

与此同时，比较引人注目的还有关于教育的"主体性"、"主体与主导"、"主体性与主体间性"关系的讨论，以及关于教育的"人文性与科学性"的讨论。进入本世纪以来，有关"创新教育"、"实践反思"以及"教师的实践性知识"等方面的研究和探索又成为新的理论热点。

（二）政策层面：从社会影响的角度看选题

从社会影响的角度看，有关政策层面的问题讨论比学术理论的探讨参与面更广，影响更大，也就为论文写作提供了更多的选题角度。许多政策问题不仅有教育专家在研究讨论，还引起了其他研究领域的专家学者和广大教师的关注和参与。比如随着国家改革开放的进程，有关"教育市场化"和"公平与效率"的讨论和争鸣不断升温。与此相关，有关减轻中小学生课业负担问题、高考招生制度、小学初中就近入学制度、"公民同招"、优秀教师流动、学区化集团化办学以及教育现代化、教育均衡化、教育行政由管理型向服务型转变等问题也是近些年来的讨论热点。这些问题也涉及一些基本理论问题，但往往讨论的范围并不局限于一般的教育学、心理学范畴，而是广泛涉及了社会、政治、经济、文化及国际比较等研究领域，内涵更为丰富，视野更为开阔。同时，教育政策的实施关系到千家万户，人们对问题的感受也更为具体和直接，因此与学术理论探讨相比，争鸣的社会参与面就更广一些。

就中小学、幼儿园教师的研究和写作情况看，对一些中微观的政策问题可能有更多的发言权和积极性。除上述考试、入学制度问题外，诸如"奥数"等学科竞赛的利弊问题、"双语教学"的意义和得失问题、幼儿教育学科化问题、学生差异与分班问题、校园安全与学生管理问题、劳动教育与立德树人等，都是近些年来长盛不衰的热门话题，也是许多中小幼教师研究和写作的选题方向之一。

（三）学校层面：从教改难点的角度看选题

教师备课要研究教学的重点和难点，同样，教师的研究和写作也要关注学校教改的重点和难点。在教育教学改革深化发展的过程中，会不断出现新情况、新问题，需要教育工作者特别是第一线的实践工作者去研究解决，而这些新情况、新问题就是论文写作的最好选题。

在学校教育改革领域，新课程改革是近二十年来的重大主题。围绕课程改革这个纲领的主题，出现了大量的需要研究解决的问题和有价值的论文选题。诸如德育的实效性、三维目标的设计与落实、体现核心素养的教学设计、预设与生成的关系与把握、"研究性学习"的评价与管理、课程综合化的实施、有效教学的策略和方法、现代信息技术的应用、发展性评价的实施、校本研究与专业引领的关系等。有关新课程改革的研究，有些偏重于理论研究和方案设计，而大量的是实践性的开发研究和应用研究。对于有关的理论研究，我们中小学教师也应该予以关注，这样可以使自己摆脱具体操作的局限，站在更高的位置以更宽广的视角对众多实际问题作更全面更深入的了解和思考。

二、用以引导实践的理论观念

从理论学习中得到启发，以一定的理论观念来指导和解释教改实践，也是论文选题的一个常见角度。不少教师喜欢从理论书刊中寻找写作选题，一方面是因为许多先进的理念和精彩的论点能够引起自己的共鸣，激发写作的灵感；另一方面也是由于理论书刊为自己的论文写作提供了丰富的学术语汇和理论论据，使得论文比较容易"成型"。要写好这类选题，选择合适的理论概念和应用角度很重要，否则容易生搬硬套、弄巧成拙。从学术理论和研究方法的性质内容来看，我们也可以分为三个层面来考察。

（一）哲学层面的理论

哲学是关于世界观的学问，反映了人们看待事物的根本观点。各种各样的教育问题最终都可以用一定的哲学理念去解释和说明。教育教学的基本观念和原理，一般都属于哲学层面的理论。如人的全面发展的理论、交往行为的理论、人文精神、和谐理念、建构主义、后现代主义、关怀伦理学等等，都是在哲学层面上从不同角度阐发了对人、社会、教育等问题的观点和看法。

哲学层面的理论比较抽象概括，哲学思考不是就事论事，而是追根寻源，是对所考察的问题有一个总体的看法和根本的立场。因此，哲学理论就具有较广的适应面和较强的解释力。前面提到从学术争鸣的角度看选题，那些有关教育基本理论和概念的讨论，主要就是哲学层面的理论探讨。当然对于具体问题，也可以上升到哲学层面来考察，以此达到对问题本源的清晰认识。这些年来，有不少理论文章从人的本质、人的发展、人与社会的关系等角度对当前中小学素质教育和课程教材改革等问题进行了分析论证，从哲学理论的高度对教改的必要性和可行性进行了探讨，为教改实践的方向和方法提供了重要的指导和参考。

然而，哲学的抽象性也对研究者的思辨能力和理论水平提出了较高的要求。一方面，由于高度的抽象概括，纯理论的探讨容易成为从概念到概念的玄想之学。另一方面，抽象的理论联系实际也有一定难度，容易流于生搬硬套、泛泛而谈。如近年来随着党和政府提倡建设和谐社会，不少作者也尝试用和谐理念来阐述教改实践，诸如"创建和谐的学校文化"、"倡导和谐的师生关系"、"和谐理论走进物理课堂"等等。这些文章数量不少，但能给人以深刻启示的却不是很多。

（二）方法论层面的理论

哲学反映了人对世界和事物的根本看法，方法论则是对待事物、处理问题的一般方法。哲学主要解决认识世界"是什么"的问题，方法论主要解决认识以后"怎么办"的问题。严格地说，方法论可以包括哲学意义的方法论和一般意义上的科学方法论，比如辩证法也可被看作是一种哲学思维的方法论，这里仅从比较狭义的理解出发，专指一般意义上的方法论。哲学又被称为科学的科学，这说明哲学理念制约和指导着一般科学方法论的应用，也说明科学方法论是哲学的下位概念。

从不同的哲学理念出发，古今中外的教育学者提出了种种教育教学理论。这些理论一般可以看作是教育学的方法论，也就是按照一定的教育哲学来认识和解决教育教学问题的有关方法的理论。比如皮亚杰的儿童认知发展阶段理论、维果茨基的最近发展区理论、陶行知的"教学做合一"理论、布鲁姆的掌握学习理论、建构主义的支架式和抛锚式教学模式、舒尔曼的教师知识类型理论以及各种教学模式理论、有效教学理论、综合课程理论等等，这些理论都体现了一定的哲学理念对解决某种教育问题的看法和做法。哲学理论由于比较抽象概括，看问题就比较宏观和原则，因此它不能取代一般的科学理论对实践的具体指导；就理论联系实际的要求来看，方法论层面的理论更具有针对性和适用性，当然，也有各自的局限性。

对教师的科研和写作来说，重要的是发现方法论理论与教改实践问题的内在联系，充分发挥理论对实践的解释和指导作用。比如发展性评价的理论，一般研究者多用来阐发对课堂教学和学生学业的评价问题，如多表扬少批评、重结果也重过程、学习档案袋和学生成长记录册的应用等；其实对于一些教育体制和机制方面的问题，如三好学生评选的存废问题、班队干部轮换制度、教师听评课制度的改革、学校督导评估制度改革等，发展性评价也是一个很好的观察角度和立论依据。另外，对同一个现象和问题，也要善于从不同的理论角度去思考和研究。比如"一堂好课的标准"，不仅要考虑各种指标（如教学目标、教学设计、师生互动、教学效果）的合理性和可行性，更要从特定的理论视角来说明这种"合理"和"可行"的依据。同样是"教学效果"，提高学习成绩是"有效"，落实三维目标、提升核心素养也是"有效"，二者怎样统一？这就需要从理论上予以说明和探讨。从方法论视角观察实践，不仅使问题的解决有更清晰的思考和更充分的依据，有时还可以使一些老问题找到新思路。

（三）应用方法层面的理论

相对于方法论，应用方法更接近实际情境，具有工具性和操作性的特点。应用层面的方法是解决问题的具体方法，在教育科研领域，主要有两类：一类是各种通用性的研究方法，如行动研究法、案例研究法、心理测量、调查统计等；另一类是体现各学科自身特点的学习方法，如语文学科的阅读方法、数学学科的计算方法、理化生的实验方法等。

有关应用方法或具体方法的探讨，也可以分为两类：一类是对方法本身的性质特征的讨论，如什么是行动研究、叙事研究与案例研究有什么区别、什么是学习方法、什么是语感和语感教学等；另一类是方法应用问题的探讨，如怎样做好深度访谈、怎样进行课堂观察、怎样制订教学目标双向细目表、怎样做好多媒体课件等。

应用性的方法或理论看起来不如哲学理论深奥难懂，但在实际操作中却往往遇到许多复杂情境和具体问题，值得深入思考和研究。比如我们常听到一些教师强调学习方法的重要性，或责怪学生学习不动脑子、不讲方法，但却很少见到怎样让学生掌握学习方法的经验介绍。结果"学习方法"就变成了一个很玄妙的概念，教学效果好坏都可以往上套。然而，不同的学生，在不同的年龄阶段，学习不同的学科，究竟要掌握什么样的学习方法；掌握这些方法有什么要求和标准，教师自己是否清楚？如果清楚了，能否把具体的做法提炼和描述出来？这些问题都是很好的研究和写作的选题。

总体而言，上述三类理论在选题角度上各有千秋，研究者可以各取所需。其中，哲学理论处于最上位，适用范围最广，但与实践的距离也最远；在多数情况下，它是通过方法论和具体方法的应用来体现其价值取向和指导作用。而应用方法的理论与教改实践的联系最为直接，对具体问题的研究最有针对性；但反过来说，应用的局限性也最大。因此，从科研写作的选题角度看，方法论层面的理论应用的概率最大，它既有一定的理论高度，又有适当的实践基础，是理论联系实际比较常见的视角。

三、来自教改实践的成功经验

成功经验是教师教育实践的结果，也是研究和写作的主要来源。与热点问题讨论相比，经验研究与教师的日常工作有着更广泛的联系；与特定的理论视角阐述相比，经验研究则更关注从教育现实中发现和确定选题。因此，寻找各种教育教学的成功经验，并作为研究和写作的选题来源，既符合教师的工作特点和研究条件，也被实践证明是教师参与研究的最便捷的途径。为认识和思考的方便，我们也可以从不同角度对成功经验进行考察和选择。

（一）先进经验与一般经验

在教育现实中，我们有许多教育教学质量较高的学校和教师，或者是一些比较后进的学校和教师取得了明显的进步，按理说，这些"好学校"、"好教师"都是"成功者"，都应该有一些值得总结借鉴的好做法、好经验。然而，当我们要确定一个具体的研究选题时，又常常感到没有什么经验值得研究或可写的。这里就涉及一个先进经验与一般经验的区别问题。

有一些学校或教师的教育教学经验，从内容和形式上看，主要是已有做法和普遍认识的重复实践；虽然这些经验之谈也包含着实践思考的价值，但是随着时间的推移和教改的深入，其效果也会逐渐弱化，往往难以起到进一步推进教改的作用。这类经验我们称之为一般经验。比如许多学校为了提高教学质量和管理水平，制订和推行了一些教学管理办法，如"教师备课和教案检查制度"、"教师听评课制度"、"教科研成果评价和奖励制度"等，其评估项目和实施细则各校有所不同，但总体内容则大同小异。学校制订和实施一些教学管理制度，一般来说是必要的，也是有效的；但从研究和发展的角度来看，却未必能给人更多的启发和思考。而有一所中学，在实践探索中开展了"教师成功教学事例推荐活动"，通过学生参与和发现优点的方式来改进对教师和教学的评价制度（参见本书第十章第三节），就给以人以新鲜感和启发性。

此外，新手教师与专家教师的比较也是近年来比较热门的一个研究视角。通过年轻的、一般水平的教师与成熟的、优秀的教师的比较，我们可以在教育教学的方式方法上发现许多不同之处，在比较分析二者差异的基础上，就可以总结提炼出许多先进经验。

所以先进的经验，可以概括为三个基本特征：一是体现先进的教育理念，能够引导和推进教改向前发展；二是具有一定的独创精神，能够在原有的实践和认识基础上有所发展；三是经过一定范围和时间的检验，新的不一定就是好的，创新也要经过实践的检验。做研究、写文章，就是需要在实践中不断地去发现和创造先进的教育教学经验。

（二）直接经验与间接经验

直接经验与间接经验，也可以称作自身经验与他人经验。教师有教改实践的亲身经历，有助于积累经验、丰富体验。由于有亲身体验和直接经验，研究者对教改过程的了解比较细致，对教育现象的感受会比较深切，材料收集也比较容易，这些都有利于找到研究和写作的选题切入口。当然在许多情况下，教师本人并没有经历过有意识的实践探索，也谈不上有比较成熟的成功经验，他们也可以通过其他途径确定研究和写作的选题，这就是从间接经验或他人经验中寻找选题。

从间接经验中寻找选题，并不意味着身边一定要有知名度很高的优秀教师或先进人物。作为普通的教师，有向名教师、高水平教师学习的机会，观察思考他们的教学特点，从中提炼先进经验并整理成文，当然是很好的研究角度。但是对于大多数教师来说，更多的学习交流是在水平相似的同事和伙伴中进行的。在这种情况下，善于选择研究视角便显得尤为重要。这里的关键是不要陷入一个研究的误区，即把先进经验与先进人物、成功经验与成功人士等同起来。其实在普通教师的实践中，同样蕴涵着大量的成功经验，只不过这些经验不如在优秀教师身上体现得那么集中、那么明显，还需要有更多的发现和提炼。

近年来许多学校提倡"同课异构"式的研究课，同样上一篇课文，有的教师在导入新课引发思考上有一定创意，有的教师在组织课堂讨论时善于利用生成性因素，而有的教师则在课内外结合解决教学难点上有所创新。从研究选题的角度看，我们可以把几个教师的优点归纳整合，提出新的教学设计方案；也可以从某个反差较大的教学环节入手，比较不同教学处理的利弊得失；或者可以选择最有感触的一个教学场景，集中探讨其教学方法所体现的教学理念及其适用条件；还可以从观察学生表现的角度出发，从受教者的角度反映教学设计与教学效果的关系，等等。

直接经验与间接经验、自身经验与他人经验，也是可以互相转化的。一个教师的成长过程就是不断吸收他人经验的过程，从别人那里得到帮助和启发，然后在自己的实践中加以验证和发展，间接经验就变成为直接经验。这也是许多教师参与科研与写作的经验之谈。

（三）个体经验与群体经验

根据经验创造者或研究对象的数量，还可以把经验分为个体经验与群体经验。教师进行教育教学实践活动，有时候是个人独立探索并有所收获和感悟，这是个体经验；有时候是参与集体研究或是研究一个教师群体，这时总结提炼出的教改成果，就是群体经验。二者各有特点又有联系，群体经验包含着个体经验，而先进的个体经验经过传播和推广，也可能成为群体经验。如"愉快教育"、"成功教育"、"青浦数学教改""华东师大一附中名师现象"等先进教改典型在实践和发展过程中，都有着个体经验与群体经验相互转化的性质。

受科研写作的条件和经验的限制，一般教师习惯于从总结个体经验的角度去考虑选题。其实如有一定的条件和可能性，关注一下身边的群体现象，往往能够发现很有价值的选题角度。例如上海市延安中学以数学特色闻名，曾同时拥有四名数学特级教师，该校青年教师就组成课题组开展《延安中学数学特级教师教学特色案例研究》，不仅成功申报了市级课题，其研究报告后来还获得了上海市教育科研成果二等奖。这个选题如果从个体经验的角度入手，总结某个优秀教师的教学经验，当然也是一条研究思路，但是从群体经验入手，却能够另辟蹊径，更有独特的意义。

群体经验当然并不局限于优秀教师群体，其实大量的学校教改经验都是普通教师集体智慧的结晶，只是需要研究者具有发现的眼睛。群体经验研究更多的是从日常的教育现象，从普通教师的教学行为中去发现闪光点，然后经过归纳概括，加工提炼，使零散的个体经验聚集为系统的群体经验。在这里，关键是寻找一个合适的研究切入口，如一种有效的教学方法、一种独特的教学风格、一个（件）新颖的教具或课件、一条受到好评的管理或评价措施、一次成功的教研活动的组织形式、一种共同的教学理念和行为方式等等，从而用一条线索串联起众多闪光的珍珠。研究群体经验与研究个体经验相比，看起来比较麻烦，其实具有更大的可行性。道理很简单，先进的优秀的个体总是少数，而一个普通的个体中也可以包含着先进的因素。相比研究先进人物，在普通人中寻找和提炼先进的因素，不仅更为方便，而且在一定程度上更具有普遍意义和推广价值。

顺便说明一点，总结成功的经验是一条常见的选题思路，但有时候失败的教训或错误的认识也是很好的写作题目。如有不少文章以揭示弊端入题，也很有思考和研究的价值，常见的题目及形式有："慎言'差生'"、"创新热中的冷思考"、"关于研究性学习的认识误区"、"值得注意的××倾向"等。

四、文献资料的整理归纳

选择一个现有成果较多的研究领域，从查阅文献资料入手，写成文献综述，这也是许多作者比较偏爱的一种选题和写作方式。特别是做课题研究时，一般都需要对前人的研究成果作一个介绍，以说明本课题的研究起点和基础，这就需要对文献资料作整理归纳，写出综述性的文章。这类选题和研究方式的基本思路是：主要利用公开发表的报刊材料作归纳整理，概括介绍某一方面的教育研究的现状，在此基础上再提出一点自己的观点和评论。如果评论分析的成分比较多，也可以叫做"述评"或"评述"。这种选题方式的优点是显而易见的，一是大多数综述对独创性的要求不太高；二是写作素材丰富并收集简便，而且不需要第一手的实践材料。对于一些缺乏教改实践经验或一定的教改氛围的教师来说，专注资料研究，也不失为一条可取的选题思路。

需要注意的是，这里所说的资料研究，是对某一领域中的研究材料作比较全面的阅读分析，然后整理成文；而不是随意翻阅几本杂志，找几段材料拼凑成文。一般来说，准备一篇文献综述的阅读量，少则一二十篇，多则上百篇以至更多。这个阅读量是指综述中能引用或涉及的文献篇目，经阅读筛选而被淘汰的文章那就更多了。这里的关键是一个"全"字，首先要有全面研读的基础，然后争取有一定的选题新意和研究深度。当然阅读和研究的范围总是有一定限度的，对于选题的价值与范围、重要性与可行性，还要作一番考虑和权衡。一般来说，文献资料的整理和研究有纵向、横向和纵横结合等几种基本的写作思路和形式，具体写法我们将在本书第八章第三节中详细讨论。

查阅文献资料不一定都要写成综述性文章，只要从中获得启发，也可以写成一般意义上的论文。比如许多论文的结尾都提出尚未解决的问题或今后研究的方向，这些问题和方向就是很好的写作选题，有人称之为"抓住别人的尾巴"。如果作者有较好的外语能力，能够从外文资料中寻找素材，也是一种选题优势。有一位中学物理教师就写过一篇《浏览外文网站　拓宽教学视野》，通过介绍自己几年来浏览和利用国外教育网站的经历，提供了不少很有借鉴意义的信息和经验。

如前所述，有关选题的角度可以有不同的分类标准，而事实上这些选题分类往往是有一定交叉的，并没有明确的界限。按不少作者和专家的提法，我们还可以提出其他的选题类别，如从教育改革的发展趋势中选题、从学校和教师面临的实际问题中选题、从日常的教育教学现象中选题等等。本书中虽然着重介绍了四种选题思路，也只能做个参考。分类标准虽然不易统一，但关键是借此拓宽视野、启发思考，从而有助于找到适合自己的研究方向。

第二节　论文选题三原则

选题的不同视角可以开拓思路，最后确定题目还要有所取舍。从论文选题的一般要求和教师实践研究的特点出发，这里提出选题的三个基本原则：新、小、实。

一、求新原则：避免人云亦云

新，就是要给人以新鲜感，避免人云亦云。写文章的目的，就是要向别人说明一个道理或一件事情。如果文章的内容是别人早已知道的东西，那么就失去了传播的意义和价值。在一些正式场合的发言中，常用到"众所周知"这个词，意思就是说：大家都知道的事情就不再多说了。同理，一篇文章要都是老生常谈，没有一点新意，那就没必要撰写和发表了。

所谓新意，包括新观点、新材料、新方法三个方面。一篇论文观点新颖、立意不凡，是展开有力论证的良好基础，也是广泛传播的有利条件。所以写论文最需要创新的思维、独到的见解。然而许多教师都有体会，要观点新颖又谈何容易，每篇文章都要有"新观点"，似乎就更不可能了。因此在许多情况下，论文的新意主要来自"新材料"。

所谓新材料，就是文章的观点不一定有特别的新意，但是用来解释、说明观点的材料是原创的、独特的，因此同样能给人以启发和借鉴。其实教师的实践研究，基本上都属于应用研究或开发研究，大量的实践成果都是在一定的理论指导下取得的。这些先进的教育理论或观点一般已有专家学者倡导和阐发，但是怎样把理论观点应用于实践，却需要广大教师的创新和探索。如上文中提到的"教师成功教学事例推荐活动"，其中蕴涵的发展性评价的理论和观点早已为一般读者所知晓，但是该校学生参与教师评价的实践材料却是富有创新意义的。这样的文章就体现了自己的新意。

至于新方法，包括论文的研究方法和表达方式的创新。同样是理论指导下的实践，通过不同的研究方法和表达形式，就可能有不同的收获和效果。例如对"教师课堂教学行为有效性"的研究，在以往，观察法和经验总结是比较通行的研究方法；而近年来，教学叙事研究和视频案例分析方法的兴起，打开人们的眼界，使一个老问题有了新的观察视角和新的解决思路。这些研究成果转化为文本，必然也会有与以往不同的表达形式，这就是写文章的新方法。

一般来说，一篇文章能够新观点、新材料、新方法三者具备，当然是十分理想的状况；而在实际情况中，能够三者居其一，就可以算合格了。做研究、写论文，本质上是一种创造性的思维和实践活动。所以谈到选题原则，还是要尽可能有一定的新意，即思人所未思，发人所未发，言人所未言。

二、求小原则：避免大而无当

小，就是论述的范围要相对集中，避免大而无当。文章的篇幅都是有限度的，而要在一定的字数范围内讲清楚一个观点、一件事情，就需要有比较充分的分析论证，因此选题范围就不能太大。所以有经验的作者都强调写文章要"小题大做"，说的就是这个道理。

然而大题目看起来比较有气势，而且因为涉及面广，一番旁征博引就很容易敷衍成篇，因此也为不少作者所偏爱。比如现在写一篇《时代呼唤着创新教育》，可能要比写《初中学生创造能力的形成规律探析》或《一种培养小学生数学探究能力的有效方法》，省心省力多了。曾有一位科研人员，向一位杂志编辑介绍自己的一个论文选题，叫做"学校教育科研的八大问题"。文章内容大致是：（1）转变观念；（2）领导重视；（3）学习理论；（4）培养骨干……全文篇幅大约有五千字。那位编辑听了就建议说：能不能不写八个问题，而是用三千字着重写其中一个问题？比如可以写"学习理论"。现在许多领导和教师都觉得自己理论功底不足，但是又觉得理论学习是远水不救近火，空谈理论没什么用。那么一所学校、一个教师，如果想搞一点教改和科研，应该怎样学习理论呢，有什么好的做法和经验呢？比如应该先看哪几本书，怎样组织学习和交流？等等。那位科研人员听后愣了一下说：这倒要再仔细想想。

的确需要仔细想想，我们在选题时，怎样把论文的选题范围缩小一点，寻找一个合适的切入口，作更深入的研究。大题目写好了当然也有大的价值，但如果只是泛泛而谈、空洞无物，那么省心省力又有什么意义，它的选题价值又何在呢？对于大多数中小学教师来说，做宏观的理论研究往往缺少必要的学术功底和学术资源，不如做微观的实践研究更能发挥自己的比较优势。缩小选题，当然也不是一味求小，关键还是在于把握选题的价值。其实大问题与小问题也是相互联系并可以相互转化的。问题小不一定意义小，从日常的教育教学实践出发，以小见大，以点带面，见微知著，追根寻源，同样可以揭示深刻的理论意义和具备较高的学术价值。就像在高等学府里，有的博士论文也只是论证了一个字的用法。做好"小题目"的研究，可能比写一篇缺少深度的"大文章"需要花更多的力气、更长的时间；但是，它将更有效地发掘研究对象的内涵，提升论文写作的价值，从而给你更多的回报。题目要小，开掘要深，这也是许多成功者的经验之谈。

三、求实原则：避免故弄玄虚

实，就是选题要有一定的实践性，内容要实在，不要故弄玄虚。如前所述，中小学教师的实践探索是论文写作的基础和优势；教师的论文写作要充分利用自己的实践资源，去寻找和选择具有一定实践针对性的选题。

所谓求实，并不意味着教师的论文就不能有较多的理论色彩，或者说教师就不能写思辨性的理论文章。实践研究需要有一定的理论基础，理论研究也可以由实践问题而引发。求实首先是一种科学研究的态度和精神。我们做研究、写文章，无论是理论研究还是实践研究，都应该秉持实事求是、言之有物的立场和原则，这就是求实。但是现实中也不乏这样一些作者，他们对理论的追求缺乏一种科学的求实的态度，而只是把理论当作论文选题的包装。比如一些作者写文章，喜欢用拗口的长题目，中间再夹杂一些"××理论视角下"、"基于××背景下"、"本体论思考"、"方法论论纲"等学术词语，其实文章内容与"××理论"、"××背景"、"本体论"、"方法论"并没有多大关系，只是故意给人以一种莫测高深的感觉。这种写作和治学的态度就谈不上"求实"了。

对于一般实践研究的选题来说，求实的原则主要体现在针对性和应用性上。科研写作的选题从实践中来，又要回到实践中去；研究者要善于发现问题、提出问题、分析问题和解决问题，要善于从大量的实践材料中筛选、提炼出最符合实际需要的研究选题。处理好材料与选题的关系，既是一个方法问题，也是一个态度问题。曾有一所办学水平较高的重点中学，前些年在现代信息技术应用于教学改革方面取得了一定的成果。当地的教育科研人员经过考察和研究，写了一篇有关的经验总结报告准备发表。但是该校校长却不太满意，他希望文章能全面反映学校推行素质教育的教改成果和办学思想，而不仅仅是总结一个局部的成绩。然而在科研人员看来，这所学校在教育教学改革的各个方面都有所探索，并有所成就，但与其他学校、特别是与一些重点中学相比，许多教改措施和科研成果还不太具有宣传和推广的价值；至于办学思想，如果没有相应的实践基础，勉强作理论提炼也会比较空洞。而怎样应用现代信息技术，该校则先行一步，其做法和经验更值得其他兄弟学校学习和借鉴。类似的情况在其他一些地方、一些项目的研究中也有发生；因此，如何恰如其分地反映一项实践成果的价值，做到既不遗漏、也不拔高，加强选题的针对性和应用性是十分必要的。

第三节　论文立意的要点

在本书第三章第一节中，我们曾介绍了中国古代写作理论中的"立意说"。所谓"意"，就是文章所要表达的思想内容；"立意"，就是要确立文章的主旨和主题，或者说写文章要有明确的中心思想和主题思想。中国人写文章历来强调立意的重要性，文章有了中心和主题，就有了灵魂；有了起主导作用的灵魂，才能有效地安排材料、表情达意。即古人所说的"文以意为主"，"意犹帅也；无帅之兵，谓之乌合之众。"所以写作者要"意在笔先"，做到"胸有成竹"，才能写出好文章。

怎样才是好的论文立意呢？我们通常见到一些对好文章的评论和赞扬，诸如"立意新颖"、"立意深刻"、"立意高远"以及"立意不凡"等。也就是说，论文的立意要见解独到，思想敏锐，才能受人青睐。如前所述，论文的新意与选题有密切的联系；通常在选题阶段，文章的主旨已经大体成型。选题是明确所要论述的内容范围，而立意则是在选定范围内作更缜密、深刻的思考，进一步明确所要表达的思想观点，如对所讨论的事物是肯定还是否定、赞成还是反对，还是折中或有所保留等。由于立意的高下之别更多地反映了作者个人的思想水平和学术素养，因此也就很难在方法技巧上找到什么捷径。所谓文章立意要"人人心中皆有，人人笔下俱无"，我们可以把它作为一个努力的方向。立意怎样求新、求深、求高远，这里就教师科研写作实践的常见问题，提出几个值得注意的要点。

一、明确：立意的基础和起点

写文章要有明确的中心和主题，才能有的放矢地引用论据、阐明道理。因此，立意明确是展开论述的基础和起点。然而这个简单而重要的要求，却往往被一些作者所忽略。常有一些文章，虽然旁征博引，洋洋洒洒，但所表达的中心意思却是模棱两可，使人读来不得要领。之所以产生这种现象，有主客观两方面的原因。在客观方面，由于论题比较复杂或论述范围较大，作者难以把握，结果使文章成为材料的堆砌，引用了不少理论和事实论据，但是不能形成自己的明确的观点和思路。在主观方面，是由于作者缺乏写作的分寸感和对象感，自认为已经把概念和问题讲清楚了，没有从读者阅读的角度来考虑表述的方式和效果。

实例 5.1　"名师"的标准

有一个教师专业发展研究课题组，进行了一次关于"名师""名校长"培养问题的小组讨论，其中涉及名师的标准问题。课题组的几位成员分别提出了诸如有思想、有爱心、有水平、有教学实绩、有进取心等要素。其中 A 教师则认为，一个"名师"被认可，肯定是有水平、有成绩的，但未必像许多人所假设的"有思想"。如果一个教师有自己独特的教育思想和教学理念，既能授业解惑，又能教会做人、为学生终生发展负责，当然值得肯定，但这并不是成名的必要条件。会后午餐时，主持讨论的 B 教师对 A 说：刚才跟 C 教师说了会议的内容，他并不赞同你的看法，而是认为一个好教师应该是"有思想"的。A 教师当时有点诧异，随即指出 B 教师的传达可能有误：我们讨论的是"名师"，而不是"好教师"；有没有名气是个事实判断，而好不好则是个价值判断，两个概念不能混为一谈。

上述事例可以用索绪尔的所指与能指的理论来解释，也可以用皮亚杰同化与顺应的理论来说明。在研究和写作过程中，有时候说法不一，但意思相同；而有时候用的是同一词汇，但实际上表达的是不同的概念和理解。比如在上述问题讨论中，在 B 教师看来，一个"名"教师，就是一个"好"教师或"优秀"教师，这是不言而喻的，是一个概念的不同说法。这也就是三个"能指"反映的是同一个"所指"。而在 A 教师看来，二者显然不是一回事情。其实两位老师的说法也无所谓对错，只是分别从不同角度观察和理解问题。其中 A 教师表达的是对眼下众多"名师"的一种客观评价，而 B 教师则是提出了对理想中的"名师"的一种主观愿望或衡量标准。一种反映的是"实然"状态，另一个则是一种"应然"状态。通过交流和讨论，我们就可以消除这种语言和思维的障碍，达到彼此间的沟通和理解。

然而写文章与开会讨论有所不同，文章的立论如果有歧义，作者就没办法在读者产生误解以后再来反复解释。文章的立意，首先就要把讨论的边界划定清楚，使作者和读者双方都明白说的是怎么一回事。可能也有作者认为，文章只是表达自己的想法，怎么理解是别人的事，这显然也不是严肃的写作态度。文章是让人看的，发表的目的是交流思想。因此，从文章立意的角度看，"明确"不仅是指作者要理清自己的思路，还包括考虑这种思路是否能为读者所理解和接受。作者在下笔前，应该做到"知己知彼"。怎样准确清晰地把握所讨论的概念、术语、命题及观点，一方面有必要说明论述的角度、范畴和条件，另一方面，还有必要了解读者以及其他研究者的理解方式。立意明确，有的放矢，文章才有准确而有效地表达作者的思想，达到发表的目的。

二、集中：思想的梳理和提炼

一篇文章往往要表达几层意思，或涉及多方面的内容。所谓立意的集中，就是说不同的意思和内容都应该围绕一个中心论点来构思和阐述，不能"多中心"或"无中心"。一篇文章不能什么都想说，什么都想要，否则就会头绪纷乱、杂乱无章。因此，文章的立意也是一个不断梳理思路、提炼主题的过程。一方面，要把论述的内容分出主次、厘清逻辑关系，突出中心论点；另一方面，也要对同类内容进行筛选，以避免同义反复、造成许多"正确的废话"。

立意的集中与缩小选题范围有关，但又不完全相同。同样的选题，可以有不同的立意；在确定选题之后，还有不同立意之间的比较和提炼问题。例如上文所说的"学校教育科研的八大问题"，如果把选题缩小至"学习理论"这一范围，那么可供考虑的中心或主题也是多角度、多方面的。比如"教师学习理论的必要性和重要性"、"中小学教师需要什么样的理论"、"教师开展理论学习的特点"、"促进理论学习的有效形式和方法"、"当前教研活动中理论学习的误区及原因分析"等。因此，在论文选题确定之后，需要对论题所涉及的思想内容做更全面、更深入的思考，在比较分析的基础上，提炼出所要表达的核心理念，也就是立意的集中。

论文的立意，是思想与语言的统一体。一个好的理念，需要寻找恰当的论述角度和语言载体。立意要集中，一方面是确立一个中心论点，另一方面是找到一个最合适这个论点的表述方式。再如名师问题，所谓名师，与好教师、优秀教师、特级教师、研究型教师以及学科带头人等概念的区别在哪里？有何性质异同？怎样才能成为"名师"？"名师"的真正价值和核心意义在哪里？如果写一篇论文，就要有一个提炼立意的问题。下面就是一位研究者对"名师"的理解和阐述。

实例5.2　《名师应当是思想者——谈教学主张与名师成长》（提纲）①

李吉林老师曾说："我不敢说自己是一个思想者，但我觉得，即便是小学教师，也应该有自己的思想和教育主张，那么，我就可以大言不惭地说，我是一个思想者。"

1. 名师应当有也必须有自己的教学主张

教学主张是名师"教育自觉"的关键性标志

教学主张是名师成熟、成功的核心因素

教学主张是名师产生和保持影响力的重要原因

教学主张是名师教学风格的内核

2. 教学主张是一种个性化的教学见解，它坚定地指向教学改革的实践

教学主张是对教学改革的一种坚定的见解

教学主张植根于教育思想，是教育理念的深化与聚焦

教学主张是对学科和教学特质深度开发后的独到见解

教学主张坚定地指向实践，但又是实践经验的理性概括和提炼

3. 保持教学主张与教改实验互动的张力，使教学主张成为一种现实

用课题来凝练、提升

从问题出发来研究

让案例和故事来说话

在教学主张引领下追求教学风格

名师是否是一个"思想者"，连名师自己都说"不敢"；但要说名师不需要"有思想"，恐怕更多的非名师都不答应。上述文章的高明之处，在于找到了一个

---

① 参见成尚荣：《名师应当是思想者——谈教学主张与名师成长》，《人民教育》，2009年第1期。

比较适当的、阐述名师内涵的概念和语言载体，即"教学主张"。与"有思想"相比，"教学主张"显得不那么空泛，也没有刻意拔高之嫌；与"有经验"、"有实效"相比，又显得不同流俗，也不会有任意贬低之虞。更重要的是，"教学主张"作为一条立论的主线贯穿全文，把名师的种种特质自然而有机地联系在一起，起到了穿针引线、画龙点睛的作用。从立意的角度看，这篇文章可称为集中和凝练，其思路值得借鉴。

三、境界：精神的提升和追求

立意在明确、集中的基础上，还有高下之分，这就涉及文章体现的思想境界。所谓立意高远、立意不凡，实际上是对文章蕴涵的精神境界的一种描述和赞许。立意的境界反映了作者看待事物的观察角度和价值取向，表现了作者的眼界、态度、品位和追求。究竟什么是好的立意？抽象地说，可以概括为三点：（1）体现了作者的独立思考和判断；（2）反映了现代的进步的教育教学理念；（3）具有关切大多数人特别是弱势群体的立场、视角和情怀。形象地说，就是作者的思想和眼光要从"教书匠"向"教育家"看齐。借用王栋生老师的话说，如果能做到"不跪着教书"，写文章就能达到"境界"了。

做一个教育家不容易，但这并不妨碍我们学习和追求教育家的精神境界。作为一名教师作者，应该把提升文章的品位和境界，作为专业发展、自我完善的一个终极目标。我们教师做研究、写文章，应该尽可能地从大处着眼，从小处入手，既要脚踏实地，又要志向高远。看许多优秀教师的文章，吸引和触动我们的，不仅是种种行之有效的教学方法，更多的是字里行间流露出来的人性关怀和人生追求。说到底，作文与做人是融为一体的。

追求文章的境界与力求文章有新意，都是作者独立思考的表现，但是二者还有本质的区别。立意的新颖或陈旧，主要是一种客观的事实判断，可以通过查阅文献资料来对同类研究进行比较辨别；而立意的高下之别，更多的是主观的价值判断，很难通过量化分析的方法来解决。在许多情况下，立意境界的高下并没有客观标准带来的外部压力，往往处于见仁见智、自以为是的状况。因此，境界的提升主要靠作者的内省和反思，靠道德修养和自我超越。

实例 5.3 "劳动教育"的认识与实践

劳动教育是"德智体美劳"五育并举的重要内容之一，历来在我国中小学教育体系中占有重要地位。2020 年 3 月，国家出台了《关于全面加强新时代大中小学劳动教育的意见》，要求积极探索具有中国特色的劳动教育模式，创新体制机制，注重教育实效，实现知行合一，促进学生形成正确的世界观、人生观、价值观。因此，中小学劳动教育面临着在新形势、新条件下如何贯彻教育与生产劳动相结合的方针、如何适应社会经济文化发展对教育要求的新问题。从"劳动育人"的教育目标和指导思想上说，人们的认识基本是一致的，但具体到课程设置和实践方式，又会有不同的思路和做法。从实践现状看，一种思路是，以手工劳动和体力劳动为主，强调在劳动中出力流汗，在劳动知识技能的学习过程中体验劳动的艰辛和收获的喜悦，从而提升中小学生对于劳动的情感态度和价值观。另一种思路是，为适应科技发展和社会进步的新形势，中小学劳动技术课程以技术教育为主线，重视提高学生的技术设计素养，以德育为核心，培养学生的创新能力和实践能力。

随着基础教育课程改革的不断深化，特别是对于核心素养的讨论和认识的发展，人们对劳动教育的性质、任务和内容的理解也在不断地加深。从社会进步角度看，具体的劳动内容总是在变化发展的，包括从生产劳动到服务性劳动、公益性劳动、创新性劳动等。从关注学生劳动素养的角度看，其内容包括了养成良好的劳动习惯，掌握必要的劳动知识与劳动技能，具备开展创造性劳动的能力，并由此形成正确的劳动观。上述两种实践思路实际上反映了提升劳动素养的不同方面，很难相互取代，而难点在于如何根据社会发展的现实需要和可能，并根据不同学段的学生特点来构建实施劳动教育的课程教学体系。这不仅是一个理论问题，更是一个实践问题。作为学术探讨，各人都有保留自己看法的权利。所谓"文章千古事，得失寸心知"；[①] "知我者谓我心忧，不知我者谓我何求"。[②] 什么是好的立意，也只能由各人自行思考和判断了。

[①] ［唐］杜甫：《偶题》。
[②] 《诗经·王风·黍离》。

考据：材料的收集与处理

　　"床前明月光，疑是地上霜，举头望明月，低头思故乡。"千百年来，李白的《静夜思》脍炙人口，家喻户晓。可是，近几年来围绕这首短诗却产生了不少争议。一种争议涉及版本鉴别，有一种说法是：日本初中汉文课本中那首"床前看月光"，才是正宗的版本。另一种是文字注疏，如有文史专家和收藏家指出：古代的"床"其实是指"胡床"，也就是"交椅"或马扎；李白是坐在院子里的小马扎上望月，要是躺在睡觉的床上，就没法抬头和低头了。这样说法有什么依据呢？这就需要考据了。比如东汉许慎的《说文解字》中就有："床，安身之坐者。"白居易的《咏兴》开头几句是："池上有小舟，舟中有胡床，床前有新酒，独酌还独尝。"所以，李白《长干行》中"郎骑竹马来，绕床弄青梅"，也只有解为在院子里绕着马扎（一说是井床）跑，才说得通。既有理论依据，又有事实依据，观点就比较能站得住脚了。

CHAPTER 6

"考据"原指写文章材料要详实可靠，现泛指材料的收集、处理与研究的方法。写好一篇文章，掌握充分的材料是基础，即所谓巧妇难为无米之炊。写好一篇文章不仅要有一定的写作能力和思想水平，很大程度上还取决于选材的数量和质量。有位著名学者曾提出，成功的研究必须兼及技术含量、劳动强度、个人趣味和精神境界，四者缺一不可。为什么要提"劳动强度"？因为"你用什么资料，花多少力气，下多大工夫，内行一眼就能看得出来。劳动量大的，不一定是好论文；但没有一定的劳动强度，凭小聪明写出来的，不会有大的贡献"。①

实际上，在整个研究和写作的过程中，收集和处理材料所花的时间和精力可能要远远超出执笔写作。一般认为，在一项正式的课题研究过程中，查阅文献资料所占用的时间约占总时数的一半左右。有的学者就认为，实际写作论著的时间只有10%，而90%的时间都是在做准备，包括阅读和思考。因此，材料的收集和处理，已成为科研写作的一个重要的组成部分。

从论文撰写的基本过程看，一般要经过几个阶段：（1）确定选题——（2）收集资料——（3）分析资料——（4）提炼主题——（5）动笔成文。显然，材料的收集处理对于体现作者的写作意图和表达效果，具有很重要的作用。而根据选题的需要和个人的研究习惯，选材的途径和方法也会有很大的不同，下面就对材料的种类和选取方式作一些介绍。

---

① 陈平原：《假如没有"文学史"……》，《读书》，2009年第1期。

第一节　材料的基本类型及其作用

按照广义的理解，人类的一切知识都是写作的材料。按照材料的不同性质、来源和用途，又可以把材料分为不同的类别。在科研写作中，不同类别的材料起着不同的论述作用和表达效果。

一、理论材料与事实材料

写论文的基本方式，就是用论据来论证观点。根据论据的抽象或具体的性质，人们一般把论据分为理论论据和事实论据两大类，或称为理论材料和事实材料。

理论材料包括各种经典著作、理论流派、公式定理、名家言论、研究结论以及民间俗语等。理论是知识的系统化，是人类智慧的结晶。不同的理论在一定的侧面或一定程度上代表了人们对事物的深入思考，因而会具有一定权威性和影响力。有些理论经历了实践的检验，确认了它的解释力和可靠性，就会被人们称之为真理或定理。因此在论文写作时选用一些理论论据，有助于增强文章的说服力，这就叫引经据典。

事实材料包括各种具体事例、统计数字、亲身经历、各方反映等。有道是"事实胜于雄辩"、"一克事实重于一吨道理"。尤其是在实践研究中，事实论据的分量要比理论论据更重一些。一项实践研究的成果，可以没有充分的理论材料，却不可能缺少事实材料。在大多数教师论文中，各种具体事例是事实论据的主要成分，其表现形式包括具体的情境描述和概括的实际情况，研究者应根据需要选择收集和整理材料的方式。

在收集事实材料方面，容易忽略的是有关教改实践的参与者的感受和反映；而研究要达到一定的深度，这方面的材料是十分重要的。教改实践的参与者，包括研究者本人，但更值得关注的是"在场"的其他参与者。例如研究一堂公开课，除了记录教师的现场表现外，执教教师、学生以及听课教师的感受和反映都是值得关注的。这些主观性的感受经过归纳提炼，可以成为理论材料，但这种状态本身又是事实材料。

二、直接材料与间接材料

依据材料的来源和获取方式，材料又可以分为直接材料和间接材料，或者称为第一手材料与第二手材料。

直接材料是作者在亲身经历中接触到的具体事物，如通过观察、访谈、调查、实验等方式得到的各种材料。直接材料一般是由作者对现场情况的收集、记录、整理而获得的，因此又称第一手材料。由于直接材料具有较强的真实性、可靠性和内涵的丰富性，因而为研究者们所重视。直接材料或第一手材料一般是指具体的事例、数字等事实材料；但是在某些情况下，作者通过某种途径得到了比较稀缺的历史资料或外文资料，包括事实材料和理论材料，这些材料有时也被称为第一手材料。

一般通过查阅文献或由他人提供而获得的材料是间接材料，也就是第二手材料。间接材料是他人对直接材料处理的结果，反映了研究者对事实的观察和思考。第二手的间接材料虽然距离事实和现场较远，但它却是研究和写作不可缺少的参考材料。因为我们所有的研究都是建立在前人研究的基础之上的，只有广泛阅读借鉴前人的研究成果，才能使自己避免重复研究，才能有所突破和创新。

不同的论文类型和研究选题，对材料的需求也不尽相同。经验总结类的论文需要以第一手的实践材料为基础，而学术性、综述性的论文则必须依靠第二手的间接材料。大体而言，目前中小学幼儿园教师的论文写作，对直接材料的收集和应用还不足，怎样在掌握第一手资料的基础上写出较有质量的论文，应引起重视和思考。

三、书面材料与口头材料

按照材料的表现形式，又可以分为书面材料与口头材料。书面材料容易保存、整理和传播，是论文材料的基本来源。口头材料由于是口耳相传，缺少稳定的语言载体，因此收集难度较大，也容易受到忽视。但是近些年来，随着人文社会学科研究的深入发展和相应的研究方法变化，口头材料逐渐受到研究者的重视。除新兴的叙事研究大量应用口头材料之外，传统的经验研究及思辨研究中，口头材料也在不同程度上受到关注和应用。

在口头材料中，一些知名人士的话语得到了研究者更多的青睐，并反映在访谈录、口述史等文本形式中。在论文写作中，一些党政领导和著名专家的讲话也经常被引作论据。由于这些"名人名言"所具有现时权威性、针对性和生动性，往往比一般的引经据典具有更为有力，因而具有独特的论证效果。

一般来说，研究者对收集理论论据和名家言论的重视比较容易理解；而需要指出的是，还有必要重视民间话语的意义和作用。一些以口头、书面、物体或行为等形式体现的民间话语，被称为"民间教育学"。民间话语由于人微言轻，容易被研究者所忽略。然而民间话语却在一定程度上代表了"民意"的力量，引用得当，往往能起到独特的作用。例如对于新课程改革的成败得失，专家们的观点分歧很大，而他们发表看法往往又是以学生和教师的代言人自居。如果能通过调研收集一些学生和教师对这些专家看法的评论，或者列举一些有关课程改革现状的流行俗语（如素质教育轰轰烈烈，应试教育扎扎实实），就会有一定的启发性和说服力。此外在一般的实践研究中，选取学生和教师对有关问题的有代表性的看法、意见和建议，也都具有一定的说服力和权威性。

以上概要地介绍了三对六种基本的材料类型，如果需要，我们还可以在此基础上进一步细分。比如把理论材料分为背景材料与论据材料；把书面材料分为文字材料、数字材料、图表材料以及音像材料等，还可以把文献材料分为一次文献、二次文献和三次文献等。这里就不再细述。但是不论选用什么类型的材料，我们首先要关注材料的真实、准确和可靠，其次才是材料的新颖、丰富和多样。如果是应用第一手材料，就要注意保持记录材料与现场情境的一致性，避免有意无意地修改原始材料以适应自己的观点和研究需要；而在参考和引用间接材料时，要有学术规范的意识，要尊重他人的劳动成果，如实说明材料的来源和出处。

第二节　材料收集的途径和方法

有了一定的写作意图，就可以开始收集材料了。一般来说，收集材料的基本思路和途径有两种情况：一种是已经有了具体的论文题目，于是带着明确的目的和问题去寻找有关写作材料；另一种是仅有一个模糊的概念或大致的方向，需要在浏览或观察的基础上进一步明确选题和材料范围。这两种情况也谈不上高下优劣，实际上也是可以互相转化的。比如原先确定了一个选题，但是在收集材料的过程中发现原有的研究设想并不妥当，因而转变了研究方向。而原先没有明确方向的，经过观察、阅读和思考，也会逐渐形成新的研究思路。因此在许多情况下，收集材料的过程也是一个研究思路逐渐清晰和成型的过程（参见图6.1）。

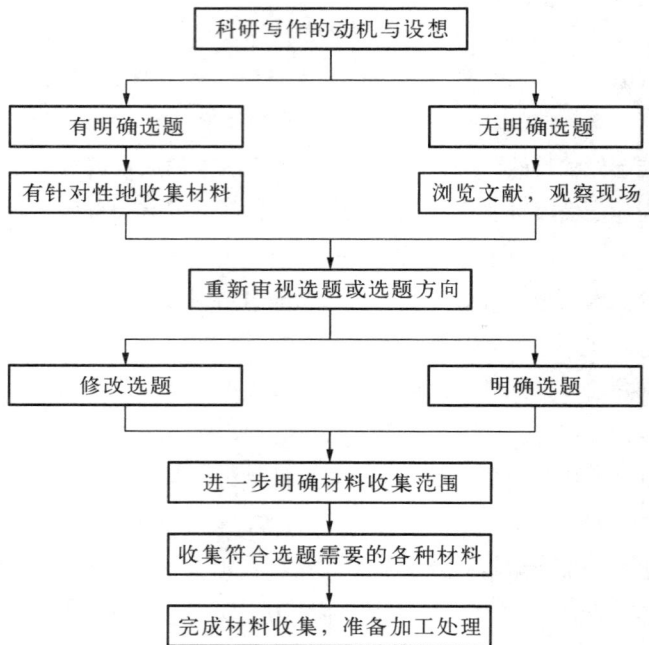

```
                  ┌─────────────────────┐
                  │   科研写作的动机与设想    │
                  └─────────────────────┘
           ┌──────────────┴──────────────┐
   ┌──────────────┐              ┌──────────────┐
   │   有明确选题   │              │   无明确选题   │
   └──────────────┘              └──────────────┘
   ┌──────────────┐              ┌──────────────┐
   │ 有针对性地收集材料 │              │ 浏览文献，观察现场 │
   └──────────────┘              └──────────────┘
           └──────────────┬──────────────┘
                  ┌─────────────────────┐
                  │  重新审视选题或选题方向   │
                  └─────────────────────┘
           ┌──────────────┴──────────────┐
   ┌──────────────┐              ┌──────────────┐
   │   修改选题    │              │   明确选题    │
   └──────────────┘              └──────────────┘
           └──────────────┬──────────────┘
                  ┌─────────────────────┐
                  │  进一步明确材料收集范围   │
                  └─────────────────────┘
                  ┌─────────────────────┐
                  │ 收集符合选题需要的各种材料  │
                  └─────────────────────┘
                  ┌─────────────────────┐
                  │ 完成材料收集，准备加工处理  │
                  └─────────────────────┘
```

图 6.1　论文材料收集流程图

根据选题所需材料的不同要求，收集材料的方式方法也有多种，常用的材料收集方法有观察法、访谈法、调查法和检索查阅文献资料的方法等。按照材料的性质，一般可以把前三种方法看作是第一手的事实材料的收集方法，而第四种文献法则是收集间接材料、理论材料的方法。当论文题目或研究方向确定之后，研究者应根据研究的目的和具体情况来选择适当的材料收集方法，以便获取符合选题需要的写作材料。比如除了一般地查阅文献资料以外，研究者要考虑是否还需要第一手的描述性的材料、数据材料、口头材料等，还要考虑是否应用访谈、测验、调查等收集材料的形式和方法。总之，要根据研究目的和文章主题的需要，通过不同的方法收集充分的论据材料，以便有力地证明自己的论点。

一、通过观察的方法收集材料

观察法是一种常用的材料收集方法，也是教育研究的一种基本方法。研究者根据预定的研究目标和计划，在一定的情境中对研究对象进行观察，并记录、分析有关的感性资料。观察法可分为自然观察和实验观察两种。前者指在自然状态下的观察；后者是在实验条件下的观察。这里特指前一种在自然条件下的观察。在日常教育教学活动中进行观察，是中小幼教师参与研究的最直接、最普遍的途径和方法。与查阅文献资料相比，现场的观察可以帮助研究者感受氛围、了解细节、发现特点，收集到有价值的论文材料。

教师每天在课堂和校园中，目睹丰富多彩的教育教学活动和现象，就是一种观察；而在学校教研活动中普遍开展的公开课、观摩课活动，也是观察的一个重要途径。从研究方法上说，依据观察者所处的不同位置，观察法又可分为参与型观察和非参与型观察两种形式。前者是指研究者参与被观察对象的活动，如教师自己在课堂上执教；后者是研究者不介入被观察对象的活动，如听课。但是不论处于哪种环境，并不是所有的观察都可以称为研究，或者说是应用了观察法的。在这里，作为研究者的教师与作为教育工作者的教师是有区别的，而观察的目的和方法也有所不同。运用观察法收集论文材料，需要注意几个操作要点。

（一）观察要有比较集中的目标

任何一种教育现象，都包含着丰富的内涵；而每一项研究都是从某个侧面去进行观察和思考，寻找某种解决问题的办法和规律性的认识。有研究经历的教师都有体会，没有具体研究目标的观察（如一般的听课）也能积累丰富的材料，但是这种浏览式的观察对于特定的论文写作来说却用处不大，或者说没有直接的帮助。道理很简单，因为只有针对研究选题进行观察，才有可能收集到足够的符合选题需要的材料。

没有一个相对集中的观察目标，观察范围过大过泛，研究者就不可能集中精力注意和记录有关的教育教学现象。以一堂课的观察为例，一般学校的教研活动往往要求听课教师作比较全面的观察，并且从整体设计、重点难点到语言教态，对执教教师的优劣得失作出评价，有时候还要进行分项评分。于是听课教师的观察和记录也相应地比较全面，虽然各人观察的侧重点会有所不同，但基本上是一种整体型、格式化的观察和记录方式。这种全面观察方式可能有助于对执教教师的教学状态进行考察评价，但是对于一项专题研究（如培养学生的质疑能力、教师提问的艺术、师生互动的有效性研究等等），这样的观察方式显然是不合适的。对于一项研究来说，即使是研究如何全面评价教师的业务水平，具体到一个观察者、一堂课，也需要有一个相对集中的观察目标。如果是一个课题组的集体研究，可以分工合作；如果是个人的独立研究，就需要分解目标，分次完成。

（一）观察要有相应的记录方法

根据观察的目的和内容，研究者需要考虑记录材料的适当方法。一般来说，观察记录的内容有两类：一类是全面记录，即按照一定的时间顺序和目标框架，简要地记录现场发生的情况，如一般教师的听课笔记。另一类是重点记录，抓住某些重点，比较详细地记录自己感兴趣的内容。从记录方法上说，一般是用纸笔记录，有时候也可以辅之以录音、照相，必要时还可以参考利用摄像素材。

在许多情况下，全面记录与重点记录需要相互配合。既要按照时间顺序记录现场的各种基本信息，如一堂课的主要环节、板书提纲、讨论的主要问题和重要细节等，又要根据观察或研究的需要，选择记录特定的重点内容。记录时力求点面结合、详略得当，才能收获更多的有价值的材料，以利进一步的研究。因此这类系统性的记录介乎于提纲与实录之间，一般需要分为两大部分，一部分按时间顺序记录大致的教学流程，一部分随机记录有关重点信息。由于一个现场情境中充满和生成着大量的信息，重点记录有时需要依靠一定记录方法和工具，并相应地采取不同的记录语言。

1. 描述性记录

描述性记录是把自己感兴趣的现象、情境和当时的感受、体验、思考等用描述性的语言记录下来，抓住一些关键性的事件和细节，对当时的客观场景和主观感受作比较详细的记录。比如对教师或学生问答时的语气、动作、神态等作细致的描绘，还可以记下观察者的现场感受。描述性记录的质量高低主要取决于观察者的观察经验和研究水平，观察的方法技巧并不太重要。

描述性记录的内容主要有两项，一是事件和细节，二是感受和思考。根据需要，还可以结合事后的访谈加上被观察者的解释。下面就是一个描述性观察的记录文本。

实例 6.1 实地观察记录表①

时间	观察到的事件	观察者的解释和疑问
10：10	教师阅读课文，眼睛始终盯着课本，没有看学生一眼。	教师似乎对课本内容不太熟悉。
10：20	教师问了一个课本上有答案的问题（内容略），学生用课本上的答案齐声回答。	教师似乎不注意鼓励学生用自己的语言回答问题。
10：30	教师问问题的时候，用自己的手示意学生举手发言。左边第一排的一位男生没有举手就发出了声音，教师用责备的眼光看了他一眼，他赶紧举起了左手。所有学生举手时都用左手，将手肘放在桌子上。	教师似乎对课堂纪律管得很严；绝大多数学生对课堂规则都比较熟悉。
10：40	教师自己范读课文，学生眼睛盯着书本，静听教师范读。	教师为什么不要学生自己先读呢？是否可以要一位学生来范读？

从上述记录文本中可以看出，观察者比较关注课堂上教师与学生的互动情况，对教师和学生在阅读课文过程的一些行为表现作了比较仔细的描述性记录，并且即时记录了自己当时的想法，对教师未能调动学生学习的主动性、积极性的做法表示了质疑。这类记录方式的目的比较明确，有针对性地关注现场中与研究主题有关的情况，其他无关的信息则忽略不计。

2. 说明性记录

与描述性记录相比，更为全面完整、系统连续性的现场信息主要依靠说明性的记录。说明性的记录要用简明扼要的语言，有条理地记录各种重点关注的内容。这类重点记录内容一般需要借助一定的记录工具，比如根据研究目标设计一些表格，规定一些记录符号，届时可以根据观察者的判断作填空式的记录。这样可以避免临时手忙脚乱，做到既简便又完整。如下面一张"课堂提问统计表"就是一位教师利用班级座位表重新设计，用来记录有关信息的。

---

① 陈向明：《教师如何作质的研究》，教育科学出版社，2001 年版，第 138 页。

实例 6.2　课堂提问统计表①

学科：数学　班级：六年级（3）班　课题：分数的加减法

时间：2007.10.8　星期一　第2节

第1列	第2列	第3列	第4列	第5列	第6列	前门
				1		第1行
3	2	1	2	1		第2行
		1	1	2	3	第3行
	2	1	1		1	第4行
	★					第5行
	1		空位	空位	3	第6行

说明：
① 教室内实有学生34人，表格中的数字为该位置的学生在提问中的发言的次数。
② 课堂提问率为79.4%，提问覆盖面为50%。
③ 在临近下课3分钟的时候，学生★（2，5）打哈欠1次。
④ 其中一个练习，全班只有1位同学出现错误，这个错误也在课堂上得到了老师的及时关注。

　　根据观察和研究的需要，可以自行设计各种记录符号和方法，如用画"正"字的方法记录每个学生的发言次数，用△、★、○等符号表示师生问答的各种情况。借助统计材料，可以对课堂教学状态作定量的分析，计算公式如下：

$$课堂提问率 = \frac{参与发言的总次数}{学生总数} \times 100\%$$

$$提问覆盖率 = \frac{参与发言的学生人数}{学生总数} \times 100\%$$

　　这个设计还没有包括对提问的难度和质量作分类统计，如有需要，可以根据提问的思维层次进行细分，如"记忆性问题"、"理解性问题"、"应用性问题"、"创造性问题"等；还可以另用一张座位表或教室平面图，用来记录教师的行走路线或师生互动情况等。此外，描述性的记录与说明性的记录在观察时也可以结合应用，如以较全面的说明性记录为基础，在发现感兴趣的场景和细节时，则穿插描述性记录。总之，研究者应该根据自己的观察目的和自身条件，创造性地应

---

① 孙琪斌：《课堂提问统计表的设计与应用》，《上海教育科研》，2008年第2期。

用各种记录方法。

（三）观察要有一定的准备和计划

除了观察前确定的观察目标和记录方法，观察者还需要作一些准备和计划。对于比较正式的课题研究，一般在课题立项时已考虑到有关的研究计划和步骤，可以根据课题计划做相应的准备。这些计划或准备包括考虑观察的内容、对象、范围，观察的时间、次数、方法，以及应用的辅助工具等，根据计划还要拟订一个初步的观察提纲。

对于一次现场或课堂观察的具体准备，主要是对观察对象的了解，包括了解这堂课的教研目的、执教教师的教学思路、所用教材及本课难点重点、学生基础及学习状态等。观察者有了比较充分的物质和心理准备，就可以对观察提纲作必要的修订，以便更有针对性地进行观察和记录。

在进行参与性观察的情况下，即研究者本人就是执教者，而又没有其他听课教师在场，那么现场情境会处于一个比较自然真实的状态；其不利之处是研究者无暇作较多的观察记录。这时候可以适当地让学生帮助作一些有关记录，如课前提出简单的要求，课后让学生填写各自回答提问的次数等。

一般教师可能进行非参与性观察的机会更多一些，即参加听课一类的教研活动。由于旁观者对执教教师的影响，观察者在现场看到的不一定是教学活动的常态，因此作为一项研究来说，做好观察前的准备，确定观察的目的和重点就更为重要。比如目前许多公开课、研究课都较多地应用了多媒体课件，在这样的现场中，提问的次数和质量就与教学常态有一定的区别；研究者就要考虑是否调整观察和记录的重点，或者以后如何利用这些材料。

现场观察记录的事实资料往往比较零乱、分散，在观察后必须及时进行整理与补充。有条件的情况下，可以借用其他观察者的记录，或者对观察对象作补充了解和询问。一个完整的观察计划，不仅要考虑课前的准备和课中的记录，还要为课后的整理和解释做打算。

二、通过访谈的方法收集材料

访谈是一种口头交谈形式的调查方法，在资料收集方面具有独特的功能和价值。与观察法相比，它可以帮助研究者更深入地了解被研究者的内心活动，包括了解他们的行为表现背后的思想基础和情感态度，有利于揭示许多外显行为背后所蕴涵的意义。与问卷调查相比，访谈法方便易行，具有灵活性和适应性的特点。它可以使研究者与被研究者处于一个比较平等、宽松及相对随意的状态之中，有利于被访者用自己的语言来表述自身经历和内心感受，获得更为真实可靠的信息。当然访谈法也有自己的局限性，如研究的样本小，并且受到时间、环境、研究对象的身份特点、与研究对象的交往方式等各种因素的影响，因此通常与其他调查方法结合使用。

与观察法一样，采用访谈法收集资料也必须有一定的研究目标、研究方法和研究计划，并在了解访谈方法特点的基础上灵活应用。

(一) 访谈的主要类型

1. 个别访谈与集体访谈

根据被访谈者的人数，可以把访谈分为个别访谈与集体访谈两类。前者是谈者与被访谈者之间一对一的交谈；后者则为一两个研究者对多个（一般在 10 人以内）被访谈者之间的对话交流，如座谈会的方式。

个别访谈有利于向特定的对象深入了解有关情况。在教研活动等场景中，个别访谈可以作为观察法的有效补充。如在研究课后，与执教教师探讨其教学思路和有关教法的依据，或者向参与听课的学生、专家和高水平教师征询看法等，往往可以为研究者带来更多的有价值的信息，为打开研究思路、明确写作立意提供很好的帮助。

集体访谈的好处是应用一对多的交流形式，可以节省时间、提高效率。同时在多人互动的环境中，气氛比较活跃，有助于互相启发，提供更多更生动的细节和想法。集体访谈也有它的不利之处，由于被访谈者人数较多，各人发言的机会可能不太均衡，谈话内容也可能比较杂乱；因此对访谈者来说，掌握访谈进程的难度也相对大一些，访谈后的资料整理也要花更多的时间和精力。

2. 封闭式访谈与开放式访谈

按照访谈的内容结构和控制程度，可以把访谈分为封闭式（结构型）、开放式（无结构型）以及半开放式（半结构型）三种。

封闭式访谈是指按照研究者事先设计好的问题及顺序进行提问，访谈的内容和语句形式都有一定的限制，有时只需回答"是"或"否"。如"你觉得现在的课业负担重吗？""哪一门学科的作业最多？""你每天做作业要花多少时间，睡眠时间有几小时？"这种固定的封闭式的问题结构，可以有针对性的获取研究所需要的材料，并且容易将不同被访谈对象的回答进行对比分析。开放式访谈则是事先只设计大致的提问方向，没有固定的问题答案，形式比较灵活，内容比较宽泛。被访谈者对这类提问可以用自己熟悉的语言来表述看法，有利于增进谈话的深度。比如"你认为课业负担过重的主要原因是什么？""你对'轻负担、高质量'的提法有什么看法？""学生反映，你们学校有几位优秀教师的作业量相对不大，他们有什么好的做法和经验？"

比较常见的是半开放式的访谈，即访谈者事先准备访谈提纲和问题设计，并对谈话进程进行一定的控制，但是也鼓励被访谈者的积极表达。研究者可以根据需要，将封闭式访谈和开放式访谈结合应用，以便最有效地收集所需要的各种写作素材。

3. 直接访谈与间接访谈

直接访谈即双方面对面的交谈，访谈时可以看到对方的神态、动作等，可以直接感受到谈话者的情绪和态度。间接访谈是指通过电话或网络等形式进行的交流。

一般的访谈形式多为直接访谈，但在某些不方便面谈的情况下，间接访谈也是一种有益的补充。间接访谈可以突破时间、地点、环境的限制，增加访谈的机会。比如在听课之后，有些专家或教师忙于与其他人交谈，或者有事不能在现场停留，访谈者只能利用短暂的时间与之交换电话号码或电子邮箱。还有在一些正式场合中，访谈者不便与被访谈者接触或交谈，只能事后通过电话等方式联系。有时候因为访谈的某一方不善于或不愿意交流，进行间接访谈也可以避免见面时的尴尬，使访谈更容易进行。

以上介绍的都是比较正式的访谈方式，另外有些时候还可以进行非正式的访谈。所谓非正式，就是访谈者与被访谈者并无事先的或正式的约定，而是在参与同一项活动如听课的过程中，自然而然地进行交流。非正式访谈通过比较随意的方式提出自己所关心的话题和问题，可以在更为自然真实的状态中了解对方的想法。有时候二者结合使用，效果可能更好。

（二）访谈提纲的拟订

拟订提纲是访谈前十分重要的一项准备工作。访谈提纲是访谈目的和研究主题的具体体现，是进行访谈的基本框架。当确定进行一次访谈以后，根据研究目的究竟要问些什么，希望收集到哪些材料，都需要通过访谈提纲落实下来。一个好的访谈提纲，可以使访谈围绕研究主题有次序、有层次地开展，从而收集到有价值的写作材料。反之，就可能使谈话"开无轨电车"，造成表面热闹而实际所获不多。

访谈提纲的基本框架实际上决定了取得材料的内容范围和价值意义，因此在设计提纲时首先应该确定几个主要问题，特别是不要遗漏重要的提问内容。在大的提问框架确定后，再考虑每一部分灵活应变或追问的方式。曾有一位研究者设计了一项专家访谈，其基本结构如下：

实例 6.3　基层学校如何进行课题选择与设计[①]

（1）如何选择合适的研究课题

目前学校科研选题存在的问题

学校选题需要注意的基本因素

（2）如何厘清课题研究思路

如何找到课题研究的切入口

如何使研究思路更有操作性

（3）如何进行课题方案设计

研究目标制订的问题与解决

研究内容表述的问题与解决

研究方法应用的问题与解决

这项研究采用的是个别访谈方式。由于访谈的题目较大，有些专家又擅长理论阐述，容易泛泛而谈，因此访谈者特别要求专家们结合实例来谈学校科研课题问题。虽然专家们有各自的谈话思路，所谈内容的范围比较宽泛，但由于有一定

---

① 　选自上海市教科院普教所郑慧琦老师提供的研究材料，文字有改动。参见《十六个课题实例的分析——科研人员谈基层学校的课题选择与设计》（上）（下），《上海教育科研》，2000 年第 2 期、第 3 期。

的访谈框架设计，访谈结束时该问的问题都问了，所需要的材料基本上都有了着落。这项访谈的结果经整理后公开发表，产生了很好的反响。

访谈提纲的设计要点就是安排提问的顺序和层次，尽可能做到层层推进，既有逻辑性，又有一定的灵活性。有一位小学教师参与了学校的一项课题研究，总结了自己设计访谈提纲的经验体会：

实例6.4　三次访谈的问题设计①

访谈提纲的设计，简单地说就是问题安排的类型和出场顺序。访谈问题应由浅入深，由简入繁，从开放、简单、对方容易理解的问题入手，逐步加大访谈问题的难度和复杂性，由面及点地进行。访谈的问题应该明白易懂，一般不使用"专业术语"，罗列在一张纸上，简洁明了。除了文字上的斟酌之外，问题的类型特点对于编排也相当重要。我们第一次访谈多采用了开放型问题，这是因为要获得有关被研究的教师的教育观及日常工作生活的情感体验。一般多在课前进行。第二次的问题则更为具体明晰，多聚焦于课堂观察中的行为和细节。而第三次访谈问题的类型多样，就各自观察的内容和引起的思考的不同而定。也就是说你设计的问题要能够引导被研究的教师说出会有这样行为的原因，来验证你的猜测或解决你观察时的迷惑等。

（三）关于访谈的方法技巧

许多教育学或社会科学研究方法的著作中都介绍了不少有关访谈的方法技巧，如关于访谈过程中的导入、倾听、追问、迂回、回应技巧等，关于访谈材料整理的资料登录、寻找本土概念、编码归档等。这些方法技巧从了解掌握到熟练运用需要有一个过程，详细内容可以参见有关著述。与了解概念相比，实践体验更为重要。不少教师在参与学校科研的过程中积累了访谈的经验，提高了设计水平。用一些研究者的话来说，访谈方法的运用须因人、因事、因事、因境而定。

例如对于访谈的问题类型的选择应用，从理论上来说，比较强调从开放性问题入手，以免限制被访谈者的思路。在多数情况下，这样提问可能是比较适宜

---

① 选自阮莉丽：《用眼思考　用心体验》，文字有改动。参见上海市安顺路小学《在教育生活中领悟教育的力量》研究文集，2007年5月。

的，比如在课后问听课教师："你对今天这堂课的感觉怎么样？"如果直接提出封闭式的问题："你认为今天这堂课上得成功吗？"对方就可能觉得不便回答。但是情况也不尽然，对于一些不善言辞的教师或者中小学生，封闭式问题有时更利于打开对方的话匣子。比如课后问班上的学生，"这节课的内容你觉得难吗？""老师事先给你们预习过吗？""你们平时上课用到多媒体课件的时候多吗？""还有哪节课的课件做得比较好？"这样一问一答，可以将谈话逐渐引向深入。这时开放式提问就不一定比封闭式的效果好。一般来说，在访谈的开始阶段需要营造一个比较宽松的谈话气氛，重要的是根据不同的访谈对象和环境，确定提问的结构类型。

对于访谈过程中谈话内容偏离提纲范围的情况，要灵活处理和合理利用，要学会适时的"迂回"和"追问"。如上述那位小学教师在访谈中遇到了与预设情况不同的回答。

实例6.5 访谈中的"迂回"和"追问"①

当问到"按照教案的预设，现场出现了哪些差异"时，孙老师"基本顺利未出现偏差"的回答，让我心头一紧。心想：与我原先的预设出现了分歧，接着"其间你做了哪些调整，实际效果如何"怎么问呢？是放弃这个问题，还是采用"迂回"的方法呢？于是我扫了一眼孙老师的神情，见她一脸坦然，似乎没有不自然的表现。我便决定运用暗示的方法，继续问道："在学生出题这个环节谈谈你的看法？"她扬扬眉，笑了笑说："对，在这个环节学生的出题与我有所偏差，我也顺着学生的意思继续教学，充分肯定学生的思考，并适时引导回来，实际效果较好。"……在自然的交谈中，孙老师一一道出了对于这节课在教学语言设计上的想法，我也明白了个别教学环节处理的原因和方法。

访谈是一种收集事实材料的实用方法，值得教师研究者关注和运用。掌握一些方法技巧是必要的，但是更重要的是研究者的态度。访谈是一种与被研究者"零距离接触"的研究方法和交往方式，与其他研究方法相比，它更受到人际关

---

① 选自阮莉丽：《用眼思考 用心体验》，文字有改动。参见上海市安顺路小学《在教育生活中领悟教育的力量》研究文集，2007年5月。

系的影响。如果你要使用录音机记录谈话，那一定要事先征求对方的同意，而且不能勉强。总之，无论应用什么方法技巧，无论面对怎样的对象，研究者首先应该抱有一种真诚的态度。让每一次访谈都成为真诚的合作，这是访谈成功的根本。

三、通过问卷调查收集材料

问卷调查与观察、访谈，都是调查研究的一种类型。问卷调查是书面形式的调查方法，也是一种资料收集的常用方法。问卷调查法是研究者事先设计好统一的问卷，向被选取的调查对象了解情况或征询意见，以此获取有关的信息资料。

采用问卷调查法有两个突出的优点：一是高效率。问卷调查可以突破时空限制，在短时间、大范围内从众多的调查对象获取大量的信息数据；同时简便易行，相对成本较低。二是客观性。问卷调查一般以匿名形式进行，可以消除某些调查对象的心理障碍，获得比较真实的信息；同时统一设计的问答形式也便于统计对比，可以做定量分析。

问卷调查也有自身的不足之处：首先是只能获得书面信息，有些具体生动的情况无法反映；其次是有些调查对象有从众心理或敷衍了事，所填信息脱离真实情况；另外在调查面较广的时候，问卷发放过程不易控制，问卷填写现场缺乏有效的指导和监督，或回收率较低，影响结果的可靠性。尽管有这些缺点，由于问卷调查所具有的明显优势，这种方法还是在教育研究中得到了广泛的应用。只要研究者注意操作规范，并适当结合其他调查方法，问卷调查还是一种很有用的资料收集和研究的方法。

问卷调查的技术性比较强，如抽样方法、问卷结构、问题类型、数据处理等，有些专门知识需要学习，有条件的情况下最好参加教师进修院校或科研机构的有关培训，如果带着课题去学习，效果会更好。除了一些专业知识的学习以外，从基层学校教师应用问卷调查方法的情况看，有几方面的问题需要引起重视。

（一）调查要有一定的理论假设

调查是一种实证研究的方法，是一个假设加验证的过程。在设计调查问卷时，研究者必须对所调查研究的问题有一定的理论思考。对于调查目的的制定、调查对象的选择、调查内容的编排、调查结果的利用等等，都需要在一定的教育理念和指导思想下，予以通盘考虑。研究者对调查对象的情况都会有一定的预期和估计，针对这个预期设计特定的问题，才能够得到有效的回答。问卷调查就是用调查的结果对原有的想法进行检验，这个检验既可证实又可证伪，从而确定或否定原有的假设，得出新的判断和有价值的研究结论。没有一定的理论假设，拍脑袋罗列一些问题，把问卷发下去再说，这是调查研究的大忌。

理论假设对于调查设计的基本意义有两个：一是增进思考的深度，进一步明确调查主题，界定基本概念；二是拓展思维的广度，更全面地考虑调查的内容范围。有些教师由于理论功底和研究经验不足，往往考虑不够周全，设计的问卷缺乏明确的调查意图。一张粗疏的问卷，带来的后果可能是收到许多无用的信息，不仅给自己增加许多麻烦，而且损失往往是无法弥补的。因此，在设计问卷之前，学习一些与研究内容有关的理论著述是十分必要的。下面就是一个幼儿园教师通过理论学习提高问卷设计水平的实例。

实例 6.6　一份调查问卷的设计与修改①

某幼儿园为了做好家教指导工作，打算对本园幼儿家庭的亲子关系作一次调查。在区科研室老师的指导下，张园长等人专门到图书馆和网上查阅了有关亲子关系的研究资料，初步明确了亲子关系的定义，了解了亲子互动、亲子沟通、亲子交流、亲子教育等概念的内涵。在课题组初步研究的基础上，把调查题目定为"幼儿家庭中亲子关系的现状、问题与原因调查"，并拟出了十多道选择题。科研室老师对她们的研究工作给予了鼓励，并针对问卷设计方法借给她们几本书，要求对照学习，修改问卷。一个星期以后，课题组的老师们交流了学习和研究的体会。她们在学习了《家庭教育社会学》一书后，发现自己原来对亲子关系的了解过于简单幼稚了。参照有关理论著述，课题组又选出一些内容作为考察点，重新设计了问卷题目，其中包括对家庭中夫妻关系的了解、家庭中各成员的心理地位、家庭中有无发挥重要影响的他人、是否存在两代人之间的代沟、家庭中的互

---

① 选自上海市原卢湾区教育学院陈玉华、谢光庭老师提供的研究材料，文字有改动。参见郑慧琦等：《教师成为研究者》，上海教育出版社，2004 年版，第 254—259 页。

动及主要形式、家庭中的沟通方式和状况等六七个大的方面，由此形成了二十五道题目。科研人员肯定了新的问卷体现了一定的理论指向和比较完整的逻辑结构，同时提出了一些归纳调整的建议，特别还提出要增加调查对象的背景性问题，如这些家长的年龄、文化、职业、居住条件等，以便与家庭中的亲子关系进行关联分析。最后，一份包含四十多道题目的问卷终于完成，并顺利地付诸实施。

（二）问卷编制要符合调查目的

有了一定的理论假设，问卷调查就有了比较明确的目的和主题，问卷的编制就可以围绕相应的调查目的进行。问卷编制是调查目的的细化和具体化，问卷编制的质量和水平高低，主要就是看是否恰当地反映了问卷调查的目的和需要。

1. 问卷编制的内容框架

编制一张问卷，首先需要根据调查目的设计相应的内容结构，也就是细化调查目标。如同教师编制一张考卷，需要对各种题型有比较深入的了解，还要对整个测试的考查思路和各部分的比例关系有一定的把握。因此，不同的调查内容需要通过不同的框架结构来体现，也需要掌握一定的命题方法和技术。内容框架的设计，首先是确定调查问卷的几个大的块面，考虑各部分所占的比例；其次按一定的标准由浅入深、由易到难划分出不同的提问层次；最后再考虑选定合适的问题形式。

实例 6.7　根据调查目的设计并细化调查内容①

在上海基础教育课程改革过程中，中学《社会》学科是一门融史地两科及其他社会学科基础知识为一体的试验性综合课程。杨浦区多所学校在上世纪九十年代进行了两轮试教。为了解这门新学科教学改革的试验情况，需要对试验校与非试验校学生的有关学习情况进行调查和比较研究。因此要设计一份测试问卷，既要反映学生学习新课程的效果，又要使试验校与非试验校两类不同学校具有可比性。当时有关课题组的老师们根据调查目的和具体的测试目标，参考了综合课程与分科课程的教材内容，制定了一个假设的中学《社会》学科测验的双向细目表，在此基础上编制了一份测试题与细目表对应、闭卷与开卷结合的测试问卷。

---

① 根据上海市杨浦区教育学院夏凤、张友良老师提供的研究材料编写。

规范、细致的编题计划保证了调查的顺利实施，对调查对象在基础知识、基本技能及较深层次运用社会知识的能力等方面的学习情况提供了比较全面、准确的信息。

中学《社会》学科测验双向细目表

教学内容		中国历史	中国地理	世界历史	世界地理	N
闭卷	基础知识	12	2	3	3	20
	基本技能	6	2	4	8	20
开卷	理解	10	4	2	4	20
	比较	10	6	4	0	20
	归纳	8	0	2	0	10
	读图识图查阅资料	4	6	0	0	10
N		50	20	15	15	100

有些调查目标涉及调查对象的主观感受或缺少明确的行为表现，设计上就需要考虑其可行性。对于有些主观性较强的调查内容，可以通过一定技术手段予以量化，使其具有可测性。有一位美国学者曾举例说明，如何使主观假设能够被有效地验证。①

假设要经得起检验，必须表达得尽可能明确。比如"智力越高，越不幸福"这一命题中"智力"、"幸福"这两个概念都必须是能精确测定的，否则整个命题既不能证实，也不能证伪。但是如果我们用 IQ 法对智力进行测定，并且按一定的标准将幸福分为几个等级，上述命题便可以用更确切的方式表达：IQ 测验得分越高，幸福的等级越低。这样表达的命题便可以用实验或调查的数据来检验。假定聪明和幸福都能被满意地测定，这个陈述就是一个充分的假说。

近年来，我国教育研究中有许多关于满意度或幸福感的调查，如教师对工作状况的满意度、学生对学习生活的幸福感等，都是把原先比较模糊的主观感受，

---

① ［美］D. K. 贝利著，余炳辉等编译：《社会研究的方法》，浙江人民出版社，1986 年版，第 25—26 页。

通过分等分级的方法转化成数量化的表达形式，使调查具有了可操作性和客观性。

2. 问卷编制的题型安排

问卷编制从形式上看，一般需要考虑两方面的问题，一是问卷的基本结构，二是具体题目的拟订。问卷结构是调查目标的细化，而题目拟订就是目标的具体化。从大的结构方面看，一份问卷通常包括三种问题类型：（1）背景性问题；（2）客观性问题；（3）主观性问题。

背景性问题主要是了解被调查者个人的基本情况，如性别、年龄、年级、教龄、职称、职务等。这类问题的目的是获取被调查者的身份信息，以便事后分析不同人群与调查结果的关系。一般情况下，为保证调查的客观性，问卷都采用匿名形式。

客观性问题是指有关调查对象的各种事实和行为。如调查学生的课外阅读情况，可以问"平均每天有多少阅读时间"、"本学期看过几本课外书"、"你最喜欢看哪一类书"、"你最喜爱的一位作家"、"是否在网上阅读文学作品"等，答案可以是统一拟订的。

主观性问题是指调查对象对有关问题的看法、态度和思想倾向，如"你对目前的青少年文学有什么看法"、"你认为语文课上是否应该增加课外读物的介绍和阅读，为什么"、"有人认为课外阅读与语文课相比，更能提高自己的语文能力，你的看法呢"等，答案由调查对象自由表述。

此外还有检验性问题，这是为了检验回答是否真实、准确，专门设计的少量问题，也被称作问题陷阱。

从具体题目的拟订看，按照不同的答案形式，可以把问题分为开放式问题、封闭式问题及半封闭式问题；封闭式问题可以分为填空题、判断题、选择题、排序题、矩阵题等；其中选择题又可分为单选题与多选题，等等。研究者可以根据需要选择应用。

3. 命题技术要为调查内容服务

上述问卷编制方法，属于问卷设计的技术性问题，而更重要的是让方法技巧为研究内容服务。选择应用不同的问题类型和答案形式，首先为了调查内容的需要，而不是为了问卷形式的美观或"正规"。有些教师在问卷设计时受有关参考文献的影响，未经深入思考就照搬或模仿设计了他人的问卷题目，结果就"文不对题"，表面上看来封闭式、开放式等各类题目有几十道，但所获有价值的信息却不多。例如一所学校开展一项有关学校教学管理改革的调查，所设计的学生问卷涉及学生的课业负担、学习方法、个性特长、亲子关系、课余生活等各方面，但是却基本没有问到有关课程设计、教学评价、考试制度方面的问题。显然，这样的问卷设计并没有充分体现调查的基本目的，调查结果就很难如愿了。

因此，形式要服从内容的需要。问卷编制首先要明确调查的内容框架，然后再来考虑用什么样的题型来反映所问的内容。一般问卷调查的重点是客观性的事实行为，要根据调查目的和内容列出重点考察的客观性事实，在此基础上再考虑如何询问相关的主观性感受。在这里，题型是否适当是设计水平高低的问题，而内容是否合适则关系到调查有无价值的问题。有两位幼儿教师谈到了她们在一项园本课程研究中进行调查设计的经验体会：

实例 6.8　问题设计要体现调查意图①

我们的调查分为家长问卷和教师问卷，设计意图是想了解家长、教师对园本课程的评价及看法。对家长的问卷调查结果显示，该问卷一定程度上反映了家长对园本课程的关注度、满意度和教育期望，与教师问卷趋同题目的调查结果进行比较，也发现了有价值的信息，内容反映的问题具有真实性。但也存在若干问题，如在题量总数有所限制的情况下，对幼儿家庭背景调查题目所占比例较大，一定程度影响了设计意图的充分达成；对幼儿评价和家长教育期望维度方面的设计完全从心理学背景出发，偏重知情意的内容调查，对幼儿社会性、创造性等方面关注不足；明确调查家长对园本教材看法的题目相对缺乏，仅包含在课程评价中，对调查结果的充分利用有一定限制。

通过本次问卷的设计和实施，得到如下启发：（1）设计意图要明确，并尽量做到专项调查，过于宽泛的内容框架将影响调查结果的深度和主要的价值体现；（2）针对调查对象的能力水平，在内容表达和题型设计上要有所考虑，才能既反映出客观事实，又能照顾到调查对象的主观感受，从而增强问卷的效度。

（三）有效利用和挖掘调查所得信息

作调查前，要充分考虑调查问卷的每一个题目的用处，准备收集什么样的信

---

① 选自上海市愚园路第一幼儿园陈丽丽老师、姚鑫莉园长提供的研究材料。

息，这些信息准备怎样处理和利用。调查之后，要充分利用和挖掘所得到的结果和信息，对这些信息进行分析提炼，得出有价值的结论。一些研究者进行问卷调查的误区之一，就是调查与研究脱节，调查的项目很多，结果却劳而无功，从中得到的有用的信息和结论却很少。这就成了调查归调查，研究归研究，一大堆数据表格只是作为研究报告中的装饰，无法为研究结论提供有力的依据。

调查与研究脱节的现象有几种典型的表现，需要引起研究者的注意。

一是视而不见，有材料无分析。 有些调查罗列了许多项目，统计了不少数据，但是却没有分析。有时大部分调查项目在分析中不见引用，就好像调查结论是另写一篇文章，与调查本身没有关系。例如有一项班级管理研究，设想根据小学生个性的差异实施不同的管理措施。研究者依据卡特尔人格特质量表，把所测学生的人格特质分为 16 大类、32 小类，并通过调查归纳了 15 种异常行为。在此基础上提出了三大类数十种管理策略，相应地应对不同个性特点和行为表现。应该说，研究者的初衷和基本设想是好的，实践研究也取得了较好的效果和宝贵的经验。但是从研究的整个过程来看，研究的成效主要来自教师的实践经验，即认识到需要根据学生的个性差异来采取不同的教育措施。至于如何根据差异来选择不同的管理办法，实际上还是靠经验总结；调查所得的大量数据，其实并不能提供直接的、有效的参考。后来研究者也认识到其中的问题，感到要构建一个有针对性的差异管理体系，实施个体管理策略，还需要有更全面、更深入的思考和探索。

因此，在条件不太成熟的情况下，应该采取更为合理的研究策略和调查分析的方法。如不要急于构建体系或提出整体解决方案，可以在少数几种个性类型及相应的管理策略上做更深入的调查研究，通过有关调查分析得出合乎逻辑的结论，再通过实践来检验自己的想法并加以改进。

二是先入为主，以材料迁就观点。 这类问题在实践中不算少见，即调查者的解释和结论不是经由调查材料的逻辑分析得出，而是主观地用数据材料来附会自己的观点。有不少教改研究，都喜欢用一次或几次学业测试成绩来证明改革的成功，其实这类缺少科研规范的调查，实际上很难说明两者之间的因果关系。例如某教研部门为证明本地区双语教学的教改成果，进行了大面积的抽样调查。结果统计数据证明：实验学校不仅在外语学科，而且在语文、数学学科成绩方面也明显地超过了非实验学校。调查结果公布后，就有研究人员和教师指出，所谓双语教学实验学校，都是上级有关部门指定的重点校、中心校，办学条件和教学水平原本高于一般的非实验校，各科测验成绩好并不能归因于双语教改。当然，也不能反过来说明教改没有成效，只能说这类调查本身是无效的。用科研术语来说，就是缺少对无关变量的控制。

另外还有少数调查报告，在没有调查数据支持甚或有时还相反的情况下，也会提出自己预设的观点和结论，这就离科学研究更远了。

三是角度单一，研究深度不足。这类问题主要表现是对调查数据的利用过于简单和狭隘，只是用文字——重复每道调查题的统计数据，难以看出不同题目答案之间的联系以及这些联系所反映的问题。具体来看，有几个问题值得注意：首先是研究目标不够细化，调查题目未能与研究目标——对应，因此无法深入研究。其次是缺少关联分析，如背景性问题、客观性问题、主观性问题相互之间的相关性分析，因此不能将有关题目及答案归并分析、看出问题。再次是就事论事，对调查对象和调查问题所反映的大背景本身不够了解，难以站在一定的高度来观察和思考问题。这些现象的产生在很大程度上与研究者的能力和水平有关，只能通过研究实践逐步改进和提高。此外在调查中还会遇到种种意外情况，如部分调查内容未能实施等，研究者需要有随机应变、灵活处理的意识和能力。

四、通过资料查阅收集材料

如前所述，观察、访谈、调查属于第一手的事实材料的收集方法，而查阅文献资料一般属于收集第二手的间接材料、理论材料的方法。在讨论选题来源时，我们已经初步介绍了通过文献资料的整理归纳选题的方法。提到文献资料，人们总是联想起各种教育理论著作和教育报刊文章，其实除了这些公开发表的研究论述，还有大量的宝贵的研究素材值得重视和利用。这些材料包括学生、教师、学校、教育行政部门以及社会家庭等各方面有关教育教学的文字材料，如一张试卷、一本作业、一个教案、一页笔记、一份会议材料等等，都是教师进行教育科研和写作的重要资源。因此，"文献资料"实际上可以分为两大部分来看，一部分是在刊物上公开发表的研究成果，或者是被图书馆、档案馆正式收藏的参考资料，即所谓的"文献"，另一部分则是散布于社会上的各种可供研究的原始书面材料，可以笼统地称作"资料"。后者不仅是第二手的间接材料和理论材料，还包括了大量的第一手的直接材料和事实材料。中小学教师的实践研究，不仅需要学习和利用理论文献，还要重视收集和利用身边的宝贵的实践资料。

随着现代信息技术的广泛应用，通过网络收集资料也逐渐成为一种重要的手段。在"中国知网"、"万方数据"等学术性的专业网站上，可以找到主要教育期刊和其他一些来源的重要的教育文献；更多的教育理论与实践的成果和信息可以通过各类教育网站查找，如在"新思考网"、"校本研修网"及各地教研部门和学校的网站上，有着大量的教改和研究资料可供参考。面对海量的信息，研究者还必须根据需要，有针对性地进行查寻。

（一）理论文献的查阅

依据不同的标准，文献资料也可有多种分类的方法。按照加工程度的不同，一般把文献分为三大类：一次文献，即直接反映研究的新成果、新知识、新方法的文献，如论文、研究报告等；二次文献，指对一次文献进行分类、编目、标引等加工而成的文献，如书目、索引、文摘等；三次文献，这是指利用二次文献并选用一次文献的内容加以分析、综合而重新组织的文献，如专题综述、学科年度发展报告等。研究者可以根据不同的研究阶段及其需要，有针对性地查阅不同类型的文献资料。与此同时，还要学习一些文献检索和收集的方法，如了解各种检索工具，利用文摘卡片，做读书笔记和报刊剪贴等。

从材料的性质来看，文献资料主要是指理论材料，同时也包括一些事实材料。大多数研究者查阅文献资料，主要是一个了解研究动态、寻找理论依据的过程。对于文献查阅的意义和作用，人们在思想上大都有所认识，但是在实践中却往往落实不够。尤其是一些课题研究的论文撰写，情报资料的收集利用比较草率，影响了研究的深度和质量。从材料的内容性质看，有四方面的文献资料需要关注。

1. 有关研究背景

在确定了研究和写作的主题之后，需要对有关这个主题的背景情况有一定的了解和掌握。研究主题的背景主要两方面：一是有关研究的核心概念及其理论体系；二是有关主题产生的社会历史环境。例如研究中小学生的个性发展，首先要了解涉及"个性"与"发展"的有关理论，明白什么是"个性"，什么是"发展"；在心理学、教育学等有关领域内，有哪些关于个性与发展的重要理论；这些理论有哪些异同，包括哪些具体方法的理论，可以考虑以哪一种理论为自己立论的主要依据等。其次，需要了解有关命题的起源，如有关理论是在什么社会背景中提出的，提出学生的个性发展有什么针对性，当时的社会和教育环境有什么特点，个性发展理论主要体现在哪些应用领域，不同的历史阶段有什么不同的要求等。

随着近年来中小幼教育科研的深入发展，研究领域不断拓展，许多新的概念及命题相继出现，如主体性教育、研究性学习、发展性评价、校本课程、小班化教育、思维方法训练、现代信息技术、教师专业发展等等。这些概念及其相关的理论并不是横空出世的灵光闪现，而都是在一定的社会历史背景中产生和发展的。每一种概念和理论都有产生和发展的原因，都有它特定的内涵和作用，并与其他的理论及实践有着直接或间接的关系。因此，研究者需要了解其源流，辨析其异同，把握其实质，才能准确地理解和恰当地运用。

从资料收集的具体途径说，可以先搜索三次文献，查阅相关选题的研究综述等材料；在初步了解背景情况后，再有针对性地查阅和研究有关论文、研究报告等一次文献，以对问题有比较深入的理解；需要时还可以借助索引、文摘等二次文献。其中，由专家学者按年度编纂的《中国教育新进展》（瞿葆奎、郑金洲）、《中国教育学科年度发展报告》（叶澜）等文献专辑以及一些图书馆、杂志社编辑的专题情报资料，都是很好的参考文献。

2. 重要理论依据

在了解和掌握有关研究背景的基础上，需要收集一些重要的理论依据，以增强论文写作的逻辑性和说服力，也就是引经据典。这些理论依据包括著名学者的有关论述、有影响的研究报告、党和政府的有关政策文件等。由于这些理论的发布者本身具有一定的权威性，在写作中适当引用他们的观点、言论，可以有效地支持自己的论点，增强论文的学术性。

引经据典要符合学术规范，要正确地理解原意，准确地引用原文，特别是避免断章取义和随意简化。比如有些作者在阐述学生个性发展的重要性时，引用著名教育家杜威的一些论述，以强调要尊重儿童的兴趣和需要，鼓励学生的自我表现和自由发展。的确，杜威曾经表达过诸如"儿童是太阳"、"儿童是中心"等观点，因而被有的作者当作"儿童中心论"的代表人物和理论依据。但是，只要通读过一些杜威的主要著作，我们就可以知道，与其说杜威是"儿童中心论者"，不如说他是"社会中心论者",或者是二者的结合论者。杜威的代表作《我的教育信条》开宗明义第一句话就是:"我相信——一切教育都是通过个人参与人类的社会意识而进行的。"从教育的目的和功能上说,杜威始终是把儿童的个体发展放在社会环境的影响中来考察,他举办芝加哥实验学校的指导思想,就是强调学校课程、个人经验与社会生活的联系,由此提出了"教育即生活"、"教育即生长"等著名主张。因此,寻章摘句式的引用,往往是不准确的和片面的,不仅不能增加论证的分量,有时还会贻笑大方。

对于一些重要论著和文件的引用,除了要准确理解原文的内容意义之外,在文字表述上也要避免随意性。例如党和政府颁布的有关教育改革的几个重要文件:《中共中央关于教育体制改革的决定》(1985)、中共中央、国务院颁发的《中国教育改革和发展纲要》(1993)、国务院关于《中国教育改革和发展纲要》的实施意见(1994)、《中共中央、国务院关于深化教育改革全面推进素质教育的决定》(1999)。上述重要文献有党中央、国务院共同颁发的,也有分别发布的;有的是"决定",有的是"纲要",还有的是"意见",各自颁布于不同年份。引用时必须仔细核对,以免有损于文件的权威性和严肃性。

3. 同类研究成果

除了原创性的理论研究外,还有大量的文献资料属于某种理论的应用研究。一些同类或相似的研究成果,不一定有明显的理论创新意义,但是从不同角度阐发了对某种理论的新的见解或新的应用,因此也有一定的理论或实践的意义。以学校教育科研的性质和目的来说,重在提高教育教学水平和促进自身专业发展,理论创新并不是实践研究的主要目的。因此,大多数教师和学校发表的成果,严格意义上都属于重复研究。所谓重复研究,是指研究所应用的基本原理和研究方法并不是原创的,但是将有关理论在新的或更大的范围内进行了应用和推广,从而体现了理论的实践意义和应用价值。

他山之石,可以攻玉。对于研究者来说,了解其他学校和教师的同类研究,可以学习借鉴他人的有效经验。在这些年来的教育教学改革和群众性教育科研活动中,涌现了大量的教改和科研成果。同样的教育理论或研究主题,实施应用的时空范围不同,研究的思路和方法也不会一样。就如促进学生个性发展,已有大量有关的实践研究;但是在不同的社会背景、教育环境、学科领域以及教育对象等条件下,研究者都需要发挥各自的创造精神,因时、因地、因人地开展实践探索。

有针对性地收集和阅读他人的研究成果，可以使自己的研究少走弯路、体现特色、提高水平，是研究和写作的一项必要的基础工作。有关这方面的研究成果，除了在教育报刊和网络上查寻外，在基层学校的各种教研活动中，包括公开课、现场会、研讨会、评估检查活动等，都可以留意收集。特别是一些现场发言和非正式的出版物，保留了更多的研究过程中的细节和体会，往往更有启发性和参考价值。

4. 具体事实材料

文献资料中除了抽象的理论材料，也包括一些具体的事实材料，如统计数字、具体事例、典型经验等。这些材料虽然不是研究者直接获取的感性材料，但是通过查阅文献资料的途径，可以了解掌握更多的情况和材料，对于研究和写作也有很大帮助。对于这些间接获取的事实材料，一方面要注意其真实性和准确性，另一方面利用得当，也可以成为主要的材料来源。

一篇论文在阐述一定的理论观点的同时，本身也包含着许多事实信息，包括论文的选题、取材、写法、语言、发表刊物以及作者身份等等。如果从收集材料的角度看，这些信息都可以作为研究的对象，成为论文写作的事实材料，如下面两个实例。

实例 6.9   《河南省小学教师公开发表文章的实证研究》①

一位教师在高校进修期间，对教师的专业发展问题较有兴趣，进而确定以本省小学教师公开发表文章的现状研究作为毕业论文的选题。这篇论文采用文献计量的方法，对 2001—2005 年五年间河南省小学教师在我国主要学术期刊上公开发表的文章进行了统计整理，并结合访谈法和文献法进行了深入研究。作者对检索到的 855 篇文章进行了分类统计，包括文章的数量、字数、类型，作者的地域、身份、合作情况；在数据分析的基础上，对小学教师的科研写作和专业发展问题做了比较具体而深入的研究。其中一些现象与分析很有启发意义，如统计结果表明，教师论文类型中，经验总结占 63％，其中随感式文章又占相当大的比重，这既反映了教师科研写作的特点，又揭示了研究水平有待提升的现实。又

---

①   参见赵光伟：《教师与研究者的距离——对河南省小学教师公开发表文章的实证研究》，北京师范大学教育学院教育硕士论文，2005 年。

如，在统计的 492 名作者中，五年内 77％以上的作者仅发表一篇文章，年均发文两篇或以上者仅 4 名，从中也可看出教师持续研究的能力和动力不足的问题。

实例 6.10   《优秀教师的自我形象》①

在教师专业发展日益受到关注的背景下，对教师的地位、角色和素质能力等方面的研究也日渐增多，但是一般的研究更多从教师群体外部，即从社会公众、学生和研究者的视角来分析理想和现实的教师形象；而本文作者却另辟蹊径，从教师主体和内部的视角入手研究，试图通过对优秀教师个人撰写的、带有个人自传性质的人生经历的内容分析，从总体上透析优秀教师的自我形象呈现何种特点？与传统的教师形象相比较，优秀教师的自我形象发生了怎样的变化？作者运用内容分析法，以 36 位特级教师撰写的人生经历为样本，对优秀教师的自我道德、文化和人格形象进行了定量的描述与分析。具体的材料来源是：《人民教育》杂志从 2003 年第 1 期开辟了《名师人生》栏目，在 2003 年至 2005 年期间，共发行 72 期，刊登了全国特级教师撰写的人生经历或感悟 46 篇。其中，有 2 篇非特级教师本人撰写，有 7 篇由来自教学研究岗位的特级教师撰写，有 1 篇撰写的是校长办学经历而非教学经历。删去这 10 篇后还剩 36 篇。这 36 位特级教师便构成了本研究的样本。

从资料收集的角度看，上述两文的共同特点是从公开发表的文献资料中选取事实材料。无论是 855 篇小学教师的文章，还是 36 篇特级教师的文章，原作者重在表述自己在教改实践中获得的理性思考和研究成果，这些经过思维加工的实践成果就成为写作的理论材料；但是换一个观察角度，我们也同样可以从中获取许多诸如人物身份、实践经历、研究现状等方面的事实信息。这种选材思路，实际上是把思辨研究和经验总结的结果转化为实证研究的材料来源。与一般的文献综述相比，这类研究体现了量的研究的方法特点；与一般的调查研究相比，又反映了依靠第二手材料进行研究的思路。变换了取材的角度和思路，也就拓展了选材的范围。

---

① 参见胡定荣：《优秀教师的自我形象——对特级教师人生经历的内容分析》，《上海教育科研》，2008 年第 3 期。

从文献资料中选取事实材料，虽然也有其局限性和不足之处，但由于依靠书刊和网络，视野宽阔、简便易行，其优点也是很明显的。例如在教育社会学和教材研究领域，一些研究者就以不同年代、地域和版本的教材为材料来源，进行了不少实证研究，诸如不同教材内容所反映的价值观念、社会变迁、教育要求、思想冲突等。虽然这种研究方式不太受一般研究者的注意和重视，但还是不失为一种值得推荐的选材途径和方法。

（二）实践资料的收集

在人们熟悉的理论文献之外，还有大量的实践资料可以开发和利用。这些实践资料就是我们教师身边的有关教育教学的各种文字材料。作为教师，我们几乎每天都在与各种文字材料打交道，而这些材料又包含着丰富的教育教学实践的信息；因此，怎样做个有心人，有效地开发利用我们身边的资源宝库，是每一个研究者必须思考的问题。

教师身边的实践资料根据不同的来源及特点，大体有以下几种类型：一是来自学生或直接反映学生发展情况的材料；二是反映教师工作及生活状况的材料；三是涉及学校管理与发展状况的材料；四是教育行政部门颁发的各种政策文件等；五是来自社会各方的有关评价信息等。作为一个研究者，我们的任务就是要从一个单纯的文字材料的使用者，转变为研究素材的收集者和研究者。教师成为研究者，就要有一双慧眼，从工作材料中看到研究材料，从无关信息中提炼出有用信息。

1. 学生发展状况的信息资料

常见的学生学习材料包括各种作业、试卷、周记随笔、课堂笔记、成绩统计、学生手册、文学创作、科技发明及家校联系手册等，另外还有日记、书信等。除了一些纯私人的文字材料，大多数书面材料以及实物都可以被看作我们的研究资料。有关学生发展状况的材料在教师身边俯拾即是，但往往未受到应有的重视。然而一个教改项目、一种教学措施，其效果如何，最终是体现在教育对象身上的。怎样在科研写作中充分利用手头的学生信息，是一个值得关注的问题。

2. 教师工作生活的信息资料

反映教师工作和生活状况的材料包括两方面，一方面是教师所持有的各种教育教学用具物品，如教材、备课资料、教学参考书、教学设备等；另一方面主要是教师自己撰写的文字材料，如教案、听课笔记、学习笔记、教学反思、工作汇报、经验总结、研究论文等。与学生材料相比，有关教师的材料更直接地反映了教育教学的思路、设想和实施方式，从中可以找到各种事实论据和理论论据。

3. 学校管理与发展的材料

这方面的材料也是丰富和多样的，有各种教育教学改革的成果材料，有学校的工作计划、发展规划、工作总结、汇报申报材料，有学校制订的规章制度和管理措施，有学校自己创办的报纸刊物、广播电视、网站的信息，以及校史资料等。任何一项教改，都是在一定的环境和条件下进行的。对于教师的微观实践研究来说，离不开社会这个大环境，但学校却是一个具有较强制约作用而相对独立的小环境。学校的教改基础，是大多数教师研究的必要条件和支持系统；如果是研究学校管理和发展问题，上述材料更是直接有关了。

4. 教育行政部门颁发的文件

各级各类教育行政部门根据行政管理和工作指导的需要，经常颁布下发各种政策文件以及意见通知等，这些书面资料也是科研写作的一个重要的材料来源。这些材料可以看作是理论文献，但又带有很强的实践性，其发布和执行的过程又是一种实践行为的体现。如有关新课程改革的纲要、指南、课程标准，有不同的解读和实施细则。如果仔细阅读不同时期、不同地域、不同部门颁发的有关同一主题的文件材料，还会发现许多细微的不同之处，而在下达过程中，对其含义的理解也是因时、因地、因人而异的。收集有关材料，比较分析这些现象及差异，也是加深对问题的理解和分析的有效途径。

5. 来自教育界内外对学校教育的反映

学校和教师的教育现状和教改成果，会产生各种社会影响。其中包括上级教育部门督导检查、兄弟学校的参观交流等教育内部的反映，更多的是来自学生家长、社区居民以及新闻媒体等教育外部的评价。这些来自各方面的反映和评价，有时候比教师和学校的自我评价更为客观，或者是提供了观察问题的另一视角。作为研究者，应该有意识地收集有关文字材料，往往可以在科研写作中起到独特的论证作用。

与理论文献相比，实践资料有其独特的论证价值；对于教师的实践研究来说，其意义可能比理论文献更为重要。然而，实践资料由于缺乏系统性而显得过于零碎，因此在科研写作中往往被忽略。有些研究者在写作时虽然感到实践材料不足，一时也难以弥补。在大多数情况下，实践资料的缺乏是教师的研究意识不足所造成的。实践材料虽然面广量大，但平时要不是有意识地收集整理，有些宝贵的资料就自生自灭、转瞬即逝了。所谓巧妇难为无米之炊，手头没有材料，好的想法也难以成文。

当然实践材料的收集不能"捞到篮里就是菜"，也需要根据研究的思路有一个大致的选择范围和方式。有心从事教育科研的教师，应该根据各自的研究方向和需要，逐步建立有个人特色的资料库。下面是两个利用身边的实践资料撰写论文的实例。

实例 6.11　　《从十三年"孔乙己续写"看学生作文变迁》①

有一位安徽某乡镇中学的语文老师，从 1995 年以来，执教过六次《孔乙己》这篇课文。在教 1995、1998、2000、2001、2002、2008 这六届学生的过程中，他都布置了一个《孔乙己续写》的作文题，并把这些作文基本上保存了下来。后来在翻阅这些作文的时候，这位老师发现了一些有趣的现象，十三年来学生作文发生了巨大的变化，从作文的内容变化中可以发现许多问题，得到不少思想上的启发。例如随着改革开放的进程，人们的生活及价值观念都发生了巨变，这些现象都可以在学生的作文中找到清晰的线索。于是他对保存下来的学生作文作了比较全面的分析整理，写成文章向杂志投稿。在杂志编辑的建议下，作者又对学生作文资料进行了进一步的提炼，在反映思想观念变迁的同时，又分析了语言形式的特点与变化。可以看出，在公开发表的各种语文教学研究论文中，这篇文章显示了独特的选题和取材风格。

实例 6.12　　《漫话"告家长书"》②

中小学、幼儿园经常发给学生家长各种通知之类的文本。有一位研究生收集了某中学的 27 份"告知"文本，经过归纳分析，根据不同的目的和内容将它们分为四种类型：

---

① 参见琚金民：《从十三年"孔乙己续写"看学生作文变迁》，《上海教育科研》，2009 年第 5 期。

② 参见张萌：《漫话"告家长书"》，《上海教育科研》，2008 年第 1 期。

类型		有反馈要求	无反馈要求	总计
收费	专门收费	—	4	15
	附带收费	—	11	
事务安排		—	1 9	10
阐明学校活动情况	某项活动、问题	3	6	10
	工作汇报	—	1	
征求意见及建议	针对学校整体	2	—	3
	针对具体问题	1	—	
总计		7	21	28

　　作者通过对28份文本的分析，指出从总体来看，"告家长书"主要是向家长"安排事务"，只有一份是汇报了某项具体工作，而内容还是"非典"特殊时期的有关预防事项。由此，学校既没能让家长了解有关情况，也无法从中得到反馈信息，不能达到家校交流和合作的良好目的。

　　在上述两篇文章中，学生的作业本、学校给家长的通知，都是教师日常工作中伸手可及、司空见惯的文字材料。两位作者充分利用了这些常见材料，揭示并具体分析了教改实践中值得注意的一些倾向性问题。由于这些实践材料来得容易，往往丢了也不觉得可惜，所以有不少教师一旦遇到科研写作的需要，就缺少必要的材料积累。所谓书到用时方恨少，这句话用在科研写作上，既可以指理论素养的不足，也可以联系到实践材料的缺失。学问需要靠长期积累，做学问的材料也需要平时留心收集。作为研究者的教师，不仅应该是一个理论学习的积极分子，还应该做一个实践资料收集的有心人。

第三节　材料收集后的整理加工

　　材料的整理加工要视写作文本的性质内容而定。如果是写一篇两三千字的短文，有针对性地收集三五段理论或实践材料也可应付，整理加工一般就不成为问题。如果是写篇幅较长的论文，特别是文献综述或研究报告，材料面广量大，筛选整理的作用就显得尤为重要。

所谓整理加工，主要就是按照一定的需要和标准对各种材料进行分类处理，区分出真实可靠的材料与虚假或有疑问的材料、采用的材料与不采用的材料、主要材料与次要材料、理论材料与实践材料、直接引用材料与需要改写的材料，以及材料运用的先后次序等；在此基础上，还要分析提炼出各类材料所蕴涵的意义和价值。

材料分类处理的过程，也是论文构思过程的一个重要环节。对大量论据材料进行梳理的同时，作者的写作思路也随之不断清晰，一是可以构成文章大致的框架和块面，二是可以进一步明确文章的中心论点及分论点。具体来说，材料的整理加工可分为两个基本步骤：一是比较归类，二是抽象概括。两个步骤既有不同功能，又有一定的联系和交叉，从而构成对写作材料加工思考的完整过程。

一、比较归类：材料与主题的对接

（一）按照特定的标准分类

研究者在收集材料时，都有一定的研究目的和写作意图。材料基本收集完成后，就可以根据原定的目的和意图作一番浏览，以便筛选分类，或者进一步补充和调整。在初步剔除虚假或多余的材料之后，其他有用的素材都可以按照一定的标准分门别类、罗列有序，以便从不同角度论证和突出文章主题和中心论点。有关分类的标准并无一定之规，或是不同的理论观念，或是不同的实践行为，或是不同的研究对象，或是不同的事件、地点或发展阶段，只要选定一个分类标准，保持内在逻辑的一致性就可以了。

研究者在整理材料时，有时已有比较明确的写作提纲，有时只有一个大概的思路。对于前一种情况，材料分类只要按提纲和段落对号入座即可，着眼点是看各部分的材料是否平衡，是否能有力地论证中心论点和各分论点，还有哪些段落的材料需要相应的调整或补充。涉及后一种情况，初步分类的直接目的，是在预想的研究主题与实际掌握的材料之间作一个权衡，看看所掌握的材料数量及质量是否能够满足写作的需要，能否言之成理、组合成篇。有时候收集的材料内容丰富充实，就可以参考所得材料厘清研究思路，形成论文的提纲和段落，同时整理分配各部分的有关材料。有时候到手的材料与预期有差异，这就需要考虑：是进一步收集补充材料，还是修改原有的研究目标和主题。

比如研究课堂教学的有效性，设想通过对新教师、有经验的教师、优秀教师三类教师的教学行为的观察分析，总结提炼出有效教学行为的一般特点。如果收集到的材料大多是涉及有经验教师的教学材料，而有关新教师和优秀教师的材料很少，不足以进行分类对比，就需要继续补充收集材料。如果是仅缺少新教师的材料，而有一定数量的有关优秀教师的材料，那么也可以考虑修改原定研究目标，即从比较研究三类教师教学行为的特点和区别，改为比较一般教师与优秀教师的差异。这样经过调整，就使材料与主题达到了新的平衡和对位。

（二）在尝试分类中加深认识

比较复杂的情况是，有时候所得材料不少，但是难以确定分类标准，或归类比较勉强，或归类流于一般，导致分析论证不够有力。特别是通过观察、访谈或问卷调查所得的实践材料，往往面广量大，需要花费较多的精力来辨别分析、比较归类。但是研究的难度与研究的价值又是成正比的；往往情况越复杂，材料越琐碎，加工处理越麻烦，收获也越大。在许多情况下，对材料的分类有一个不断尝试和深化的过程。

实例 6.13　调查材料的分类处理

原上海市教科所曾有一个课题组，进行了一项有关"学业不良的成因与教育方法"的问卷调查。[①] 课题组选择了 104 名教师，包括教学效果较好与较差的教师各 52 名，试图通过二者教学行为差异的比较，发现防治学业不良、提高学业成绩的有效成分。

调查问卷首先设计了包括三部分内容的问题：

1. 预防班级出现大面积学业不良的措施；

2. 克服班级中已经存在的大面积学业不良的措施；

3. 针对部分学业不良的措施。

---

① 参见胡兴宏等编著：《学习困难学生的特点和成因探究》，上海科技教育出版社，1993 年版，第 146—150 页。

　　问卷题型是半开放式的，在每一类措施后列举了若干备选答案和供自由填写的空格。问卷完成后，对结果进行初步的统计分类，下面是前两部分内容的整理结果，括号中的百分比表明了"好教师"或"一般教师"的选择比例

　　1. 预防学业不良的措施

　　（1）好教师高于一般教师的选项

　　① 根据学生不同基础特点，随时进行个别指导（67%：37%）

　　② 经常检查学生学习情况，及时矫正调节（58%：35%）

　　③ 进行学习方法指导和良好习惯培养（81%：56%）

　　④ 分析学生基础，有针对性地设计教学方案（69%：48%）

　　⑤ 对学生进行学习目的意义教育，树立榜样（82%：62%）

　　⑥ 认真备课，加深自己对教学内容的把握（65%：46%）

　　⑦ 开展学习竞赛，增强学生竞争意识（35%：17%）

　　（2）一般教师高于好教师的选项

　　① 使班级形成良好的纪律和学习常规（87%：79%）

　　② 加强家校联系，争取家长配合（54%：40%）

　　2. 克服学业不良的措施

　　（1）好教师高于一般教师的选项

　　① 及时检查诊断，找出困难所在（73%：37%）

　　② 改进教学方法，提高学生学习积极性（67%：44%）

　　③ 发现长处，及时鼓励（88%：67%）

　　④ 适当降低教学要求（13%：2%）

　　（2）一般教师高于好教师的选项

　　① 加强思想教育，端正学习态度（77%：75%）

　　② 增加练习、作业，巩固对知识的掌握（23%：12%）

　　经过对调查结果的整理及初步分类，我们可以发现两类教师在教学行为和理念上的差异。这样的比较归类有效地加深了对问题的认识，为进一步形成论文框架和提出分论点打下了基础。根据研究的不同需要和思路，研究者可以提出不同的材料分类标准。对于学困生的转化策略或其他问题的研究，我们在问卷设计和材料处理方面也完全可以有不同的研究思路和分类标准。关键是在面对大量材料

的时候，必须确定一个观察和思考的角度，从而使零散的材料转变为有层次、有次序、有内在逻辑的论据系统。要使论据能够有力地突出文章的中心论点，除了材料的比较归类之外，还需要必要的抽象概括。实际上，提出分类的标准就已经初步体现了抽象概括与主题的关系，下面我们再作更深入的说明和探讨。

二、抽象概括：提炼材料蕴涵的意义

材料初步分类之后，需要考虑部分与整体的关系。材料的抽象概括，也是论文的理论建构的重要环节。每一篇论文都有一个逻辑的理论的框架，这个理论框架的形成，是研究者对手中所掌握的论文材料深入分析的结果。当论文的逻辑结构初步形成以后，就可以将材料分门别类地对应着论文的某个部分或段落，每一部分又分别蕴涵着论文的一个分论点。因此，比较归类之后，要看各部分所揭示的意义是否能够强化和突出中心论点，段落之间能否形成逻辑论证的层次。对于一些篇幅较长的论文，由于需要处理的材料较多，往往容易形成思维定势，被原始材料的表面形态所制约，而忽略了材料本身所蕴涵的复杂意义以及各部分材料之间的内在联系。因此，需要对材料进行抽象概括，提炼最能突出主题的分论点，或者在此基础上提出更有力的中心论点。

（一）异中求同：寻找材料内涵的共同点

从思维方式的角度看，材料处理是一个异中求同的过程。比较归类就是材料的合并同类项，研究者需要按照一定的"类"或"项"的标准，提炼出不同材料之间的共同点，以形成不同类别。再以上述学业不良防治方法研究为例，从调查结果及初步分类中，我们已经可以发现两类教师在教学行为和理念上的差异。为了更清楚地认识这种差异，提炼有效经验，还可以对材料作进一步的抽象概括。比如下面尝试提出两种不同抽象程度的概括思路：

实例 6.14 学业不良防治方法研究的两种思路

第一种思路：

1. 好教师比较重视的教学策略

（1）了解和诊断学生的学习基础

（2）提出适当的有针对性的教学要求

（3）及时的反馈矫正和个别指导

2. 一般教师比较重视的教学策略

（1）注重课堂纪律和学习常规

（2）注重思想教育和动机激发

（3）注重家长的积极配合

3. 防治学业不良的有效策略

（1）有针对性的群体教学和个别辅导

（2）有相应教学方法配合的动机激发

第二种思路：

1. 防治学业不良的理论基础：布鲁姆掌握学习理论

2. 防治学业不良的主要方法：目标教学和个别指导

3. 防治学业不良的动力机制：适当的非认知因素教育

4. 防治学业不良的保障条件：各科教师及家长的配合

不同的抽象概括思路，可以产生不同的分类结果，形成不同的论文结构，以达到不同的研究和表达的目的。在上述两个例子中，后一种较前一种显然更为抽象概括一些。抽象程度较高的分类，偏重于揭示教育教学的一般规律和原理；而抽象程度较低的，则有利于联系教学实际来说明问题。研究者可以各取所需，提炼出不同的论据类别和论述思路。但是不论从什么角度来整理材料，都离不开一定程度的抽象概括，都有一个异中求同的过程。经过对材料的"深加工"，我们对问题的认识就由表及里，从现象到本质，不断深入和清晰，最终为形成论文的核心观点和理论框架奠定牢固的论证基础。

（二）同中求异：打破材料分类的思维定势

从学校教育科研的现状看，存在着一种趋同现象，即研究思路大同小异，材料归类过于雷同。一些研究者受到他人论文或自身工作习惯的影响，形成了一种材料整理的思维定势。比如谈学校教改，内容总是分为学校管理、德育工作、课堂教学、社团活动、师资建设等几大块；谈教学改革，通常就按学科分为语、数、外等科目，或按课型分为必修课、选修课、活动课，或是基础型、拓展型、研究型（探究型）等类别。这些习惯性的分类方法，好处是与日常工作的性质比较接近，容易整理和归纳材料；但不利因素在于论述思路大同小异，容易造成研究结果缺乏个性和深度。因此在有些情况下，打破材料分类的思维定势，使论文的表现形式能够体现研究内容的丰富性、多样性和独特性，是研究成果免于平庸和雷同的重要手段。

实例 6.15   "愉快教育"理论诞生记①

上海一师附小是"愉快教育"探究者和发源地。上世纪八十年代中期，学校领导和教师开始系统总结多年来开展"愉快教育"的教改经验。课题组的老师们收集了大量的实践资料，包括办学思想、学校管理、师生关系、课堂教学、课外小组、少先队活动等各个方面。通过材料的初步整理，他们感到：一师附小的教改实践以"愉快教育"的理念为引导，有关成果体现已经反映在学校教育教学的方方面面，如果按照有关工作条线分别展开论述，也可以形成一篇较好的经验总结报告；但是这样写，似乎又没有充分地体现出一师附小的教改特点。怎样才能使研究成果更好地体现出愉快教育的个性特点呢？在科研人员的指导和帮助下，学校领导和老师们又对各部分的经验材料进行梳理和思考，发现其中有一些共同点。于是研究者们形成了新的思路，比较对照各个领域的实践材料，着重对其中蕴涵的共同点进行分析研究，最后概括提炼出愉快教育的几个要素，即：爱、美、兴趣、创造。由此，一师附小丰富的教改实践材料通过"四要素"的抽象概括，构成了有比较鲜明的个性特征的愉快教育理论框架。②

上述研究实例给我们的启发是：写论文，特别是篇幅较长、实践材料较多的经验总结和研究报告，应该在核心理念与具体材料中间建立一个概念框架。对于材料的归类，首先要做到逻辑关系清楚，各个类别之间没有交叉重叠；其次要有一定的认识深度，要根据各类材料的内涵，提炼出能够反映材料的意义和价值的抽象概念。抽象的程度可以根据研究和写作的需要而定，或偏于学理阐述，或偏于实践形态。但一般而言，如果要撰写有一定深度的学术论文，分类的标准不宜局限于材料的外部特征，而要有一定程度的概括。因为，只有使大量的材料脱离

---

① 选自上海市教科院普教所张声远老师提供的研究材料，文字有改动。

表面的具体形态，上升到某种抽象程度的意义层面，才能充分揭示材料所蕴涵的内在意义，并与抽象的论文主题或中心论点形成恰当的对接，从而构成一个有自身特点的理论框架。当然，如果写一篇教学体会性质的短文，介绍一些操作性较强的教改经验和做法，从便于他人模仿借鉴的角度说，根据材料的外部形态来分类也是可以的。但是不论重抽象意义还是重具体形态，都要对所获材料进行整理加工，使之成为一个有条理、有层次、有中心的逻辑体系。

三、经验之谈：材料整理加工的要点

在本章结束的时候，我们再来回顾和小结一下有关"考据"的要领。有研究经验的教师，对于写作材料收集处理的重要性都会有所体会。"90％的时间是在做准备"，这个说法可能有些夸张，但确实是许多研究者的经验之谈。对中小学教师的科研写作而言，有必要根据自身特点，认真对待这个论文写作过程的重要一环。

（一）思想上高度重视

在上一章第二节"论文选题三原则"中，曾提到在许多情况下，论文的新意主要来自"新材料"。在一定程度上，材料的数量和质量可以决定论文的成败。借用一句流行语，这叫"材料为王"。之所以强调材料的重要性，而不是强调观点和理念的重要性，与教师科研写作的性质有密切的关系。这是因为：中小幼教师的研究，主要不是理论建构而是实践探索；其"创新"意义，主要不是表现为理论创新而是实践创新。写文章能提出新观点、新理念，当然很好；但是一线教师的"新意"更多的还是来自教改实践。从学校经验交流和论文发表的现状看，能给人留下深刻印象的，多半不是什么新观点、新理念，而是把先进理念转化为自身实践行为的情况介绍。由此，一定数量和较好质量的实践材料，是中小幼教师写好论文的必要条件。有时候，哪怕只有一段生动的材料、一个精彩的例子，就有了写作、修改的基础和价值。反过来，再多平淡的例子和空洞的理论，也只是材料的堆砌和无用功。

为了避免误解，这里再补充一点：材料的收集和处理，也是需要在一定的"思想"和"观念"指导下进行的。问题在于，光有好的想法而没有好的材料，

往往流于高谈阔论；而有了好的材料，即使没有新颖的观点或深刻的思想，至少也能提供一点新鲜的有用的信息。从文章写作的角度看，深刻的思想和高远的立意，与作者的思想水平和理论素养有关，是长期努力的结果，不是一时半会儿就有的；而同样的思想水平和理论高度，有没有掌握足够的材料，研究结果却是不一样的。也有这样一些作者，不愿意在材料上多花工夫，往往借口自己偏重理论思考，其实思辨研究也离不开前人的研究基础，收集整理理论材料也并不是一件轻松的事情。所以说，不论理论研究还是实践研究，写好文章必须要有一定的"劳动强度"，这是许多成功者的经验之谈，希望引起大家的重视。

（二）方法上因地制宜

材料的收集整理涉及许多具体的方式方法，研究者在选择应用时，需要注意两点：一是科研规范，二是因地制宜。应用研究方法要符合科研规范，主要是保证材料的真实性和准确性。而因地制宜，则是指在符合科研规范的前提下，方法的应用要考虑到学校教师开展科研的特点和条件。专业研究人员研究条件较好，材料资源丰富，选题和取材的范围就可以相对大一些，处理材料的程序和方法也可以复杂一些。学校教师因为各方面条件的限制，研究方法的选择就必须更多地考虑可行性和必要性。

在常用的材料收集和处理方法中，有关文献查阅、理论材料处理的方法差异不大，需要注意的是第一手的事实材料的收集和处理，如观察、访谈、调查等方法的应用。在各种科研方法的专著中，有许多有关各类实证研究的材料处理方法介绍，需要在了解其原理和性质之后予以恰当的应用。比如关于调查研究中的许多抽样技术、所获事实材料的编码技术、大量数据的统计和检验方法等。其中有"量"的调查研究，是通过收集有关数据材料进行统计分析的方法；也有"质"的调查研究，是通过收集事实和故事来进行分析解释的方法。这些方法都是教育科研的基本方法，一般教师在师范院校和各类教师培训中也都有所接触和了解。但是在学校教育科研中，教师如何根据科研规范和实际需要来应用，还需要一定的学习和指导，不能盲目搬用形式而忽略其方法论的内在性质。

以问卷调查的抽样问题为例，这是一个涉及调查结果的代表性和可靠性的重要问题。对于同一项调查，不同的专家往往有不同的抽样方法，因而常常引起争议。然而对于中小幼教师来说，这个科研方法上的难点问题其实不成为问题，因为在大多数学校和教师的课题研究中，调查研究往往是全面调查。也就是说，教师做教育调查，一般就在自己的工作范围内，可以把几个班级、年级或学校的有关研究对象（包括学生、教师、家长等）全部作为调查对象，因而也就不用考虑是随机抽样还是机械抽样，分层抽样还是整群抽样等技术问题。同样，在材料数量并不太大的情况下，包括处理观察、访谈、调查等方法所得材料时，可以有简单的统计分析，但并不一定需要用到比较复杂的编码、统计等处理方法。在大多数情况下，用"百分比"统计也就可以了。这样既不削弱材料的研究价值，又有利于教师结合工作实践开展研究。总之，对于有心从事教育科研的教师来说，需要了解这些专门技术，懂得这些方法的意义和功能；至于如何应用，要从研究的实际需要出发，不能为方法而方法，更不能把科研方法当作论文的装饰品。

（三）操作上学以致用

教师成为研究者，是一个不断学习和成长的过程。材料的收集和处理，在研究过程中占用时间多，接触面广，劳心费力，对研究者本身也是一种考验和提高。在这个过程中，研究者需要根据不同的研究目的和需要，通过不同渠道和手段，获取不同类型的材料，运用不同的方法去整理、分析、判断、提炼，会遇到许多以往不熟悉的新知识、新情况、新问题和新方法，因此，研究过程也是一个学习的过程。作为研究者的教师，不仅要重视材料的收集处理在整个研究过程中的作用，还应该把它看作是一个专业学习、专业发展的机会和阶梯。

材料的收集和处理，还是一个理论与实践结合的过程。各种理论和方法需要在实践应用中检验和掌握，大量的实践材料也需要理论的解释和提炼。因此研究者需要学以致用、学思结合。许多科研方法，只有通过实践应用，才能真正理解和掌握；而实践应用，只有在思考和理解的前提下才能发挥效用、达到目的。有不少教师在谈到科研写作的体会时表示，在材料的收集和处理过程中，往往会有许多副产品或意外的收获，即不仅获得了某项研究所需要的材料，而且在研究过程中了解和掌握了许多相关的信息，从而开阔了眼界，增长了知识，提高了能力。因此，作为研究者的教师，应该避免单纯的任务观点，有意识地在研究过程中不断地学习和成长。

辞章：论文的结构与语言

　　2007 年底，一条惊人的信息从俄罗斯媒体上传出，世界上第一部完全由电脑创作的小说《真正的爱情》，将由阿斯特列利出版社正式出版发行，首印一万册。这部小说由圣彼德堡电脑专家开发的小说创作程序 PCWriter2008 创作，它以托尔斯泰的名著《安娜·卡列尼娜》主人公的经历为情节线索，但是把故事背景换成了 21 世纪的一个荒岛。写作时先由专家建立人物档案，确定每个人的外貌、性格、行为和语言特征等，并由电脑程序根据上述资料，衍生出不同人物对外界刺激的不同反应，然后通过各种场景设置激发主人公的喜怒哀乐，从而推动情节的发展。PCWriter2008 的一大特色，是收录了 19 世纪以来 13 位世界知名作家的词汇和表达手法，为不同修辞风格的作品提供语言支持，不过电脑生成的文本最后还是需要经过编辑的润色。几年过去了，这部"实践创新"的作品似乎并未得到读者的广泛认可。一位俄罗斯作家评论说，电脑给人带来了方便，但无法经历我的人生。

CHAPTER 7

　　在文章写作三要素中，义理与考据讲的是文章的内容问题，而辞章则是谈文章的形式问题。古人说，"志非言不形，言非文不彰"；① "言之无文，行而不远"。② 也就是说，思想内容需要通过语言形式来表达，而语言表达没有好的文采也不能有效地传播。其实我们平时所说的"文章"，原本就是指经过修饰的文字材料。古人还早就注意到了文章的内容与形式的配合问题。"文章尔雅，训词深厚"；③ "奏议宜雅，书论宜理"；④ 这些都说明了文章的不同性质及其语言风格的差异。一篇好文章应该做到文质兼美，除了有好的思想内容，还要有与之相适应的语言表达形式。关于文章的表达形式，也就是文章写作三要素之一的"辞章"，主要包括两部分内容：一部分是指文章的布局谋篇、篇章结构，另一部分指文章的遣词造句、语言修辞。下面就分别予以说明和探讨。

第一节　论文的篇章结构

　　就像造房子一样，写论文也需要搭一个基本的结构或框架；有了合适的框架结构，各种论据材料就可以对号入座，安排到不同的论文段落里。篇章结构的形成过程，也是论文的构思过程。研究者根据所要表达的论文主题，参照手头收集

---

① ［唐］孤独及：《检校尚书吏部员外郎赵郡李公中集序》。
② 《左传·襄公二十年》。
③ 《史记·儒林列传》。
④ ［三国］曹丕：《典论·论文》。

整理的论据材料，经过思考提炼，列出几个论文的分论点。这些围绕中心论点安排的分论点和相关论据，就形成了论文的提纲，这也就是论文的谋篇布局或搭建框架。论文的基本结构反映了各部分的逻辑关系和作者的论述思路，它是论述线索、段落层次、开头结尾等基本要素的有机组合。好的论文应该是线索清楚、层次分明、前后照应、流畅有序。

与文学写作不同，科研论文的结构相对比较简单而稳定，一般来说就是"三段论"：绪论——本论——结论。绪论是论文的引言和开头，主要作用是说明本文写作的目的意义，提出研究的问题，介绍研究的方法，以及点明作者的观点等。本论是论文的主体，所占比重最大，需要运用各种论据来论证本文所要阐述的观点，论述方法上包括理论阐发、实例描述、数据分析、逻辑推理等等。结论是论文的总结部分，需要归纳概括全文的主要内容、强调中心论点，做出判断和结论，以及提出建议和展望等。一般情况下，论文表现为一个"总—分—总"的基本结构，但是根据不同的表达需要、写作风格以及篇幅的限制，有时候也可以选择"总—分"或"分—总"的两段式结构。

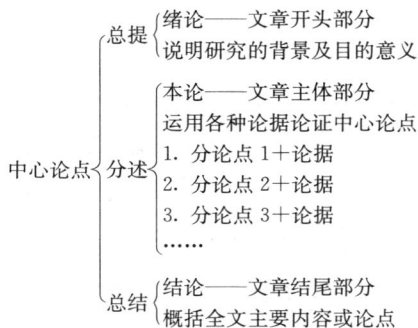

中心论点
- 总提 {绪论——文章开头部分 / 说明研究的背景及目的意义}
- 分述 {本论——文章主体部分 / 运用各种论据论证中心论点 / 1. 分论点1＋论据 / 2. 分论点2＋论据 / 3. 分论点3＋论据 / ……}
- 总结 {结论——文章结尾部分 / 概括全文主要内容或论点}

图 7.1　论文的基本结构

关于论文结构三大部分的特点和写法，写作理论方面有许多阐述，前人曾精炼地概括为六个字：凤头、猪肚、豹尾。意思是说，文章的开头要像凤凰的头那样漂亮而吸引人，中间要像猪的肚子那样饱满充实，结尾要像豹子的尾巴那样简洁有力。写文章做到了这六个字，就摸到了文章结构的门径。这个六字要诀虽然不是专门针对论文写作的要求，但是反映了文章写作的一般规律和经验总结，值得我们借鉴思考，下面就结合实例分而述之。

一、凤头：论文开头的体例与功能

论文绪论部分的主要作用是交代研究背景，说明研究的目的意义。一般说来，论文的开头不宜过长，写文章最好用简明的语言把研究背景交代清楚，顺畅地进入论文的主体——本论部分。开头冗长啰嗦，不仅难以引起读者的阅读欲望，而且往往反映出作者的思路不够清晰，论述主题不够明确，使人读来不得要领。所以开头要引人入胜，需要紧扣主题。

论文开头的方式方法是多种多样的，比较常见的体例大致有三种：一是从介绍问题背景导入，二是从阐明理论概念导入，三是从描述具体事例导入。总体来看，教师的研究论文大多是从实践问题出发来提出研究的主题，各种体例的区分有时也不太明显，如阐明理论概念的同时也可以提出实践问题，描述故事情景之后也可以提出其中蕴涵的思想观念。但是不同的体例还是有所侧重，有各自不同的特点和作用，可以根据需要选择应用。

（一）从介绍问题背景导入

从面临的教改实际问题出发探讨解决的办法，是大多数教师论文写作的基本目的，也是论文开头的一种常见方式。在介绍研究背景的同时，怎样准确有效地把论文主题用问题的形式呈现出来，是这类论文开头的特点和关键。同样的问题在不同的研究背景下，往往具有不同的研究价值和意义。介绍问题背景，目的在于告诉读者，为什么眼下需要关注论文所要讨论的问题和主题。好的问题，有助于将读者的注意力聚焦于论文所要阐述的核心内容，可以起到一个阅读和思维的定向作用。

实例 7.1　《和学生一起成长》①

上海市二期课改方案从课程功能的角度提出了基础型、拓展型、研究型课程。如何迅速投入研究型课程的教学是摆在每位教师面前的重大而紧迫的课题。下面谈谈我是如何理解研究型课程涵义，把握研究型课程、走进研究型课程的。

---

① 杜淑贤：《和学生一起成长》，《上海教育科研》，2002 年第 1 期。

实例 7.2　《论研究型课程的组织形式》①

新世纪以来，随着上海市课程改革的不断深化，研究型课程在许多学校的开展显示出"百花齐放，百家争鸣"的态势。单就探究活动的组织形式而言，就出现了个人独立研究一个课题、小组合作探究一个主题、导师制、全班探究一个主题、全校探究一个主题、跨校或跨地区探究一个主题等多种组织形式。本文尝试对每一种组织形式在使用时的注意事项展开论述，期望对各学校在研究型课程的开展中能引以为鉴，基于自身的条件和环境做出恰当的选择。

"研究性学习"是在新课程改革过程中出现的新事物，也是教师实践研究的一个热门选题。近年来，有关这方面的研究论文可说是不可胜数，上述实例就是其中的两篇。从表面形式看，这两篇文章的开头并无新奇之处，但是结合有关研究背景和发表时间，就可以看出两篇文章的开头有很强的时代感和实践针对性。好的开头，能够适时地提出了大家所关注的问题，恰当地揭示研究所蕴涵的重要意义。

2000 年前后，"研究性学习"作为新课程改革中综合实践活动的一项内容，开始在国内部分省市的一些高中试行。之后的两三年内，除了一些专家学者发表的少量理论文章外，人们还很少看到基层学校和教师有关这方面实践研究的成果，大家都抱有一种有所耳闻并愿闻其详的心态。两篇文章的开头写法，都较好地把握了"研究性学习"问题研究的特点和关键，言简意赅地介绍了文章所要研究的问题以及问题产生的有关背景。《和学生一起成长》的作者是一位优秀的高中化学教师，她在自己实践体验的基础上写成了这篇文章，并于 2002 年初公开发表。文章开宗明义，强调了这是在个人实践基础上对研究性学习涵义的理解及把握，从而引出了"和学生一起成长"的独特主题。这篇文章的开头和写法，恰当地反映了研究性学习课程开发初期所面临的困难和疑惑，及时回答了当时许多中小学教师所关心的问题。随着教改形势的发展，人们关心的重点逐渐从"什么是研究性学习"转变为"怎样深入持久地开展研究性学习"。时隔六年，问题背景已发生了很大的变化，《论研究型课程的组织形式》一文的开头，便适时地提

① 安桂清：《论研究型课程的组织形式》，《上海教育科研》，2008 年第 4 期。

出了 2008 年前后学校教改所面临新问题，并概括提示了有关的新成果、新经验。

两篇文章的内容都涉及"研究性学习"，然而教改背景不同，面临的问题就大不一样。文章开头怎样有效地介绍研究背景？简单地说，就是需要因时因地而宜，恰如其分地交代研究所处的环境条件，提炼出研究所蕴涵的价值意义，从而提出读者所关心的问题。如果把《和学生一起成长》开头的问题放到六年以后提出，恐怕就难以引起读者的兴趣。所以说，如果简单地模仿、照搬他人论文的写法，就难免东施效颦，弄巧成拙。

（二）从阐明理论概念导入

中小幼教师撰写的纯理论文章并不多，但有相当一部分是有意识地引入某些理论观念，用来指导和解释自己的教改实践。许多文章的写法是开门见山，在绪论部分直接提出中心论点，然后在本论部分逐层展开论述。由于理论观念比较抽象，有些概念读者比较陌生，因此需要有一个简要的说明。另外有些文章提出一些在实践中产生的新做法和新名词，读者并不熟悉，也需要在交代研究背景时给予必要的解释说明。文章开头及时地解说文中涉及的重要理念和概念，有助于读者了解作者的研究思路，以便更为准确和有效地理解文章的内容和观点。

实例 7.3　《教师实践性知识的人际关系"初级化"策略》[①]

教育语境中有各种各样的关系，如师生关系、同事关系、同学关系、家校关系等，每一个个体都处于关系网中，并不断编织着新的关系网络。我们可以借其来分析教师的实践性知识——在关系中呈现出的实践性知识。教师如何处理各种关系，如与学科知识的相遇、与学生的"斗智斗勇"、与同事的合作竞争、与家长的交往沟通等，体现了他的经验和阅历，需要调动他的身体、思维、语言、情感，有时是需要整个人的投入。关系的处理体现了教师的实践智慧，其本身也会成为教师解决问题的"工具"。在中国人的传统思维里，"自家人的关系好办事儿"，把人际关系"初级化"、亲密化是处事的一则良方。这一点在学校教育系统内同样适用。

---

① 王红艳：《教师实践性知识的人际关系"初级化"策略》，《教育发展研究》，2009 年第 10 期。

一、人际关系"初级化"理论

人际关系"初级化"的基本涵义是指人们之间的关系向亲密化、情感化乃至亲属性变化的过程和现象，它是国内学者在美国著名社会学家、美国社会心理学的创始人查尔斯·霍顿·库利的相关概念基础上提出的。也有学者把这种现象称为亲密化。……

这篇文章的标题中，出现了三个重要概念：教师实践性知识、人际关系、"初级化"策略。由于文章涉及的概念以及概念之间的关系不太好懂，因此，怎样简明扼要地加以解释，是文章开好头的关键。在上述三个概念中，"人际关系"比较好解释，文章开头第一句话就列举了教育领域中的各种"关系"现象，说明处理"关系"也是教师工作的内容和条件之一。接着第二句话提出了"教师实践性知识"对于处理关系的重要作用，这个概念是近年来比较流行的学术用语，即使有读者不太了解，也可以通过下面的举例和描述，大致理解为教师通过处理实践问题得到的知识、经验或"智慧"。因此，处理"人际关系"是教育工作者所面临的重要问题，而"实践性知识"则是解决问题的方法和"工具"。这种实践性的智慧最终又可以体现为一种教育策略的运用，于是文章引出了所要论证的核心概念：初级化策略。最陌生的概念是"初级化"，这里作者有意识地引用了一句俗语，使读者初步理解了初级化与亲密化、亲属性之间的意义联系。也就是说，处理好教育中的人际关系问题，可以借鉴应用"自家人好办事"的传统思维和实践智慧。至此，文章开头以不长的篇幅，深入浅出地解释了文章的主题，包括所涉及的重要概念以及概念之间的关系。

从写作方法的角度看，这篇文章的开头有两个值得学习的优点，即深入浅出和要言不烦。要解释抽象的概念和深奥的理论，有两种基本的方法。一种方法是下定义，这种方法的处是简明扼要、严谨准确，一两句话就可以把一个复杂的概念交代清楚。但是下定义的方法也有明显的缺点，就是从抽象到抽象，以概念解释概念。对于不少读者来说，不仅是"定义"读起来比较费劲，而且有时候费了劲还是不明白意思。因此写文章有时也需要改变策略，结合应用另一种方法，就是通过举例、比喻等修辞方法，深入浅出地解释和说明概念，也就是从具体到抽象，用事实说明概念。《"初级化"》一文的概念说明就是运用了后一种方法。要是连下三个定义，再连缀成一个复杂的理论阐述，可能表达效果就不一定很理想。

通过举例比喻等修辞方法来解释概念，文字篇幅难免就比较长，再与下定义和理论阐述相结合，文章就很容易产生拖沓啰嗦的毛病。如"初级化"的概念有其产生的理论背景和历史源流，既然围绕文章的主题是围绕这个核心概念论述的，有关的理论内涵就必须交代清楚。对于这方面内容的处理，《"初级化"》一文的处理比较明智，即不是在开头部分详细阐述其概念原理，而是把有关内容，包括初级化的定义和首创者的有关情况，都移到文章的第一部分中集中介绍和论述。这样处理，可以使论文开头要言不烦，既让读者明白了论题所在，又容易引发继续阅读的兴趣。反过来，我们可以看到许多文章的开头之所以沉闷冗长，原因之一就是涉及的概念比较复杂，而作者又想尽力在文章开头交代清楚；结果造成文字和段落过多，一上来就喋喋不休，把读者都吓跑了。

（三）从描述具体事例导入

除了比较抽象地介绍研究背景、解释理论概念，还有一种常见的开头方法就是描述具体事例，其中包括叙述一个事例、描写一个场景、提出一些数据或介绍一个人物等。以具体事例开头的好处是文字比较生动形象或具体实在，能给读者一个直接的感受和深刻的印象。通过具体事例，还可以比较自然地引出有关的论点和论据，使文章既有可读性，又能围绕主题逐步深入地探讨问题。

实例 7.4　《中学生三段睡眠法是生存性创新》①

北京市不少高中生明显感觉到，自从实施了新课改，学校赶进度的情况多了起来。因为作业太多，很多学生称睡眠不足。到了模块考试之前及作业特别多时，小金发明了"三段睡眠法"。放学后下午 6 点到家倒头就睡，第一觉睡到吃晚饭。晚饭后写作业，11 点睡第二觉。至午夜 1 点闹钟铃声大作，小金起床复习及预习功课。到凌晨 3 点小金开始睡第三觉到早晨 5 点，新的一天又开始了。

实例选自报纸的时事评论，严格说来还不能算是教育科研论文。但是从写作方法的角度看，仍有一些值得我们注意和借鉴的地方。时事评论的特点之一是新闻性，通俗的说法就是要"夺人眼球"。这些年来，有关中小学生学业负担过重

---

① 古清生：《中学生三段睡眠法是生存性创新》，《新京报》，2009 年 04 月 30 日。

的报道屡见不鲜。例如有关小学生的书包有几斤重、中小学生的每天睡眠时间仅几小时、中小学生的心理障碍发生率为多少，以及一些更为严重的恶性事件等。但是种种事例见得多了，已导致某些人的审美疲劳，甚至滋生见怪不怪、其怪自败的心态。因此从信息传播的角度看，文章作法必须另辟蹊径，才能引起读者注意，引发更大的社会反响。

这篇文章用"三段睡眠法"的事例导入，不仅是事情本身比较新鲜，有较强的新闻效应，而且在写作方法上也有鲜明的特点。文章总体上应用了欲抑先扬的手法，一反通常揭弊式的负面报道的写法，而是以正面的经验介绍式的面貌出现。所谓"生存性创新"，初看颇有科学性和操作性，仔细阅读后却体会到一种黑色幽默的意味。文章第一句话就提出"北京市不少高中生明显感觉到，……"点明了问题的普遍性和严重性，随即具体描述了"三段睡眠法"的操作流程，看似介绍应对困境的成功经验，实质揭示了中学生的无奈和挣扎。短短一百多字的开头，由描述具体事例导入，成功地实现了吸引阅读和激发思考的目的。当然作为研究论文，写法上不仅要注意生动性，更要讲求准确性。如"自从实施了新课改，……"这样的提法，显然还有商榷的余地；因此从科研写作的要求看，还需要"批判地吸收"各种有用的方法技巧。

实例7.5 《用研究的思想促进政治教师的成长》①

为什么提出"教学即研究"这个命题？命题的提出，源于两个对比数据：政治教学的课题研究组在两所重点中学同一年级的部分学生中进行有关政治课教学的抽样调查。第一所学校，几乎占抽样总数的85％的学生对政治课给予了高度评价，他们把政治课列为最喜欢的课之一，有近92％的学生表示很喜欢他们的政治教师，有39％的学生表示将来会继续关注与政治学科相关的课程与专业。然而在第二所学校，几乎100％的被调查学生都认为政治课是所有学科中最乏味的，甚至还有学生在问卷上写到，希望能把政治课改为自习课，以免浪费他们宝贵的时间。研究两组反差强烈的数据，至少有如下三个问题值得思考：……

中学政治课不太受学生欢迎，这个问题带有一定的普遍性。产生问题的原因

---

① 选自上海市建平中学周增为老师的内部交流文章，文字有改动。

何在？一般都归结为学科地位、教材质量以及学生素质等问题。至于教学方法问题，虽然有关研究不少，似乎也难以扭转整个学科教学的被动局面。因此，一般地提出政治学科面临的问题，或强调加强教学研究和教师专业发展，从文章写法上看，已不容易引起有关教师和领导的重视。本实例以介绍一次抽样调查的结果作为引子，揭示了教师个体差异问题是问题产生的重要原因。虽然常识表明，优秀教师与一般教师的教学效果有相当的差异，但上述调查数据的反差之大，仍有一种冲击力，促使读者看下去，了解下文提出的三个问题及其答案。

就技巧而言，论文开头就是起一个引导的作用。在这里，问题的答案是否令人满意并不重要，重要的是引发读者对问题的了解和关注。当然形式是为内容服务的，引人入胜不是故弄玄虚、哗众取宠，科研论文毕竟不是文学创作，漂亮的凤头也要与充实的猪肚相适应。

二、猪肚：论文本体的内容与组织

论文的本体是文章的主体部分，其内容就是运用各种论据来论证本文所要阐述的观点。关于论据，也就是用来证明论点的各种理论和事实材料，其性质特点在本书第六章"考据"中已做了专门论述。至于论证，就是通过不同的论说方法，对论据进行选择应用的说理过程，包括对材料的解释、分析、概括、推理等。一篇好的论文，应该是论据充足扎实、论证充分有力。

把论文的本体比作"猪肚"，是说论文的内容不能太单薄，要有一定的"分量"。所谓分量，首先是要有一定的量，就是要有可论说的内容，三言两语构不成一篇论文；其次是在量的基础上要有一定的质，即论据的组织和解说要有一定的逻辑性，要体现论文的说服力。论据是说理的材料，论证是对材料的运用和阐发，二者的平衡和统一就构成了充实的论文本体。

（一）论据的数量与质量

写论文的目的是要证明论点，要证明论点就要有支持论点的论据。什么样的论据才是好的论据？怎样做到论据的充足扎实？很难一概而论，最好是具体文章具体分析。作为写作方法的一般探讨，这里姑且提出对论据应用的三点要求：适量、典型、精彩。

1. 适量：论据的数量要求

所谓适量，是说论据的数量要适中。之所以要提出"适量"的要求，是因为在现实中，论据不"适量"的论文并不少见。具体而言，就是要特别注意避免以下两种极端现象。

一种现象是有论据而无论证，造成单纯的材料堆砌。有些论文看起来材料不少、内容丰富，或旁征博引，或描述事例；但是抽去材料一看，几乎没有几句自己的话。有些作者写文章，除了开头结尾，差不多就是小标题加课堂实录，连个过渡句都省了。这类论文虽有大量的论据，但缺少必要的解释，材料之间又没有联系过渡，等于让读者从一大堆材料中去捉摸作者的意图，这就很难收到理想的论说效果。

另一种现象是有议论而无论据，成为空洞的高谈阔论。这类论文的作者往往有一定的写作能力，但又不愿意多花力气去收集材料，于是只能空发议论。由于既无理论依据，又无实践材料，而论文又要有一定的篇幅和长度，结果几句话能说明白的意思，往往要同义反复，拖上几百几千字。有时候文章本来还有点自己的见解，而为了搭框架凑字数，又搭上许多老生常谈，反而大大削弱了论文的新鲜感和独特性。

论据要"适量"，这是论文说理的一个基础条件，也是判断论据是否合适的一个最基本的标准。一篇论文中到底应该有多少个论据，当然不会有固定的计量标准；但是有没有论据、有没有围绕论据进行论证，应该是可以了解和把握的。提出论据的"适量"要求，实际上也就是提出了论文撰写的一个最基本的特征和要求：说理要有"一定"的依据。

2. 典型：论据要切合论点

适量是对论据的数量要求，典型则是对论据的质量要求。所谓典型，就是论据要有一定的代表性和适切性，能够恰到好处地用来说明文章的论点或分论点。一篇论文中的论据与论点要相配，需要根据不同的论点去寻找和提出相应的有说服力的论据。

强调论据的典型性，也是因为常有一些论点与论据不太相符和切合的论文。这些论文的特点是，初看也引用了不少论据，但仔细阅读，就会感到论据与论点缺乏有机的联系，文章的说服力不足。具体说来，也有两种现象：

一种现象是事实论据过于庞杂，材料加工不足。有些教师写文章，喜欢引用大段的课堂教学实例来说明自己的观点。比如描述课堂讨论，师生一问一答，一引就是几百上千字甚至更多；这样既使文章内容显得比较生动，又能使文章篇幅显得较有"分量"。但是实践事例本身具有复杂性和丰富性的特点，实践材料不经精选和剪裁就拿来作为论据，很难说明特定的论点。往往作者引用材料 A 来证明观点 B，读者却可能从 A 中体会不到 B，而是看出了 C 的意思。原来你想用来证明教师重视启发引导，结果他却从中看到课堂提问和交流的质量不高。因此引用事实材料，首先需要明确特定的论证目的，然后根据需要去粗取精、强干弱枝，对原材料进行精加工。适当的事实论据，应该是直接引用与间接引用相结合、具体描写与概括介绍相结合，有详有略，突出重点。

另一种现象是理论论据引用随意，背景了解不足。写文章引经据典，是增强说服力的一种有效手段。但是那些名家大师的言论和观点，都是在一定的社会历史背景条件下、针对一定的对象和问题而阐发的。不分场合和环境，随意引用经典来证明自己的观点，容易牵强附会，甚至曲解或违背原意。例如赞科夫提出的高难度高速度教学原则、布鲁纳所说的任何知识都可以用一定方式教给任何年龄儿童的观点，都是有一定理论和实践基础的真知灼见，但如果脱离了特定的背景条件生搬硬套，真理就可能变成谬误。有些作者不读原著，只凭第二、第三手材料寻章摘句，就很容易犯引用论据不典型的错误。

论据要典型，说到底就是论据要符合证明论点的需要。不论是事实论据还是理论论据，切忌眉毛胡子一把抓、捞到篮里就是菜；要有针对性地精挑细选，找到与论点关系紧密、切合的例证，也就是最有说服力的论据。

3. 精彩：进一步的要求

在适量和典型之后，更高的要求是精彩。所谓精彩，是指论据不仅能恰当地说明论点，而且能给人以深刻的印象，达到进一步增强说服力的目的。一个精彩的论据，不论是事实论据还是理论论据，往往能收到"与众不同"的说理效果。什么样的论据才算"精彩"？很难给出一个确切的定义。一般来说，在众多的同类论据中，我们应该尽可能选择那些比较权威的、新鲜的、独特的材料来进行论证。

实例 7.6　答辩会上的质疑与论证

在一次中学高级教师职称申报的答辩会上，有一位教师提交了一篇有关中小学生学业负担问题的论文。一位担任评委的大学教授率先发言：现在都说学业负担过重，我看我女儿读书就没什么负担；负担重不重各人感觉是不一样的，许多学生可能主要是心理负担问题。当时现场气氛有点紧张，但那位中学教师却从容回答道，说学业负担过重是有一定的客观依据的。依据之一是国家颁布的有关政策法规；二是近年来教育科研部门所做的调查。例如国务院 1991 年颁布的《学校卫生工作条例》中就规定"小学生每天学习 6 小时"，教育行政部门颁布的课程计划中规定了各年级的周课时总量，有些地方教育部门还颁布了实施"意见"，规定了中小学生的作业量和保证睡眠时间的要求。但是从有关部门的调查看，上述规定并没有得到有效的执行。比如小学生每天的学习时间一般在 8 小时以上，加上在校被占用的休息或自习时间，以及各种课外的"兴趣班"，实际学习时间更长。有关调查还表明，这些年来中小学生近视眼发病率增高，体质下降。因此有关科研机构的调查结论是：小学生普遍负担较重，其中约有三分之一的小学生负担过重。由于这位教师的回答有理有据、材料来源可靠，显示了很强的说服力，受到了各位评委的好评，最后顺利地通过了答辩。

在上述实例中，评委教授和中学教师都提出了支持自己观点的论据，但相比之下，大学教授女儿的例子显然不如后者的举例具有权威性和说服力。因此从选择论据的角度看，材料来源的权威性很重要。一般来说，个人的主观感觉不如研究部门的调查报告可靠，普通教师的看法不如著名专家的观点有影响，一般的科研文章不如经过某种认定（如获奖）的研究报告有更有权威性。材料来源的权威性，可以在一定程度上增进文章的说服力。在上述评审场合中，虽然评委教授以其身份给那位中学教师带来了一定的压力，但是后者在答辩中所引用的论据却具有更强的权威性，因而使自己的论点得到了更有力的支持。

不是说论据的发布者一定要有权威性，其他来源的论据就没有价值。论据的精彩可以体现为"权威"，还可以体现为"新鲜"和"独特"。一方面，"权威"的论据如果失去了新鲜性和独特性，也可能削弱自身的影响力。例如近年来一些地方的教育行政部门每年都在进行有关中小学生学业负担情况的调查监测，从论文引用角度说，就必须留意最新公布的调查数据和结果。同时也要注意其调查内容和方法的变化和改进。另一方面，一些宏观的严谨的研究成果虽然比较全面和可靠，但往往由于其枯燥沉闷而难以引起读者的持续关注，因此从论说效果看，也不能过于依赖"正规"的学术研究成果。在许多情况下，个案描述或个人见解由于其体验性和独特性，可能更引人注目，也容易引起读者的思考和共鸣。比如本节第一部分提到的"中学生三段睡眠法"，要是用来证明学业负担过重，就是一个很有独特性和新鲜感的事实论据。此外，有些个人言论虽然不是严格意义上的研究结论，但由于观点鲜明，言辞生动，也经常被引作论据。比如曾有著名学者抨击中小学生"奥数"热的危害甚于"黄、赌、毒"，要"打倒万恶的奥数教育"，虽然是极而言之，但强烈的感情色彩，使文章具有了很强的冲击力。如引作学业负担过重的理论论据，也可算是精彩一例。

精彩的论据能够给以读者深刻印象，进而使人认可和赞同论文的观点。当然写文章不能本末倒置，单纯为添加文采而生搬硬套、牵强附会，故意出语惊人。好的论据，首先是切合论点的论据。论据的适量、典型是基础，而精彩则是追求的目标。同时，光有好的论据还不够，还要通过适当的方式来加以阐发应用，也就是要有恰当的、有力的论证。

（二）论证的方法及要点

论文是一种显示说理的逻辑力量的文体。所谓论证，就是应用论据来证明论点的方法和过程。从形式上说，论证是一个自圆其说的过程。对于同一个论题，不同的人可以有不同的看法和见解。为了阐发自己的观点，就要做到言必有据、言之成理，以达到证明自己、说服他人的目的。论证的实质，就是揭示论点与论据之间的内在逻辑关系。好的论文，在于有效地组织和应用论据，以达到有力地证明论点的论证目的，它是一个论点、论据与论证三者协调一致的逻辑推理过程。

论证的方式方法，是在论文的"总—分—总"结构的大框架之下，对论证的具体思路和内部组织安排的进一步考虑。写论文的常见毛病之一，就是有了观点、也有了材料，但是观点与材料不能形成一个有机的整体，也就是材料不能成为证明观点的有效论据，由此造成结构松散、论证无力。因此，要有效地实现论文说理的目的，就必须通过适当的结构和方法把观点及材料组织起来，这就是论证。

1. 论证的基本方法

根据不同的研究方法和写作目的，论证方法和类型也是多种多样的。从逻辑学的角度来看，论证的方法可以分为以下几对范畴。

（1）正面论证与反面论证

也就是立论与驳论。这两种论证方法也是论文的两种基本形式。所谓立论，是就某一问题正面提出自己的观点和主张，并举以论据来证明其正确性。驳论则是通过证明某一观点的错误，由反面证明其不能成立，从而确立自己的观点。驳论一般包括驳论点、驳论据、驳论证等三种方法。但通常写论文都是以立论为主，或偶尔在立论过程中应用一些驳论的方法。

（2）事实论证与理论论证

事实论证也就是例证法，或是先提出观点再举例加以证明，或先举几个例子再得出结论，是一种以具体事实来证明抽象道理的论证方法。理论论证就是引经据典，是一种通过引用公认或权威的原理、观点、文件等文献资料来证明论点的论证方法。两种论证方法实际上经常结合使用。

（3）归纳论证与演绎论证

也可称归纳法与演绎法。归纳论证是一种从个别到一般、从具体到抽象的逻辑论证方式。一般是先提出论题，然后围绕论题提出各种材料来证明论点，最后归纳出结论。由于归纳论证需要通过举例来证明观点，所以以归纳法大多是与事实论证结合运用的，也是一般论文写作的基本论证形式。演绎论证则是一种从一般到个别、从普遍到特殊的推理形式。其典型形式就是形式逻辑的三段论，它一般由大前提、小前提和结论三部分组成，通过前提推出结论。演绎法多与理论论证相联系，强调文辞的严谨和推理的严密。

（4）类比论证与对比论证

二者从性质上说都是比较论证，都是一种从个别到个别、特殊到特殊的论证方法。类比法是将性质特点相同或相近的事物联系起来，通过比较分析推出结论的论证方法。对比法是将性质特点相反或相异的不同事物加以比较，然后证明论点的方法。比较法的特点是通过两个或多个事物特性的多方比较，如中外、古今、城乡、多少大小等，揭示其异同以及蕴涵的原因和规律，总体上说也是属于形式逻辑中的归纳推理。

与类比论证和对比论证相似的还有一种比喻论证，其区别在于前者是同类的真实的事物的比较，而后者可以是完全不同类的甚至虚构事物的比较。比如将幼儿园与小学的教学方法进行比较是类比或对比论证，而把儿童比作花朵、把教师比作园丁则是比喻论证。比较的方法具有深入浅出、具体生动的特点，是教师论文写作的常用方法。

2. 论证的实施要点

论文写作的过程，就是论证实施的过程，也是作者思路的体现和展开过程。要使论文内容充实有力，就要围绕一定的论点，应用不同的论据，采取最恰当的论证方法。因此在动笔之前，需要有一个厘清思路、通盘考虑的构思过程。首先，要梳理已有的观点和材料，弄清观点与材料、材料与材料之间的关系，看看所要证明的观点是否有充足的论证材料，或者材料中是否还蕴涵着未揭示的观点；其次，确定论证的具体思路和方法，包括大致的段落、分论点及各段的材料分配；最后，才是按照一定的思路，展开论证，落笔成文。具体说来，论证的实施过程也可以归纳为三个操作要点：（1）多重视角；（2）前后一致；（3）逐层推进。

（1）多重视角

要充分证明一个观点，最好是地提出各种不同类型性质的论据，多角度、多方面地来加以阐发论证，这样才有利于增强文章的说服力。反之，论证的角度过于单一，就容易给人以视野狭窄、以偏概全、理由不足的感觉。因此，论文构思的一个重要方面，就是考虑多方面的论证视角。例如理论论证，可以有经典著作、政策文献、研究报告、名人名言等多种论据形式和来源，也可有教育学、心理学、社会学、管理学等不同的理论背景阐发，有横向的分类介绍，也有纵向的过程分析，或条分缕析，或提纲挈领，等等。又如事实论证，更可以从不同角度提出不同形式的论据加以论说。有些作者之所以感到论文难写、无话可说，与不善于多角度论证有很大的关系。

曾有一些作者写过题为《教育如旅游》《教学像旅行》之类的论文，应该说，这是一个很好的观察视角和写作主题。运用这样比喻论证的方法，可以通过二者相似之处的比较，形象生动地揭示教育教学改革的一些特点、重点和难点。教育、教学与旅游、旅行，有什么可比之处？上述文章的论证思路一般是：课堂（或说学校、教材、教学内容）好比风景，老师好比导游，学生好比游客；在教学过程中，老师要发挥领队的主导作用，学生则要学会自己欣赏风景。这类比喻论证的一个长处，是通过人们所熟悉的生活现象的描述和比较，巧妙地提出了教育教学改革要"重视学习能力培养"或"重视教学过程设计"的主题。但在目前看来，这类文章也有其不足，就是比喻对象或用来比较的相似点过于单一，观察和思考的视角不够多样，因此论证不够充分有力。这里主要的问题在于，上述文章只是把旅游、旅行与教育、教学的一般的单一的特点作简单的比较，没有更进一步作分类的多方面的观察，因此往往只能点到为止，或是重复论证，甚至有些牵强。从论证方法上说，多重视角就是要将论题进行分解，从逻辑关系上找出更多的不同层面、不同类别的分论点和论证角度，这样才能旁征博引而又不至于同义反复。比如我们可以把旅游进一步分解为不同类型：团队游与自助游；购物游与纯玩游；休闲游与探险游；走马观花式的"串烧游"与各种主题的深度游；等等。经过这样的多重分析，再把教育与旅游相比较，我们一定会产生一些新的想法，发现一些新的问题和新的写法。

视野开阔了，观察的角度多了，同样的主题和论点就可以得到更多方面的说明和支持，就更有利于体现论证充实有力的效果。另一方面，论证视角的多样和变化，也会对论点和主题的确定或修正产生积极的影响。因此，论证的结构和组织要强调多重视角，由此，我们的认识会更加全面而深入，论据的来源也更加多样而丰富，论说的方法和结果也就更加有效。

（2）前后一致

论证的角度多了，还要保证前后的一致性。也就是说，不同角度的论证要始终围绕同一个中心论点进行，要有严密的逻辑顺序。一篇论文可以采取不同的论证方法，从不同的角度来观察和讨论问题，这样有利于增强论文的说服力。但是论证的角度不断变化，有时候就不容易把握。特别是论文作者为了表现论证的多样性或论文框架的完整性，往往会引入一些不必要的内容，从而偏离了所要论证的主题和论点。从表面上看，这样论文的内容结构更加完整、充实或美观了，而实际上论证并不能充分说明论点。论证过程失去了前后的逻辑一致性，必然会削弱论文的逻辑力量，也就是形式大于内容。

再以"教育如旅游"为例，这个题目可以从不同角度进行比喻论证，比如：

A. 沿途的风景是最美的，因此不但要注意学习的结果，还要重视取得结果的方法和过程。

B. 自助游比团队游更有乐趣和收获，因此要更多地创造学生自主学习的机会。

C. 旅游要有计划，但不能拘泥于预定的计划，因此要注意把握教学过程中预设与生成的关系。

D. 旅游出发前需要有充分的准备，看资料、查地图、准备行装等；同样，教师上课前也要充分备课，包括熟悉教材、研究学生、制作课件、布置环境等。

上述四个比喻论证的视角各有特点，但要放在一起却不一定合适。如果说，我们把"促进学生的主体性发展"确定为论文主题，那么比喻论证 A、B、C 的三个角度就比较能够说明问题，而比喻 D 虽然看来与前三个差不多，但是在逻辑上却不尽一致。因为"教师充分备课"与"学生主体性发展"没有必然的联系。推进素质教育要备课，实行应试教育也要备课，是否能促进学生的主体性发展，不仅在于"充分"备课，更在于"如何"备课，而比喻 D 的强调重点显然并不在这里。

保持论证逻辑的前后一致性，对于增强论文的说服力是十分重要的。所以论证的角度不仅要有"多样性"，也要有"同一性"，要使不同的论证角度都能围绕同一个主题或中心来展开，才能更好地体现论证的逻辑力量。

（3）逐层推进

论证的逻辑力量不仅在于论证的多样性和同一性，还体现为逻辑论证的递进关系。论文的本体是由不同的段落层次（包括不同的材料及分论点）所构成的，从逻辑上说，这些段落层次之间形成了三种基本的逻辑结构：并列结构、递进结构以及二者的混合结构。并列结构是一种横向的材料组织结构，各层之间没有明显的先后、主次的区别。例如介绍"探究式教学的几种基本模式"、"课堂提问设计的几种方法"等，一般都采用并列结构。但实际上，除了少数分类评介式的写法，大多数论文的论证过程都体现了一定的纵向递进的层次关系，即前一层次的论证要为后一层作铺垫，而后一层则以前一层为基础，以形成由浅入深、层层推进的论证过程。例如某项教学改革涉及教学目标、教学内容、教学方法、教学评价等多个方面，从逻辑上说，上述四方面是并列关系，但在一般情况下，从目标、内容、方法到评价之间又有着一定的递进关系，论证时就不宜随意更换顺序；而即使要改变论说顺序，实际上也就意味着有了新的论证思路，形成了新的递进结构。

实例 7.7　《一定要先识谱后唱歌吗?》[①]

教学试验表明：初三学生经过两年"先唱歌后识谱"方式的学习，大多数学生能够独立识谱。

一、先唱歌后识谱与先识谱后唱歌在教学目的上并不矛盾

二、先唱歌后识谱可以激发学生的学习兴趣

三、先唱歌后识谱可以降低识谱的难度

《森林水车》第四乐句突然出现两个变音记号♯F1，后面还出现了 d1—c2 的小七度大跳，原来总有一部分同学唱不准。后来，让学生先学会唱歌，熟练后再识谱，很快就能唱准了。

四、先唱歌后识谱可以使学生识谱时更具有音乐的线条

五、先唱歌后识谱可以提高教学效率

《十月是你的生日，中国》有很多附点节奏、切分节奏及音程的大跳，以前 2 课时解决不了，如今 1 课时解决。······

这是一位农村音乐教师所写的教学论文。文章以介绍教改实例开头，说明在音乐基础较差的农村中学生中实行教学改革的做法和效果，然后多角度地论证了打破教学常规"先唱歌后识谱"的意义和作用。大体上看，五个层次能够逐层推进，由教学目标、学习动机到教学方法和教学效果，论证了"先唱歌后识谱"的必要性和可行性。

不过严格说来，文章的论证逻辑还存在着一定的疏漏和缺陷。主要问题在于：论证的五个层次，虽然在标题和分论点上形成了递进关系，但是第五层所举的例子与分论点并不完全切合，因而在逻辑上显得不够合理和有力。从全文的论证逻辑看，第五段所指的"提高教学效率"，最好是对初三年级音乐教学的整体效果的描述和评价，而现在文章第五段的举例在内容性质上与第三段过于相似，从逻辑上说，只是一种并列关系而非递进关系。在经过第四段之后再来重复第三段的意思，难免给人以画蛇添足之感。既然"提高教学效率"等同于"降低识谱难度"，那么两段完全可以合并论述。同时也要看到，第五段的分论点本身，还是体现了逐层推进的特点的，问题在于论证与论点相脱离。因此从修改完善的角

---

① 王学新：《一定要先识谱后唱歌吗?》，《上海教育科研》，2002 年第 1 期。

度看，就有了两种处理的方法：一种办法是取消第五段，将有关内容并入第三段，在结尾提一下这项教改提高了教学效率即可；另一种办法需要选择更能体现"教学效率"的典型例子来阐述论点，比如描述试验班学生学习的整体情况、学唱歌曲的数量和质量、体现的课程质量和教学水平等。这样围绕中心论点，使后一层次的论证能够前一层次的基础上能够有所深入和超越，才能保持层次之间的递进关系，更有效地增进文章的论证深度和逻辑力量。

三、豹尾：论文结尾的功能与表达

论文的结尾是全文的总结部分。从结构上说，结尾与开头部分形成照应，以使文章首尾呼应，前后一贯，有始有终。从功能上说，结尾要回应开头提出的论题，强化文章所表达的观点。好的论文结尾要做到文字简练而表达有力，能够恰如其分地收束全文，给读者以深刻的印象。这也就是前人所说的"豹尾"。

古人曾说："终篇之际，当以媚语摄魂，使之执卷留连，若难遽别，此一法也。"[1] 虽然这里不是专指学术论文，但也在一定程度上说出了文章结尾方法的功能和要求。现代传播学理论中也有首因效应和近因效应之说，即信息的接受者一般对信息的开头部分和结尾部分印象比较深刻。美国耶鲁大学的社会心理学家霍夫兰曾长期主持"劝服传播与态度改变"课题研究，其研究成果中有一项发现，即信息的开头部分容易引起受者的注意，而结尾则容易被受者记忆。[2] 由此可见，文章结尾的好坏对于读者的接受和理解具有重要的意义。

由于文章风格和表述方式的不同，也有一些论文是没有结尾的（不包括发表时因篇幅原因而删除），也就是"总—分"式的结构。这些论文的论述特点是，中心观点在开头或本体部分已明确阐述，结尾就不再重复；或者是对有关问题的看法在各个段落中分别表述，而并不强调得出一个结论，文章有一个论述的主题，但并不强化一个中心论点。但一般来说，"总—分—总"式的结构是论文写作的常态，写好一个"豹尾"，仍是论文写作方法的一项重要内容。怎样写好结尾，下面主要从结尾的功能作用与语言表达两方面进行探讨。

---

① ［清］李渔：《闲情偶寄》。

② 参见张国良：《传播学原理》，复旦大学出版社，2009 年版，第 243 页。

（一）论文结尾的基本功能

论文结尾的主要作用，是对全文内容及论点作一个总结，用以强化作者的态度和读者的印象。具体到每篇论文，其作用特点又有所不同。总的说来，论文结尾的功能，可以包括三个基本方面：总结全文，概括论点；解释说明，阐发体会；展望未来，留下悬念。

1. 总结全文，概括论点

论文的结尾大多是概括文章主要论点，提出研究结论，这也是结尾最基本最重要的功能。一般论文结尾可以将文章的主要内容和分论点作一个简要的回顾和概括，并提出和强调本文的中心论点。在概括的论述内容和文字形式上，结尾不但要与论文的本体相一致，还要注意照应文章的开头。结尾要恰当地回应文章开头提出的问题或论题，概括论文主要层次的意思，总结本文的基本论点，做到首尾呼应，一以贯之。

2. 解释说明，阐发体会

论文结尾在总结全文、概括论点的同时，还可以有一些必要的解释说明，以表未尽之意。这些解释说明，有些是进一步强调研究结论中的重点及相关研究背景，再次提请读者注意其中蕴涵的意义和作用；有些是阐发自己的研究体会，说明如何获得研究成果的过程及心得；还有些是以一分为二的观点，说明本研究的适用性与局限性，以避免不必要的误解。这些解释说明的内容，有时候看来与论文的论题没有太直接的关系，在论文本体部分也没有合适的论述机会，但作者又觉得有必要一说，因此放在结尾处作一个必要的补充。好的补充，应该起到画龙点睛而不是画蛇添足的作用。

3. 展望未来，留下悬念

论文结尾在提出研究结论的同时，也可以对研究的未及之处和发展前景作一些分析和设想，这也是论文结尾常见的一种写法。这类结尾的写法主要是从各自的研究实践出发，说明本阶段已经解决了哪些问题，下阶段还准备或者可以解决哪些问题，或者还有哪些问题有待于进一步了解和澄清，等等。科学研究是一个不断发展的认识过程，所有的科研成果都是阶段性的结果。能够清晰地认识到自身研究的条件、成果、不足以及改进发展的前景，是研究者达到一定研究水平的体现。同样，能够在论文结尾指明研究前景、留下有思考价值的问题，也是研究论文达到一定质量水准的标志之一。

上述三种功能，有可能但不一定同时在一篇论文的结尾中体现。一般来说，总结全文、概括论点，是论文结尾的必要内容，至于是否还有其他的功能和作用，要视情况而定。根据不同的研究内容、写作风格、交流对象，可以选择不同的表达方式。例如下面两个实例主要就体现了前两种功能。

实例 7.8　《和学生一起成长》（结尾）

在研究型课中，学生领悟到了超越书本知识的智慧，我也在过程中逐渐提升了对教育的价值的认识，这正是研究型课教学质量的最好体现。

实例 7.9　《论研究型课程的组织形式》（结尾）

综上所述，研究型课程的组织形式多种多样。在实际运用中，需依据校内外的各种条件做出恰当的选择。适当的时候也可将多种多样的组织形式综合运用，以满足学生多样化的学习需求，在多层次、多渠道的交往环境中发展健全的个性品质。最后需要记取的是，不管何种组织形式，都应最大限度地尊重学生的选择，提供学生实践和主动参与的机会，从而让他们在研究型课程中获得多方面的发展。

两篇文章的开头已在本节第一部分中引用，前后对照，可以看出两篇文章的结尾都较好地照应了开头提出的问题。实例 7.8 只用一句话作为结尾，文字简短但能紧扣文章主题，突出了"和学生一起成长"的教改理念。表达形式上，以个人感悟的方式表达逻辑论证的结论，有较强的感染力和说服力。实例 7.9 文字较实例 7.8 稍长，作为文章结尾考虑更为周全一些，能够更充分地体现总结全文和解释说明的功能。实例 7.9 重申了"要根据不同条件和环境选择恰当的课程组织形式"的中心论点，并补充说明和强调了做出选择的目的和意义。结尾最后提出"需要记取的是……"，揭示了研究型课程组织形式中蕴涵的深层理念，可说是点睛之笔。

至于第三种"展望"和"悬念"功能，要视研究需要而定。如果确有进一步研究的设想或有关于研究前景的独到心得，不妨在结尾一提。需要指出的是，结尾的展望应该是一个顺理成章的结果，而不宜另起话头，挑出另一个全新的研究领域。有些论文的结尾突然引入一个陌生的新概念，既使读者感到费解，又打破了文章整体结构的平衡，使文章得不到有力的收束，结果"豹尾"变成了"蛇足"。前车之鉴，值得注意。

（二）论文结尾的语言表达

"豹尾"的特点，就是简洁有力，这是论文结尾语言表达的基本要求。在论文的整体结构中，结尾是全文的收束部分，因此需要在较短的篇幅内表达最主要的意思。与论文本体的论证过程相比，结尾的语言表达是结论式而不是阐发式的，必须简明扼要。具体地说，要实现前述三项基本功能，论文结尾的语言表达要体现三个特点，即：完整、准确、精炼。

1. 完整

一篇论文往往包含着几层重要的意思和几个论点，论文的结尾要总结概括全文，就要注意表述的完整性，要保证充分反映论文的主要观点和内容。对于有些内容层次较多的论文，特别是并列结构关系的，总结时更要避免以偏概全。

2. 准确

论文结尾需要有较强的综合性和概括性，并且要在简短的篇幅中恰当地反映全文的核心思想。因此，要注意避免在概括过程中文字啰嗦混杂，偏离甚或违背原意。有些论文的各层内容有主次之别，这时需要统筹考虑，如何在概括全文要点的同时突出重点。既要做到综合概括，又要保证表达准确。

3. 精炼

语言表达的精炼，包含着两层意思：简短和精彩。好的文章结尾不仅要用简明的语言概括复杂的思想，还要能够让人读后留下深刻印象。结尾受篇幅所限，不能有很多的发挥铺陈，但有时候一个精彩的句子也能激发人们的思考、联想和感慨，使全文收到更为理想的阅读效果。

这面结合一个实例，分析论文结尾语言表达中的常见问题。

实例 7.10　《一定要先识谱后唱歌吗?》（结尾）

先唱歌后识谱提高了学生的学习效率，提高了教师的教学效果，既有利于减轻学生负担，又有利于教学质量的提高。

这篇文章的提纲已在本节第二部分中介绍，对照前文，可以看出这个结尾大体上体现了总结全文、概括论点的要求。但是以"完整、准确、精炼"的标准来衡量，还存在着一定的差距。从概括的完整性角度看，这个结尾未能包含"先唱歌后识谱"能够调动音乐基础较差的同学的学习积极性这层重要的意思，不能不说是一个较大的缺漏。从准确和精炼的角度说，结尾把教学成效表述为"提高学生的学习效率"和"提高教师的教学效果"两个部分，并又联系上"减轻学生负担"，既显得多余，含义也不够明确。比如，通过"先唱歌后识谱"的方法，学生都学会了教材中的几首指定歌曲，即既能唱歌，也会识谱；但是这是否意味着，这些学生今后在学唱新歌时，都能够独立视谱学唱了呢？应该怎样理解"学习效率"、"教学效果"以及"教学目的"，教学方法是否要进行调整呢？因此，对这种教学方法的应用前景，比如是一直取代还是回复到原先"先识谱后唱歌"的方法，还需要有必要的认识和交代。

根据上述分析，下面提供一个修改的例子，以供参考和探讨。

修改稿：《一定要先识谱后唱歌吗?》（结尾）

两年来的实践证明，对于音乐基础较差的农村学生来说，采用"先唱歌后识谱"的教学方法，能够有效地激发他们的学习积极性，降低学习难度，提高课堂教学效率。由于音乐学习能力的形成需要一个较长的周期，对待不同发展水平的学生也要采用不同的教学方法。从长远看，当学生具备了一定的识谱能力之后，怎样把"先唱歌后识谱"的方法与"先识谱后唱歌"的方法结合起来，怎样逐步过渡到独立视谱唱歌，还需要在今后的教学过程中进一步改进和完善。

对照原稿和修改稿，可以看出，后者更好地体现了论文结尾的基本功能和语言表达要求。论文结尾易犯的毛病之一是以偏概全，甚至是以次代主，没有把全文的中心意思地恰当地提炼和表达出来。上述修改稿就注意避免了这些问题，因而显得比较完整和准确。特别是修改稿把教学方法的意义作用放在学生能力发展的整个过程中来考察，并提出了今后的教改方向；这样既对"先唱歌后识谱"的教法改革作了恰如其分的评价，又使读者对音乐学科的教学改革有了更全面而准确的认识。

结尾虽短，分量却不轻。写好论文结尾，也是作者写作水平和文字功底的一个集中体现。不少作者在论文开头精雕细琢，而结尾却草草了事，形成虎头蛇尾，殊为可惜。怎样写出与凤头、猪肚相配的豹尾，构成完美的篇章结构，希望大家能通过本节的阅读得到启发，引起重视。

第二节　教师的语言特点

辞章问题包括布局谋篇和语言修辞两大方面，如果把布局谋篇、篇章结构比作造房子的打基础搭框架，遣词造句、语言修辞就好比是建筑封顶后的内部装修了。不同的房子有不同的建筑设计和结构规范，而不同的主人对同样的房子又会有不同的审美取向和装饰需求。由此说到论文写作，中小幼教师的语言表达形式与专家学者的写作风格、语言特点，也会有一定的区别。

在普教科研的发展过程中，一些研究者对中小幼教师开展教育科研的方式和特点进行了探讨，其中也包括对教师话语特点的关注。在一本小学教师自己编辑的教育叙事文集的扉页上，醒目地印着这样一段话："我们认为，基层教师不必用专业人员的口吻来谈论教育，我们应有自己谈论教育的方式，即用自己的话语而非勉强搬用专业术语来记录、反思生活中发生的教育事件"。① 这段话可以说在相当程度上反映了许多中小幼教师的心声，也得到了不少专家学者的肯定和赞同。然而，教师是否具有自己独特的话语系统，教师的论述语言究竟有什么特点，这些问题还有待于学理的探讨和实证的研究。

一、行业用语：社会分工导致语言变异

语言是人类最重要的交际工具，也是为全体社会成员所共有的。但是在社会发展过程中，语言本身会产生各种变异。不同的社会成员在运用语言表达思想时，会反映出不同的表达特点。这种不同的表达特点是因人、因地、因时而异的，但归根结底，语言表达的特点和风格变异都是社会的产物，语言的社会变异加上个人的风格特点，使语言在社会交往中成为富有弹性和表达力的工具。② 教师作为一个社会群体，同样在表达思想的过程中会反映语言变异的现象，表现出

---

① 　上海市安顺路小学：《在教育生活中领悟教育的力量》研究文集，2007 年 5 月。

② 　参见叶蜚声、徐通锵：《语言学纲要》，北京大学出版社，1981 年版，第 12 页。

一定的社会群体的语言特点。

从社会语言学的角度说，语言是一种社会现象，是社会发展和分工的结果。进入近代社会以来，随着社会、经济和科学文化的快速发展，语言发展呈现出复杂化和专门化的特点。社会分工不断细化的趋势，造成了不同行业、不同部门以及不同阶层产生了一些通行于特定范围内的专用语言，也可以称之为行业用语或行话。俗话说，隔行如隔山。在社会交往中，这种行业间的隔膜首先就来自行业用语的不同。两个不同行业的人，比如一个医生与一个律师，相互之间就很难进行业务交流。因为双方都有一套专门的行业用语，不是行内的人就很难理解和沟通。随着社会分工的细化，这种行业用语也越来越复杂和专门化；同一个行业内，也还会分化出更多的专业和专业用语。如医学还可以分为中医与西医、内科与外科，以及更多更细的专业分类，并产生了更多的专门用语。

与此同时，在这个社会发展和分工的进程中，还产生了理论研究者和实践操作者的分工和区别。在古代，理论与实践的差别并不明显。比如数学是一门比较抽象的学问，但原先也是与天文历法、土地丈量等实际用处密切相关的，后来才慢慢产生了理论数学和应用数学的差别。因此，随着科学的发展进步，在同一个行业内，也会产生理论研究与实践操作的不同发展方向，并形成了相关的工作领域和从业人员，比如在大学里研究和教授教育学的理论工作者与在中小学幼儿园里从事教育教学工作的实践工作者。同时，语言变异现象也就产生了。

从根本上说，每一种语言都有它自己的统一的结构规则和语言材料，包括语音、词汇、语法等。而在专业语言中，上述规则和材料都会在一定程度上产生变异，尤其是词汇的变异，各行各业都会有自己的专门用语和表述方式。通常在交流过程中，专家学者讲究用词精确、表述严谨，较多采用专门的名词术语；而实践工作者则偏重用语平实、表达流畅，更接近大众的生活语汇。因此就产生了这样的现象：在同一行业（或学科）的交流中，理论工作者对于实践工作者表达的想法，没有太多的理解上的障碍；而实践工作者对于理论工作者的语言表达，却往往感到陌生和不解，不太容易接受。于是，思想交流就遇到了一定的语言阻碍。

理论工作者与实践工作者的语言表达体现了两种不同的风格特点，反映了不同的交流需要。本书第二章第一节中，我们曾把论文分成为少数人的写作与为多数人的写作两大类。前一类论文主要在学术研究领域内交流，可以说是写给少数教育专家及教师看的；后一类论文的传播范围则比较广泛，读者对象可以是广大教师及所有对教育问题感兴趣的人。前者代表了通过严谨的学术语言来阐发某种理论观念的学术性取向；后者则是将高深的理论转化为日常的大众语言来表达的通俗化取向。中小幼教师的论文写作大多应该属于后一种类型。

二、教师语言：基于工作语境的论述方式

从社会语言学的角度看写作，文章的语言风格应该是由读者对象和交流需要而定的。不少教师希望用生动的口语来"谈论教育"、"反思教育事件"，因而比较偏爱"叙事研究"的方法及其表述方式。其实从学校教育科研和教师专业成长的需求来看，"叙事"并不能取代"论说"。事实上，除了以叙事方式来记录和反思教育事件之外，更有大量的教改经验和成果需要用论文的方式来整理、总结、提炼和阐发。因此，论文仍是教师科研写作的一种主要形式。这里就教师论述语言的特点及其定位问题作一些分析。

（一）逻辑问题先于修辞问题

从本质上说，论文写作是一种带有抽象性、概括性的思维活动，论文语言是一种比较抽象、严谨的书面语，因此完全运用具体形象的生活语言，就很难满足论文写作时思考和表达的需要。然而对大多数教师来说，如果简单地套用照搬专家式的学术语言，既缺少必要的理论背景，又违背了熟悉的表达习惯，很难恰当地表述自己的丰富实践和体验。于是许多作者就陷入了一个语言系统转换的两难境地：模仿各种学术期刊上"范文"的结果，往往是吃力不讨好；而完全用通俗的生活语言来表达，写出来似乎就更不像论文了。

其实从论文写作的基本性质和要求来看，一篇文章像不像论文，首先并不取决于语言修辞，而是在于逻辑结构，也就是文章的布局谋篇。所谓论文的布局谋篇，就是构建一个通过运用论据来说明论点的前后一致、层层推进的论证过程。现代传播学理论认为，无论是口头会话还是书面篇章，都要有一个"宏观结构"，需要围绕主题形成连贯一致的信息。某些话语不被人们理解、接受，就是因为它们缺乏一个代表总体意义的宏观结构。所以话语接受者要疑惑地问"你是什么意思"、"你到底想说什么"。因此宏观结构的研究超越了词义和句法的分析，其首

要作用就是研究如何在较长的、较为复杂的话语中，或在主题不明确的话语中推导出话语的主题。这就是荷兰学者梵·迪克提出的关于话语传播的宏观结构理论。①

归根到底，写论文的基本目的在于说明道理、说服读者。论文的"像"还是"不像"，并不在于引用名词术语的数量多少，而在于这些名词术语是否被放到一个合适的论证过程之中，是否能够融会到证明论点的整体结构中去。论文的文体特点决定了文章需要对大量的具体材料做一定程度的抽象概括，并形成一个比较严密的逻辑系统。一些作者之所以陷入论文写作的困境，往往是因为过多地从语词形式上进行模仿，而在整体结构上还没有形成清晰严谨的逻辑思路和论证层次，结果就形似而神非，成为一种貌似论文而意思又含混不清的文字游戏。因此要写好论文，首先要解决篇章结构的逻辑问题，然后才是考虑遣词造句的修辞问题。

（二）语言定位来自工作实践

教师论文写作的语言定位，在于把握论文形式的一般特点与教师语言交流的特殊要求之间的平衡。即在论文的整体构思上要有比较严密的逻辑层次，而词语表达则力求平实，在此基础上再考虑有适当的文采。

从根本上说，论文的表达方式是由交流需要所决定的。论文语言过于艰深，会影响传播效果；过于浅近，同样可能降低交流效率。所谓语言表达力求平实，一方面是防止生搬硬套学术名词，另一方面遣词造句还要力求准确简洁。生活语言虽然通俗易懂，但往往不够简明准确，也不能充分满足论文表达的需要。因此，我们可以把教师论文写作的语言特点定位于学校教育的工作语言。

所谓教师的工作语言，就是有别于一般的生活语言和学术语言的，教师群体在学校教育范围内工作实践时所使用的专门词语和表达方式。例如教师论文中常见的"三维目标"、"问题设计"、"师生互动"、"校本研究"、"长作业"、"研究性学习"、"档案袋评价"、"发展性评价"、"非智力因素"、"新课程改革"、"成功教育原理"、"教学基本环节"等等，这些词汇可能有些原先属于比较专门的学术词

---

① 参见胡春阳：《话语分析：传播研究的新路径》，上海人民出版社，2007 年 8 月版，第209—215 页。

汇，但随着教改的深入和理念的传播，也逐渐转化为教师工作语言的一部分。教师的工作语言对于"行外人"来说，可能在理解上会有一定的障碍和难度，而对于教师群体内部的业务交流来说，却是言简意赅、必不可少的语言形式。因此，以工作语言为基础，教师的论文写作就有了一个基本的语言应用范畴，就可以基本满足作者与读者、表达与接受的交流需要。

由于语言本身是随着不同的时空范围而不断变化发展的，对于什么是教师的工作语言，很难也没有必要制订一份写作专用的词汇表或语法手册。不同的作者可以根据自己的理解，在写作实践中寻找和形成合适的语言表达方式。而根据表达多样化和论文整体风格的需要，工作语言也可以适当地转化为其他的表达形式，或更为生动活泼的生活语言，或比较严谨准确的学术语言。例如：

（1）"跳一跳，把果子摘下来！"
（2）教学目标要有适当的难度。
（3）实施"最近发展区"教学。

上述三个句子表达了相同或相近的意思，但在不同的语境中含义又可能有所区别。对于论文写作来说，例句（1）形象生动，有助于帮助理解抽象的原理，比较生活化；例句（2）简明扼要，是典型的教学工作语言；例句（3）引用了一则著名的教育学原理，内涵更为深刻和丰富，更带有学术性。教师的论文语言定位，就是以句（2）形式为基础，适当选用句（1）和句（3）的表达方式。当然语言本身也在变化发展，教师的工作语言也在不断地吸收新的词汇和表现方式。如"最近发展区"，近二十年来就经历了一个从学术语境向工作语境逐步融合的过程。这也是教师的工作语言或专业语言在不断地丰富发展、富有弹性和生命力的表现。

教师的工作语言是教师在承担社会分工过程中自然形成的思想表达方式，它符合教师在学校工作范围内的交流需要。而教师的论文写作，由于在一定程度上超出了教师的工作范围，进入了另一种交流语境，因此就有必要吸收某些学术性语言以及生活语言、文学语言，以便适应新的特定的表达和交流的需要。但是这种论述语言的借鉴和吸收必须是以工作语言为基础的，而不是转换为一个完全陌生的语言系统；只有这样，中小学教师才能在论文写作中自如地把握论述的话语，自由地表达自己的思想，达到经验交流和学术讨论的目的。

三、修辞语法：教师论述语言的独特风格

教师论述语言的修辞特点，是指在教师工作语言的基础上，借鉴应用各种语言修辞方法，所体现的教师观察和表述教育问题特有的视角和风格。与"学者型"的论文相比，教师论文的语言比较偏于口语化，但论文的体裁性质又决定了其语言表达不能完全离开书面语，由此形成了教师论文的语言修辞的特有风格。

（一）教师论文语言的修辞特点

所谓修辞，就是修饰文辞的意思。古代《周易》上就有"修辞立其诚"的说法，就是指说话写文章都要选择最恰当的语言形式和表现手法，以加强思想感情的表达效果。丰富的语言修辞方法，可以适应不同的交际需要，使人们的语言表达更为准确、鲜明、生动。从一般教师论文写作的实践看，其修辞及语法的风格特点主要体现在以下三个方面。

1. 描述性的事实论据

由于教师论文写作的视角偏向于实践研究，带有较多的实践体验成分，因而在论证过程中，往往运用事实论证多于理论论证。教师的论文相对较少引经据典地进行抽象的思辨说理，而更多地通过引用教学实例来证明自己的观点。一般来说，无论教师型论文还是学者型论文，都可以或需要用一定的事实论据来进行论证。但是对于有关教育现实的引证，教师论文的语言往往更为具体、形象和生动。这当然与教师对教育现象的熟悉和体会的深度有关。从语言修辞的角度来分析，可以看出教师们的语言经常是描述性的，对所涉及的细节有较多的具体描写，而学者们的语言往往是叙述性的，比较简洁概括。

例句（1）：王老师拈起一支粉笔，在黑板上沉稳而不停顿地画出了一个滚圆的圆圈来，"哇……"课堂里发出一阵轻轻的赞叹声。

例句（2）：王老师有一手过硬的板书功夫，他可以不用任何辅助工具，直接在黑板上画出一个标准的圆来，深得同学们的佩服。

在上述例句中，句（1）是描写，句（2）是叙述。描写和叙述，是用于写人记事状物的一种基本表现手法。描写是对人、事、物的形象、性质、情状作具体生动的摹写，如反映人物的语言动作和内心世界；叙述则重在交代事物发生、发展的变化过程，如介绍人的成长经历。二者都是一种记叙性的表述方式，有时在文章中交错应用，不太好区分。所谓描述性的语言，就是指兼有描写和叙述的特点。在以说理为主的论文体裁中，描述性的语言只是在引述事实论据时作有限的应用，这与叙事为主的案例研究有很大区别，不能喧宾夺主。描述性语言的恰当运用，可以具体呈现一些重要的细节，特别是反映出教师在特定情境中的实践智慧，因此具有抽象论述所不能取代的独特作用。另外实例描述增强了论文的可读性和感染力，在一定程度上也可以避免给人以严肃有余活泼不足的印象。

2. 第一人称的个人感悟

教师的实践研究多以亲身经历及第一手材料为基础，这与专家学者以观察者的视角进入，或引用第二、第三手材料的做法有很大的不同。表现在语言形式上，教师的阐述角度更多的以第一人称形式出现，带有较强烈的现场感和主观性。专家学者的研究一般以第三人称形式出现，显示了研究的距离感和客观性。与第一人称的表述角度相适应，教师研究者的观点往往以个人感悟的方式表现出来，这种感悟一般没有经过更多的抽象概括，体现了教师对教育现象的一种直觉性的认识。

实例 7.11　《和学生一起成长》（片断）[①]

在带着"氯化氢合成塔热能利用的设想"研究方案到上海某大型氯碱总厂实地考察时，同学们又发现了一些新问题：从氯化氢合成塔的冷却层中排出的 95℃ 的热水没有被循环利用；排放的废气中氢气含量达 25％～40％；工厂里的空气不清新，绿色植物很少……我突然领悟了研究型课程具有"生成性"的特点，它是在学生进行问题解决的学习过程中构建起来的，这正是研究型课程的终极价值所在。

[①]　杜淑贤：《和学生一起成长》，《上海教育科研》，2002 年第 1 期。

"研究型课程具有生成性"、"在问题解决的学习过程中构建"、"和学生一起成长"，这是教师在实践中获得的直接感受和切身体会。这些感受和体会不仅反映了丰富的情感体验，也蕴涵着深刻的理性认识。这种初步的领悟和认识还没有经过高度的理论概括，但由于它与教师的实践叙述融为一体，因而对许多作者来说，表达更为自如，也更容易引起更多的教师读者的共鸣。当然进一步从理论上提炼，还可以有许多阐发的视角，譬如从传统教育理论角度看，这就是"教学相长"、"学思结合"；从现代教育理论角度看，这是"共同建构"、"过程取向"、"校本课程"、"非指导性教学"；从国际上流行的研究方法看，也可解释为"草根研究"、"田野研究"、"国际理念本土化"，等等。

人称转换原本是个语法问题，教师的第一人称表达一般以单数为多，即多用"我"而不是复数"我们"；如果用"我们"，一般都是特指"我们班级"、"我们教研组"、"我们学校"，而不是对象不明的泛指。这些第一人称与个人感悟结合，就形成了一些基本句式："我感到……"，"我觉得……"，"我们深切体会到，……"，等等。有意思的是，专家学者的研究一般是比较个人化的，但在使用第一人称时却更多地用复数"我们"，如"我们认为，……"，"我们指出，……"等，而这里的"我们"大多是泛指某些持同一观点的人，并不特指作者代表了某所大学或某个研究部门。产生这种现象和差异的原因可以有多种解释，其中可能有一点是：教师的表述方式重在自我表达，而专家学者们则更愿意以某种代言人的身份说话。

3. 以比喻为主的修辞应用

在论文中适当应用修辞手法，可以变抽象为具体，化深奥为浅显，转平淡为生动。常用的修辞手法包括比喻、借代、夸张、对比、反复、排比、设问等，其中用得最多的是比喻。比喻可分为明喻和暗喻两种，明喻是用一个事物直接比作另一个事物，比如"学校像一个大花园"、"作业本堆得像小山一样"等；而暗喻则用"是"、"成为"等动词将有关的事物联系起来，如"孩子是祖国的花朵"，"你们将要成为国家的栋梁"等。与比喻相近的是借代手法，其特点是用事物的局部指代整体，比如以"红领巾"指代"少先队员"，以"眼镜"指代"知识分子"等。近年来受西方学术理论的影响，许多学者喜欢谈论隐喻的作用。这些文章中的"隐喻"从修辞方法上说，主要是指暗喻，还涉及了明喻、借代以及象征等多种修辞手法，与我们平时所理解的比喻不尽相同。"隐喻"的用法带有哲学的认识论的意味，成为一种揭示具体事物中蕴涵的观念意义的认识方法，体现了人文社会科学特有的研究方式。曾有学者专门研究了关于教师的不同隐喻：教师是蜡烛；教师是园丁；教师是人类灵魂的工程师；教师要给学生一碗水，自己要有一桶水。研究认为，不同的比喻蕴涵和体现了不同的教育功能和教育理念，对这些比喻进行深入的分析，可以从中看出许多我们自己"日用而不知"的观念，引发更多的反思和质疑。①

比喻手法在教师的科研写作中应用广泛，也最为鲜明地体现了教师论文的语言修辞特点。这些论文通过比喻式的语言，把论文所论述的教育现象和教育理论与学校生活、社会生活、文学艺术以及自然现象等各方面联系了起来，使得论文内容更加生动活泼，并富于生活智慧。更加通俗易懂、生动活泼。不少文章借用文艺作品、日常生活中的经典语句或流行话语来类比教育问题——"不要输在起跑线上"、"一个都不能少"、"不抛弃，不放弃"、"授之与鱼，不如授之与渔"等——都具有独特的表达效果。更有一些比喻将校园生活中的现象引入论题，使论文更富于可读性和亲近感。例如一位语文教师用红、绿、蓝"三原色"来比喻情感、创新、审美等素质教育的不同领域。一位数学教师用"点、线、面、体"四个数学名词概括了自己备课水平和专业成长的四个阶段。有一位外语教师写了一篇《学习是一种成长》，用借用 HAPPY 这个英语单词来表达自己在参与专业培训过程中的收获和认识：H 是 Hot——关注热点；P 是 Practice 和 Participate——积极参与；A 是 Ability——提升能力；Y 是 Yeah——表示欢呼。②

这些作者在论文中针对学校教育的特点应用了比喻手法，不仅使论文富于生活气息，更重要的是帮助提炼了写作的思路和线索，表现了自己有所领悟或感受、而用抽象论述语言又不能充分表达的某些实践智慧。此外，一些教师在论文写作中还善于运用反复、排比等修辞手法，重叠对称、长短结合，使得整个语言表述显得抑扬顿挫、文采飞扬。当然各种修辞手法的应用，都要与论文内容的表达需要联系起来统筹考虑，不能刻意追求表面的阅读效果。

---

① 陈向明：《教师的作用是什么——对教师隐喻的分析》，《教育研究与实验》，2001 年第 1 期。

② 龚丽华：《学习是一种成长》，载黄建初主编：《学研随感录》，2008 年，上海南汇教师进修学院。

（二）两个文本的语言分析

在大量的教师写作文本中，有不少成功的例子值得我们学习和借鉴。这些文本在保持了论文基本特征的基础上，还显示了教师语言表达的特有风格，不仅准确有效地表达了自己的观点，更使论文因生动而精彩。这里选择两个文本来分析它们的语言特色。

实例 7.12　《小学开展综合探究活动实践的研究》（提纲）①

初稿：

（1）小学开展综合探究活动的意义

（2）研究的过程

（3）综合探究活动的目标和定位

（4）综合探究活动的管理体系

（5）综合探究活动的实施流程

（6）综合探究活动的内容

（7）综合探究活动的实施策略

（8）综合探究活动的效果

（9）体会与思考

修改稿：

（1）走出综合探究活动的第一步

（2）让学生带动老师

（3）让探究走进课堂

（4）让家长成为资源

（5）让探究成为品质

（6）一个学生带动一个班级

（7）一个课题培育一批教师

（8）我们现在的思考

---

① 胡兴宏：《我在中小学讲"怎样写课题研究的总结报告"》，《上海教育情报》，2007 年第 4 期。

这是上海市卢湾区第二中心小学的课题研究成果。学校多年来开展小学综合探究活动，并在实践研究基础上成功申报了市级课题。在取得丰富的实践和理论成果之后，学校课题组开始总结提炼研究成果，并拟订了课题研究论文的提纲。提纲初稿出来以后，参与课题指导的市教科院普教所研究人员与课题组成员进行了讨论。几位科研人员在肯定了学校研究成果的同时，也提出了提纲初稿的不足，主要是表述的思路和语言流于一般，未能充分反映学校教师实践研究的特点和综合实践活动课题的特色。在研究人员的启发下，课题组形成了论文提纲的修改稿。

对照前后两稿，可以看出二者语言表述的明显差异。提纲初稿可说是中规中矩，体现了学术论文风格的一般特征：严谨、客观、规范、科学性、逻辑性、书面语。然而，一般特征的另一面是个别、个性和独特性；提纲修改稿放弃了学术性的语言表述，代之以更富有教师语言特点的表述方式，具体、鲜活而更富于生命力。与初稿相比较，修改稿的语言在形式有几个明显的特点：

一是以第一人称代替第三人称，从"我们"的视角来观察和讨论问题。提纲突出了"我们"作为实践研究者的主体地位，使论文论述的思路与实践研究的过程更为统一，因此，也更容易按照自己对研究进展的理解和感受，来建构论文框架和组织论据材料。

二是以句子代替词组，更为明确、生动地表述了论文的各个分论点。提纲初稿的各条目基本上是名词构成的偏正词组，看起来四平八稳、不偏不倚，只提示论文涉及的内容范围，并不表明研究的重点和倾向性。修改稿则主要以省略了主语"我们"的句子构成，各个小标题基本上都以谓语动词加宾语的形式表现了研究者的行为方式和研究目的，更为明确、清晰地表达了论文的主要内容和观点倾向。

三是应用了排比、反复、照应等修辞手法，使论文语言更富有文采和可读性。修改稿（2）到（5），用四个"让"字带出了一组排比句，既概括了综合性探究活动研究的几项主要内容，又点出了实践研究的内容目标和操作要点，层次清楚，表达有力。提纲以"走出第一步"开始，以"现在的思考"结束，首尾呼应，结构完整。

总体上看，上述提纲修改稿在保持论文基本的结构形式的基础上，适当地融入了叙事性的语言成分，收到很好的阅读效果。这篇研究报告后来在提纲修改稿的基础上写作完成，并荣获上海市教育科学研究成果二等奖。当然成果获奖的主要原因并不在于论文的语言形式，但不可忽略的是，几位专家评委在评审过程都对这项研究的文本形式产生了良好的印象。他们认为，学校的实践研究成果应该真实、鲜活地反映教改实践的过程，过多的理论包装或刻意拔高，反而会弄巧成拙。

实例7.13　《"自然管理法"：一位农村校长眼中的管理》（摘要）①

在老校长的欢送会上，一位年轻校长问他什么是"管理"。老校长略一沉思，用极通俗的话讲述了自己的看法：

1. 管理如同"赶猪"。没经验的赶猪者，抓住猪耳朵往前拖。越往前使劲，猪越往后退。稍有经验的赶猪者，不抓耳朵却拉猪尾巴。越往后拉，猪越往前奔。就如用"末位淘汰制"逼着大家提高分数。更有经验者，用猪最喜欢吃的草在前面诱。"诱"的方法既有效又省力，但再高明的奖励，也满足不了每一位教师不同层次的需求。

2. 管理如同"大雁飞行"。校长作为领头雁，只有把自己融合在集体当中，才能受到群众的拥护。人字型的队形飞行效率最高，校长的责任就是根据不同的情况，不断维持、调试不同的队形，确保每个成员在学习中不断适应组织变化的要求，永不落伍。

3. 管理如同"愚公移山"。从管理者的角度看"愚公"一家，看到的不光是"愿望"和"意志"，更多的是坚定的信念和价值观。学校每个成员都具有相同的信念和价值观，就可以爆发出惊人的道德力量。

在参加欢送会之前，我常感慨中国的校长没几个懂什么管理理论的。聆听了老校长通俗易懂、甚至还有些粗俗的比喻，突然感觉到中国的管理理论就在实践中，就在大家熟视无睹的身旁，只是没有挖掘出来罢了。如果给这位老校长的管理方法冠名的话，"自然管理法"是最贴切的了。纵观他的管理方法，大体可以分为三个阶段：科层管理阶段、人文管理阶段、文化道德管理阶段。

（1）"赶猪法"是"以效率为导向"的科学管理模式。强调用科层权威、情感

---

① 参见陆旭东：《"自然管理法"：一位农村校长眼中的管理》，《上海教育科研》，2005年第1期。

导向、奖惩激励等手段，追求最高的效率。这种效率的取得，主要依靠领导的权威和情感的力量，严格的制度建设则是科学管理模式的保障。

（2）"大雁法"是"以人为本"的学习型管理模式。强调领导者与被领导者平等民主的关系，提倡团体学习，建立共同愿景，维持组织和谐，学会系统思考。"人本"思想是管理的基点，学校管理制度成为成员主动遵守的准则。

（3）"愚公法"体现了"以道德信念为本"的文化管理的最高境界。共同的追求和共享的理念，构成了学校文化的核心，支配着教师、学生、校长的行为方式。道德信念是该文化中最深刻、最稳定、最具影响力的力量，是管理的出发点和终结点，学校管理制度内化为成员共同追求的规范和文化。

"自然管理法"师法自然，强调人与自然的和谐，重视组织成员间道德意识的觉醒，追求组织的和谐，无疑对我们的学校管理有着重大的启示。

这是上海郊区一位中学校长撰写的论文，作者当时正在华东师范大学在职攻读教育管理硕士研究生课程，本文可以看作是理论与实践相结合的一个范例。我们常说学校教育科研要理论与实践相结合、提高与普及相结合，但具体落实到一项研究、一篇文章、一个操作问题时，往往难以把握。而上述论文的构思和语言，或许可以给我们一些有益的启示。从文本语言看，文章有两个突出的优点：

一是恰到好处的比喻应用。论文中应用比喻的主要目的，是通过形象的事物来说明抽象的道理，不是文学鉴赏。滥用比喻，为形象而形象、为生动而生动，就会造成比喻失当，因文害意。那位老校长提出的三个比喻，之所以说恰到好处，是因为这些比喻恰当地反映了他作为学校管理者，在成长过程中采取的不同类型的管理措施，体现了他在不同阶段对管理本质的不同认识。比如"赶猪阶段"，文中结合举例提出了从没经验到有经验的三个层次，比喻十分贴切，既有农村特点又吻合管理背景，对于增进读者的理解深度和想象空间，起到了特殊的表达效果。老校长多年来从事学校教育管理，他的人生经历是丰富多彩的，他的经验体会也一定不少。可以设想，要是让老校长把这些经历和经验提炼成几条抽象的教育原则，也许未必给人以多大的影响和启发。然而通过三个比喻，却使几位年轻校长受到了很大的震动，他们感到：老校长朴素的话语中，蕴涵着有中国特色的教育管理理论。这就是恰到好处地应用了比喻。

二是紧扣实例的理论阐发。有一句老话说：比喻总是蹩脚的。这是因为比喻不是对事物的直接描述，而是间接的描述，所以难免不够准确。在实例 7.13 中，比喻以形象化的描述给人以具体而强烈的印象，而随后的分析阐发则起到了画龙点睛的作用，使人对管理的内涵有了更为准确和深刻的理解。文章通过三个比喻和相应的阐发，使具体与抽象、行为与思想、实践与理论得到了比较圆满的统一，使读者对一位农村校长的管理理念有了一个比较完整和深入的了解。在这里，"自然管理法"的命名恰到好处，以一个简洁的概念包容和提炼了三种管理行为所蕴涵的性质特征，成为一条帮助读者理解的关键线索。与此同时，对三种管理模式的理论概括也比较到位，透过现象看本质，分别揭示了不同行为方式背后所隐藏的哲学理念。从教育研究的现实看，不少经验丰富的老校长、老教师，很想把自己宝贵的经验体会传授给年轻一代，但是由于理论水平和学术素养方面的不足，往往受困于流畅而系统的表达。因此，结合实例的理论阐发，是将朴素的经验体会提升到科学理论的必要手段，也是总结、提炼和传播先进经验的有效途径。就文本语言而言，单有生动形象的描述，或者单靠抽象理论的论说，都不容易达到帮助读者深入了解的效果。实践证明，紧扣实例的理论阐发，也是体现教师语言表达特点的一种有效方式。

（三）认识语言修辞的局限性

语言与思维之间是有一种对应关系的，人们说到语言，一般就设定了它是含有思想意义的。但是这并不意味着，凡是语言表达，就是有意义的。实际上，我们经常在听着或说着没有意义的话：空话、套话、废话、啰嗦话、前言不搭后语的话，以及许多言不及义、语焉不详或不知所云的话。

维特根斯坦有一句名言："凡是不可说的东西，必须对之沉默。"① 那么什么是"不可说的"，什么又是"可说的"呢？他认为，关于事实的东西是可说的，自然科学的命题是可说的；而关于伦理学的、那些神秘的形而上学的东西是不可说的。显然，教育研究的对象，相当部分是属于不能言说的隐性知识。因此，当我们不得不说时，更须谨慎从事。认识语言尤其是修辞的局限性，是十分必要的。由于修辞手法具有复杂多变、形象生动的特点，在增进阅读美感和演绎抽象

---

① ［奥地利］维特根斯坦著，陈启伟译：《逻辑哲学论》，涂纪亮主编：《维特根斯坦全集》（第1卷），河北教育出版社，2003 年版，第 263 页。

理念的同时，在一定程度上也可能影响了内容表达的准确性和逻辑性。尤其是比喻、借代、象征、夸张等手法的应用，需要与一定的思辨分析及情景描述相结合，才有利于比较准确地表达文章的观点。

例如：中小学教师参与教育研究，是否应该有与专业研究人员不同的研究标准和规范？这是一个长期来有争议的问题。有研究者以体育运动作比喻，认为专业运动员与体锻爱好者参与运动的目的和取向不同，就不可能用同一种标准去要求或规范。也有研究者以医生看病作比喻，认为不能因研究者的身份不同而有不同的研究方法和规范，所以很难想象如果医生所遵循的方法规范与医学院教授所采用的不一致，会是一个什么样的情形。

应该说，双方的看法都有一定的依据，并分别得到不少人的赞同。但这样的讨论却很难深入下去并取得共识。原因很简单，比喻等修辞方法可以使思想的表达更形象、更生动，却不能更清晰、更严谨。双方的观点不能形成交集，说明了语言修辞在表达和交流过程中的局限性。因此，问题的研究解决，还需要对有关命题进行正面的直接的阐述，包括对教育研究的性质、目的、取向、对象、内容、方法、途径、结果、评价等要素作抽象的提炼和逻辑的分析，以及进行相应的实证研究。巧妙的语言修辞可以辅助、却不能取代思辨分析和实证研究。按照维特根斯坦的观点，生命、体验、信仰等形而上学的东西原本就是只能显示而不能言说的，而从现象学的角度看，比喻或隐喻的用法却在一定程度上起到了将隐性知识显性化的作用，因而有其独特的表达作用。由于这个问题牵涉面较广，这里就不再展开讨论。

总体而言，举例、描述、第一人称、比喻论证等修辞方法（及语法）的应用，使教师的论述语言呈现出生活化和文学性的特点，并切合了人文科学研究的某些需求，但是这种应用和变化是有限度的，其限度就是论文写作的基本性质和要求。所以，论文写作需要更加重视事实和逻辑的力量，而不能过分依赖语言修辞技巧。而教师的论述语言的特点，就是在符合科研论文基本规范的前提下，以工作语言为基础，适当吸收借鉴学术语言、生活语言和文学语言，力求表述内容的科学性、逻辑性与表述形式的流畅性、生动性的统一。

四、风格转化：简单与复杂之间的斟酌

写作风格是写作者在写作实践中逐渐形成并体现在文本中的个性特点。风格

是因人而异的，同时也因某些特定条件或群体而异，可以表现为时代风格、民族风格、流派风格、文体风格等。相对而言，研究性论文的风格变化远远不及文学性的散文，但教育研究论文的风格可能比政论、法律、科学论文又有更大的变化空间。这里暂且不讨论论文的个人风格，仅就教师论文的群体风格变化作一倾向性的分析。

中小学教师论文写作的语言风格，大体上是以工作语言为基础，并吸收融合了某些学术性语言和文学性语言而构成的。由于教师实践研究的性质定位，包括研究内容和读者接受的需要，其语言表达形式一般不宜过于艰深或雕琢，因而大多偏向于简单平实一路；但是为了适应某些学理探讨的需要，或避免语言过于平淡枯燥，有时候词汇、句式的应用也可以相应地有所变化，或生僻而复杂，或生动而华美。这样，教师论文语言的风格变化就有了两种方式：或偏向于学术性，以求深刻；或偏向于文学性或生活化，以求生动和通俗。而作者的个性风格则将影响其变化的程度和结果。

从语言表达的目的看，应用文学性语言，是要把复杂的内容简单化；而吸收学术性语言，则往往是把简单的内容复杂化。一般来说，对于复杂的事物或抽象的概念，应该化复杂为简单，使之明白易懂；而对于简单明白的事情，有时也不妨变简单为复杂，以揭示其丰富而深刻的内涵。

（一）变简单为复杂

教师的论文容易失之于浅。所谓浅，从思想内容上来说，就是就事论事，缺少有深度的分析，让人一览无余、所获不多。化简单为复杂，就是从人们司空见惯的日常现象中揭示出深刻的道理，或用看似陌生的理论概念来取代为大家所熟知的习惯说法，由此见微知著、洞幽察微，以到达不仅知其然而且知其所以然的目的。

例如四年级儿童玩游戏，实际上是受着拓扑学和集合论原理指导的。① 这就是布鲁纳所说的：任何知识可以用适当的方式教给任何年龄阶段的儿童。有关布鲁纳的结构主义教学思想，不是三言两语能够说清楚的，更不能简单地理解为"深入浅出"、"因材施教"或者"寓教于乐"。这就是变简单为复杂。

---

① 参见［美］布鲁纳著，邵瑞珍译：《教育过程》，文化教育出版社，1982年版，第33页。

在论文中引入一些理论概念和学术性语言，不是为了故弄玄虚、显示学问，而是为了更适当更透彻地解释和研究问题。有些名词术语表面看来差别不大，却往往反映了不同的学术观点和思想倾向。例如我们不说"能者为师"，而说"专业引领"；不说"促进师生互动"，而说"关注主体间性"；不说"资料管理"、"信息管理"，而说"知识管理"。这是因为这些新名词、新概念，代表着一些与固有观念所不同的新的思想和新的做法。将熟悉的现象陌生化，或将具体的事物抽象化，可以引发人们的注意和思考，促进教改和科研的深化。就如学校教育中的"知识管理"，其"知识"不仅意味着通常所说的物化的显性的信息资料，还包括了隐性的教学智慧；其"管理"，不仅是一般意义上的知识的收集、储存和提取，更在于强调通过各种教研形式促进教师对"知识"的交流、分享和利用。因此，对于变简单为复杂的论述方式，如果处理得当，则有助于对某些熟视无睹的现象进行反思和探讨，不宜一概持排斥或否定的态度。

当然有些经验总结型的文章，也可以就事论事，不一定都上升到理论高度来分析理解。这样的文章就是从简单到简单，以介绍具体操作方法为目的，并不一味追求思想深度。

（二）化复杂为简单

"化复杂为简单"有两层含义，一层是将深奥的理论概念转化为通俗易懂的语词和说法，另一层是对纷繁零散的教育现象进行梳理，提炼出一个简单明了的观察角度和论述框架。无论哪一层含义，其实都需要作者具备一定的理论思维，具有把握"复杂"的能力，才能做到深入浅出，化复杂为简单。陶行知的生活教育思想和教学做合一的教学理念，在一定程度上受到杜威的实用主义教育哲学的影响和启发，而其论述语言却是十分中国化和通俗化的，这就是化复杂为简单的一个范例。

教师的实践研究，主要是应用研究和开发研究，研究的重点在于如何把先进的教育理念转化为自己的实践行为。而化复杂为简单的难点，在于怎样用自己的语言来转述深刻的思想和理论，并以此解释教育现实和实践行为。对于许多教师作者来说，做到语言生动并不难，难在理论的学习应用。分析问题要有一定的深度，就需要有一定的理论指导，而一旦要高屋建瓴或引经据典地讨论问题，一些作者的理论表述往往是囫囵吞枣、生搬硬套，只能从复杂到复杂，而无法结合自己的体会把深奥的理论讲明白。

虽然教师的语言有口语化、生活化的特点，但语言是思维的表达，理解是表达的基础。由于理论功底不足，所以不少教师愿意写教育叙事，而对写论文望而生畏。要解决这个问题，写作技巧是无能为力的。只有通过长期的学习实践，在研究和写作的过程中逐步提高自己的思想认识和理论水平，才能达到化复杂为简单的境界。

（三）谨防语言的误区

要提高思想认识和理论水平，就必须把握语言应用的规律。丰富深刻的思想必须找到适当的语言形式，才能外显为可供他人理解和适于交流的形态；反过来，应用和掌握千变万化的语言形式，也要符合所要表达的思想。所以，无论是化复杂为简单，还是变简单为复杂，首先要对语言所承载的思想有正确的理解和把握，以免陷入语言的误区。

误区之一：貌似深刻的简单

用通俗易懂、简明扼要的语言来表达一些深刻的理念，往往比较受人欢迎。特别是一些名言警句，如"学习的革命"、"静悄悄的革命"、"平等中的首席"、"蹲下来与孩子对话"，等等，这些话语形象鲜明、言简意赅、鼓动性强，一经提出便广为流传。然而有时事与愿违，复杂的思想观念化为简单的语言表述，往往会产生某些变异现象，或者留下宽广的联想空间，难免被人误读或过度诠释。另外也不排除有些话语是作者和引用者故作天真或出语惊人，而内里并无多少思想含量，这就需要读者和作者们开动自己的大脑，认真辨别和思考。

比如新西兰学者戈登·德莱顿的《学习的革命》，鼓吹的是追求知识量的所谓高效学习，虽然名噪一时，但在提倡培养学生创新精神和实践能力的今天，其实并没有多少进步或"革命"的意义。[①] 貌似深刻的话语掩盖着思想的贫乏，与"静悄悄的革命"相比，这种"闹哄哄的革命"给人们带来的更多的是思想上的混乱和行动上的盲从。再如几位北美学者提出的"平等中的首席"，似是而非的表述加上望文生义的解读，于是一部分人理解为"解构了教师的固有权威"，更多的人则庆幸找到了加强教师权威的理论依据。虽然引用者众多，但恐怕很少有

---

① 张肇丰：《研究性学习：另一种学习的革命》，《文汇报》，1999 年 5 月 15 日。

人想过，原作者是否有如此丰富而深刻的用意。同样，诸如"边缘参与"、"同伴互助"、"实践共同体"等说法，也不同程度地存在着过度诠释或新瓶装旧酒的现象。要走出这类流行话语的误区，还需要透过语言的表象去探寻其中的真意。用索绪尔的语言学理论来解释，就是要了解同一"能指"背后的不同"所指"，揭示语言外壳下的思想内核。

误区之二：复杂背后的平庸

变简单为复杂的前提，是看到简单的事物中蕴涵着复杂的关系或深奥的道理，必须运用学术性的语言作深入的学理分析。从平常中看出不平常，把简单问题复杂化，这是一种难度较高的"智力游戏"。做得好，可以使读者在克服阅读障碍后有一种顿悟之感；弄得不好，则有叠床架屋、故弄玄虚之虞。遗憾的是，经常有一些研究者有意无意地制造着许多语言的障碍，人们费力解读之后，却发现复杂的话语背后不过是一些平庸的思想，难免产生被"忽悠"之感。就如有人讽刺说：他们最大的长处是把"吃饭"这样简单明白的事情，说成是"生物本能驱使的摄取热量进行转化分解并最终循环排出体外的单向度闭合流程……"。这也就是范·梅南所指出的："一个才华不够、学术经验不足的人，可能会想把自己缺乏洞察力的缺点，隐藏在扑朔迷离、华而不实或纵容自我的论述背后。"①

类似这种人造的文字"陷阱"，还有一种比较常见的现象可称为图表或数据的"迷宫"。例如图表，适当运用可以化复杂为简单、变抽象为形象，有助于阅读理解。许多作者援引冰山模型图来说明缄默知识的重要性，效果就不错。但也有一些研究者运用图表或数据的目的似乎并不是帮助读者理解，而是要把人弄糊涂。许多刻意复杂化的组织结构图、循环图、射线图，使人看来眼花缭乱、不知所云，其用意便十分可疑。一旦皇帝的新衣被说破，也就是那么回事罢了。

（四）转化于简单与复杂之间

写作者语言风格的形成，是内因与外因、需要与可能共同作用的结果。对于大多数作者来说，走的是中间路线，即保持着简单与复杂之间的平衡。如何在科研写作过程中，形成既符合教师的语言表达习惯又能显示一定个性特点的论述风

---

① Max Van Manen. *Reading Lived Experience*（探究生活经验）. 嘉义：涛石文化事业有限公司，2004.20.

格，则需要经过长期写作实践的磨炼。在这个过程中，有意识地学习借鉴一些高水平作者的文章，可能不失为一条有效的途径。如华东师大的陈桂生教授就是一位化复杂为简单、变简单为复杂，能够在简单与复杂之间自由转换的高手。曾有学者这样评析陈先生的《"作业"辨析》一文：①

　　研究如何才能有深度？深度并不一定意味着晦涩难辨的概念、层次繁复的架构，深度也可以体现在对身边普通细小之物的考量上。"作业"就是这样一个散见于日常生活的身边之物，看似是一个十分简单、无需深究的问题，但陈文却展现了独特的运思过程，首先，是让熟悉的陌生化，通过词源学辨析，使我陡然发现已经常识化的"作业"竟然如此陌生。其次，是让陌生的历史化，文章把作业放在不同的时代语境加以辨析，展现了作业内涵和形式的演变过程。再次，是将历史的现实化，通过考察我国当代小学生的现状特点，实现了历史与现实的融通转化。在层层递进式的分析中，作业的独特价值昭然而显：它既可以是教育改革（如新教育）的突破口，也是检验教育价值观念的试金石。小小的物件因此有了意味深长的教育思想内涵，从而促成了物质的精神化。"作业"的深度内涵由此徐徐展现。

　　驾驭语言文字的能力，最终取决于作者思想水平的高下。教师的实践研究不仅需要行动，更需要引导行动的思想。同时，按照马克思主义哲学的辩证法观点，内容决定形式，而形式也对内容起反作用，不同的语言形式的也会影响到思想内容的选择和表达。对于大多数教师来说，学术性语言并不是日常工作和实践研究的通用语言，勉强套用许多学术用语，往往会使自己的思想被语言形式所左右，有意无意地丢弃许多有价值的实践材料、真切体验和独到思考。当前中小学教师的论文写作存在着千人一面、缺乏个性的"失语症"倾向，这是值得注意和警惕的。当然，论文写作不是文学创作，客观、准确、清晰是论文表达的基本要求。追求论述语言的"可读性"和"个性化"，也不能"以辞害意"。

　　从群体特征看，教师论文写作的语言风格体现了学术性与通俗性的结合，思

---

　　① 李政涛：《在理论与实践的双向交融中研究教育》，《上海教育科研》，2010年第1期。陈桂生：《"作业"辨析》，《上海教育科研》，2009年第12期。

辨性与形象性的结合，规范性与可读性的结合。提倡教师的论文写作要有自己的语言风格，其根本目的，就是要实现论文的思想内容与语言形式的和谐统一，取得表达和交流的最佳效果。

　　有一个古老的传说：中世纪的欧洲，一个小镇上，有一个理发师，在那个年代这个职业还常常兼有医生的职能。有一次，理发师设法从一个女巫手中弄来了一张治心脏病的秘方。神秘的药方上写着五味稀奇古怪的药名：月圆之夜所取的蟾蜍的血、一条母兔子的左后腿、一根死马尾巴上的鬃毛、木桶接的雨水、女巫后花园中的毛地黄花草。秘方果然有效，远近的心脏病人闻讯纷纷前来就诊。生意一好，理发师免不得手忙脚乱。有时错放了兔子的右前腿，有时用河水代替了雨水，有时蟾蜍和马尾巴供应不上就索性免了。经过一次次阴错阳差的配方验证，理发师终于发现，只有女巫后花园中的毛地黄花草这一味药，才是治心脏病的有效药物。这个故事引出的问题是：理发师的尝试算不算科学实验？为什么？

CHAPTER 8

　　研究报告属于论文的一种特殊形式，其特点是有一套比较严格的表达规范。与一般的论文形式相比，研究报告的形式更为严谨，表述更强调规范，更注重表达形式的统一性和格式化。这种规范性的文本看起来缺少一些弹性和个性，但它可以最大限度地保证内容表达的准确性、客观性以及交流形式上的经济性，因此已成为学术交流中得到普遍应用和一致认可的文本形式。

　　前人曾有"文无定法"的说法，但又说"不以规矩，无以成方圆"。其实无论哪种文体，都有一定的写作规范。不同的文体，各有其表现的特点和交流的功能。科研论文毕竟不是文学作品，它的形式自由度肯定是有限的。研究报告在形式上受到的限制较多，有比较固定的表述格式和规范，这实际也为我们的阅读理解提供了方便，因此才成为学术交流中的一种通用文体。可能有些老师觉得研究报告的形式过于呆板、可读性不强；但要解决这方面的问题，更多地要从表达内容入手，要靠研究内容本身来吸引读者的注意。当然在文本形式上也可以作一定范围内的探索，在语言形式上表现出自己的个性和风格。德国诗人歌德有一句名言："在限制中才显出能手，只有法则才能给我们自由。"怎样在限制和规范中表达自我，写出有我们教师特点的研究报告，许多教师作者已经在这方面作了积极的探索，值得我们进一步总结和提炼。

　　研究报告根据内容的不同，表达形式也有一些差异，主要可以分为两大类：一类是实证性的研究报告，另一类是综合性的研究报告。此外还有情报综述类文章，也属于规范性较强的特殊文体，其中文献综述已成为综合性的课题研究报告中一个必要组成部分，因此一并在本章中讨论。下面分别结合实例进行介绍和讨论。

第一节　实证性研究报告

所谓实证性研究，来源于经验哲学和自然科学研究。西方哲学史上曾经有一种实证主义思潮，其思想根源可以追溯到英国哲学家培根的经验哲学，并完成于法国哲学家孔德等人。实证主义强调科学研究的客观性和普遍性原则，主张知识来源于观察和实验所得到经验事实，要求在掌握事实和数据的基础上揭示出一般性的结论。因此，实证性的研究方法可以概括为：通过对研究对象的观察、调查和实验等，获取大量的客观材料，由此从个别到一般、从特殊到普遍，归纳出事物的本质属性和发展规律。

随着科学研究包括教育科研的发展，有关研究方法的应用和认识也在不断地变化和发展。围绕什么是实证研究，什么是实证研究的表述方式，近年来教育理论界也有过不少讨论和争议。了解这些问题及其由来，有助于我们明确实证研究方法的基本性质，领悟撰写实证研究报告的要领。

一、有关实证研究内涵的不同理解

实证性研究是教育科研领域中一种重要的研究范畴和方法，关于实证研究与其他研究方式的关系以及它们相互之间的联系和异同，学术界还存在着不同的理解和一定的分歧。以往的研究，一般把研究方法分为对立的两大类，如思辨研究与实证研究、定性研究与定量研究、理论研究与实践研究等。近年来随着有关研究方法的研究不断深入，特别是随着一些新的理念和方法——如质的研究、叙事研究的传播和应用，有不少学者对这种简单化的分类表示了不同的看法。一些研究者认为，各种研究方法之间存在着一定的包容和交叉关系，如实证研究不仅仅是指调查研究和实验研究，也不能等同于定量研究。其研究方法主要是定量研究，但也有定性研究的成分；较多的是量的研究，但也包括质的研究。

本书第一章中，我们已经讨论了研究方法的基本类型问题。按照哲理研究、实证研究与实践研究的"三分法"，实证研究主要包括调查研究、实验研究及历史（文献）研究三种具体的研究方法。如果把实证研究看作是对现实或过去发生的事件进行描述和解释的一种方法，那么量的研究是用数量统计来描述、用因果关系分析来解释世界的，而质的研究就是通过讲述、叙事及体验的方式来描述和解释的。无论是量的研究还是质的研究，其基本性质和共同点是体现了一种科学的"实证精神"，体现了一种对"事实真相"的追求。在具体方法上，它们都可能采用观察、访谈、调查、实验以及历史研究的方法，因而都可以归于在大量客观材料基础上归纳出某种本质属性或解释说明的实证研究范畴。由此看来，两种研究方法虽然在表现形式有很大的差异，其研究思路和研究途径却是相通的。于是，从文本形式上看，实证研究报告不仅应该包括调查报告、实验报告这些量的研究的成果形式，实际上还需要容纳叙事研究和案例研究报告这样质的研究的文本。

二、实证研究报告的基本体例

一般来说，实证研究报告通常是指以数量统计为基础的调查研究或实验研究的文本形式。至于以叙事和描述为主的案例研究，可以看作是实证研究中的一个特例。叙事性的案例研究主要采用描述性的语言，在表达形式上需要有较大的弹性和自由度，其文本形式便与一般的实证研究报告有很大的差异。有关叙事研究和案例研究的性质，本书第四章第三节中已有讨论；其写作方法，将在第八章中专门介绍，这里就不再涉及。

关于实证研究报告的文本形式，在不同的场合和背景下，表现可能有所不同，并没有完全统一的体例要求。但在学术界的交流过程中，也形成了一定的规范。

一般来说，调查研究和实验研究是实证研究的两种最主要的形式，它们的文本形式也比较近似。有关调查报告的基本特征，本书第四章第二节中已有阐述；这里再着重介绍一些实验报告的结构特点和撰写要求。

实验报告的基本结构，主要包括下列几个部分。

1. 前言

前言也可称作引言、导言、序言、绪论、研究的背景、问题的提出等。前言部分主要说明这项实验研究的背景、目的、意义及研究思路，包括开展本次实验研究的动因是什么，有哪些引发研究的背景因素，前人是否有过同类的研究，是否存在重要的事实差异和意见分歧，本次实验研究的基本假设是什么，期望通过实验证明什么，可以达到什么目的，等等。

阐述实验的基本假设是研究报告的一项重要内容，这是整个实验报告的研究基础和逻辑起点。研究假设有两个基本的来源：一是来自理论推导；二是来自实践经验。所谓理论来源，是从现存的理论体系中引出某种观点和依据，再联系有关研究对象和问题进行逻辑推理，最后根据推论结果提出自己的基本判断和假设。所谓实践来源，是在某些学科理论尚不成熟完善的情况下，虽然没有很充分的理论依据，但根据自己的实践经验或他人的研究成果，对研究内容也有某种倾向性的看法，由此提出有关研究的判断和猜想。无论实验假设来源于何处，研究报告都应该在开头部分作必要的交代。

2. 实验的方案设计

这一部分是承接第一部分的研究假设，具体说明实施研究的基本做法和过程。主要内容包括：

（1）实验的基本思路、指导思想或实施框架，即对如何验证研究假设作一个实施方案的简明阐述；

（2）实验的对象、范围、时间、地点，其中"实验对象"又可包括人数、年龄、性别、身份及取样的方法等内容要素；

（3）实验的方法，包括如何设置实验情境、操纵实验变量（因子）和控制无关变量（因子），应用的材料、工具、设备，以及处理实验数据的方法等；

（4）实验的过程，按时间顺序说明研究的经过和发展阶段；如果实验过程比较简单，可以概括交代，如果内容较多，也可以单独列出一项（作为文章的一级标题）进行介绍。

3. 结果与分析

研究的结果主要体现为实验数据，也可包括某些材料，如观察记录、事例描述、照片录像等。实验结束后有大量的数据材料需要整理分类，并用适当的图表等形式在报告中呈现出来。有些与正文关系不太紧密、但又有参考价值的材料，可以用框注或附录的形式处理。

结果的分析主要是为了说明结果与假设之间的联系，特别是对一些重要或关键性的数据作出具体分析，并在理论上进行解释和阐发。

4. 讨论与结论

在结果分析的基础上，需要作进一步的理论探讨，对整个实验中取得的成果、发现的问题及其蕴涵的意义提出概括性的意见。讨论的问题可以包括：

（1）通过因果关系的逻辑推论，证明或推翻原有的假设；

（2）对重要的实验结果提出有一定深度的理论解释；

（3）根据结果分析，提出尚未解决或新发现的问题；

（4）对本次实验的有效性和局限性给予适当的说明；

（5）对有待研究的理论问题或实践应用提出建议。

根据需要，最后可以对整个研究成果作一个简要的小结；如内容较多或表示强调，也可以将结论部分单独列为一项。

以上是实验报告的基本体例要求，具体撰文时还可以适当调整，根据不同的内容特点和表达需要，确定报告的结构安排。但总的原则是要体现实证研究的特点和要求，在内容结构上应保持各主要段落的平衡，准确、完整及经济地反映研究的成果。

三、实证研究报告的常见问题

与一般的论文形式相比，实证研究报告的篇章结构有比较固定的体例，不同内容的研究成果在表达形式上并没有太大的变化，因此写法上比较容易掌握。但正是由于表达形式比较规范，因而对于内容处理的要求也就比较严格。一些教师撰写的研究报告，其问题和不足往往表现在对研究内容的理解和处理方面。

（一）整体设计不合规范

在各种交流、评价及发表的渠道中，有相当一部分"实证"研究报告因为名不符实，未能得到好评。这类研究报告的主要问题是，研究的整体设计先天不足，不符合实证研究的基本规范，因此就失去了撰写实证研究报告的意义。其实有关报告所反映的内容大多并非没有价值，有些还具有很好的实践基础和一定的理论意义。如果把有关内容改写成一般论文的形式，可能会获得更好的评价和效果。然而研究者限于认识能力或出于某种考虑，以"实证研究报告"的形式呈现出来，结果却暴露了明显的缺陷，产生了与预期相反的效果。

所谓不合规范，就是不符合实证研究的一些基本要求，没有体现实证研究的特点和功能。如没有提出实验研究的基本假设，没有控制无关的实验因子，没有正确应用数据处理的方法和工具，没有或无法解释研究所得到的结果等。举例来说，关于"从什么年龄开始、用什么方法学习外语最合适"，这是受到教育界内外普遍关注的一个热点问题。这方面的讨论和争议多年来一直不断，但一般发表的都是经验性和思辨性的研究文章，比较严谨的实证研究的成果则很少见到。其中一个重要原因，就是实证研究有比较严格的规范要求，实施难度较大。有些研究者试图在实证研究方面有所突破，但因为整体设计上先天不足，因而难以取得预想的结果。下面看两个实例。

实例8.1 小学双语教学对学生发展的影响研究

1. 问题的提出

双语教学是否有损于汉语及其他学科的教学质量，是否影响学生的心理发展？国外有研究表明，两种语言之间存在正迁移。为改变国内"重争论、轻实证，重经验介绍、轻本土化理论"的风气，拟通过实证研究进行验证，以科学的事实来回应上述问题。

2. 研究的方法与过程

研究对象为小学五年级的一个双语教学实验班与另一个常规教学的对照班。两个班级为随机编班，研究采用自然状态下的随机研究。

通过五年级三次有代表性的测试（五年级上学期的学校测试、五年级区统测、五年级毕业测试），取得语文、数学、英语三门学科的成绩数据进行评估；在毕业前一周对两个班进行有关心理测试，所用量表有：《中小学团体智力筛选测验量表》、《中国少年非智力个性心理特征问卷手册》（CA—NPI）、《儿童十四种人格因素问卷》（CPQ中国修订版）。

3. 研究的结果与分析

对三次学科测试成绩的数据统计表明：

（1）实验班学生的英语成绩极其明显地高于对照班；

（2）实验班学生的语文成绩明显高于对照班；

（3）实验班学生的数学成绩略高于对照班或持平；

（4）实验班学生的智力明显高于对照班；

（5）实验班学生除独立性以外，自我意识、抱负、坚持性、求知性、好胜性等五个因素明显高于全国常模。

结论：双语教学没有损伤学科教学，有利于小学生的智力和个性发展、促进学习。

实例 8.2　英语教学"低龄化"现象研究

1. 问题的提出

当前，"低龄化"成了我国英语教学的一个显著特征。《国家基础教育课程改革纲要》已经将英语课的开设时间由原来的初中一年级提前至小学三年级，而许多地方在实践中已经延伸至学前班和幼儿园阶段。

从理论上说，外语学习和二语习得是两个不同的概念。习得是一个"自然"的进程，学习者可以从周围的语言背景中随时获得语言刺激；而学习则是一个有意识的过程，通常存在于课堂环境中。要科学地判断英语教学是否应该走"低龄化路线"，至少需要从学生学习的感受、学习的行为和学习的效果三个角度来进行分析。

2. 研究方法和过程

在招收农民工子女的两所普通公办小学和两所普通公办初中进行抽样调查，在取样时保证学校类型一致、教学质量相近和学生性别比例大致相等。调查对象包括 50 名小学四年级学生和 50 名初中二年级学生，所有被试均在一年前入校，只有一年的学习英语经历。

根据 Johnmarshall Reeve 和 Hyungshim Jang 2002 年编制的《活动感受问卷》，修订编制出《学习感受量表》，并根据预调查结果进行了信度和效度分析，然后从 17 个调查题目中提取了 5 个公因子，分别是重要性、兴趣、愉悦性、自主性和认真性。其中，前三个维度用来衡量学生学习过程中的主观感受，后两个维度用以衡量学生学习的行为表现。另外对所调查学校的英语教师进行了访谈，作为对问卷数据的补充。

3. 调查结果与分析

（1）数据显示，初中生在学习英语的兴趣和对英语的重要性认识方面明显高于小学生，但学习过程的愉悦性则不存在显著差异。

（2）数据显示，初中生在英语学习的自主性和认真性方面都显著高于小学生。

（3）访谈表明，小学英语学习易与汉语拼音学习冲突，易受到英语学习环境和教师素质的限制，学习效果不如初中。

结论：中国的英语教学不具备二语习得的环境条件，不宜盲目追求低龄化。

上述两个实例，观点一正一反，研究内容虽然有所不同，研究方法上却有相通之处。例如：（1）二者都提出了一定的理论依据，各自引用了不少国内外专家的观点，以支持自己的研究设计；（2）选用了比较权威的心理量表，有的还进行了试测，显示了研究方法应用的专业性；（3）收集了大量的数据，并用有关统计工具进行了检验，强调了研究的客观性和科学性。然而有一定科研常识的读者都可以看出，上述两项所谓的实证研究，其研究结论基本上是不可靠的。

问题不在于某个量表、数据或统计工具的应用失误，而是从整体上看，两项研究都没有遵循实证研究的基本规范，因此不可能得到预期的研究结果。有关科研方法的种种教科书都告诉我们，实验研究的目的是探求事物的因果关系，其基本模式就是让实验组与对照组之间的各种条件尽量相等或相似，同时让实验变量（如某种教改措施）单独作有计划的变化，以此来测定该变量对实验结果的影响。如果两组研究对象的各种条件并不相等（即没有控制无关变量或无关因子），那么就无法进行因果关系的推论。

上述两项研究最根本的问题是，没有有效地控制研究的无关因子，因此其研究对象（实验班与对比班、小学生与初中生）并不具备对比研究的条件和基础。

以实例8.1为例，研究报告一开始便交代了作为对比研究的"两个班级为随机编班，研究采用自然状态下的随机研究"，而忽略了能够影响研究结果的其他条件，如学生的学习基础、教师的教学水平、教学内容和教学时间的差异等。从理论上说，如果采用所谓的"自然实验法"，则可以适当放宽对实验条件的控制，但一般也就不适于以另一个对照班作为效果参照来进行等组对比研究。因此，在缺少反映实验起点的有关数据的情况下，仅用实验结束时的后测数据来进行对比研究，在方法上是不能成立的。此外，在实例8.1的五组数据对比中，前四组都是实验班与对照班的比较，而第五组却是实验班数据与全国常模的比较，这也难免使人怀疑，研究者是否隐瞒了某些不够"理想"的结果。

在实例8.2中，研究者特意选择了原先未学过英语的农民工子女学生作为研究对象，以保证他们学习基础的一致性。但是从研究规范看，仅仅关注某一方面知识基础的平衡，远不能满足对比研究的基本条件。这项研究把小学四年级学生与初中二年级学生作为比较对象，却忽略了二者在生理、心理发展等各方面的明显差异，在方法上也是不能成立的。同理，从逻辑上说，即使我们证明了高中生或大学生的外语学习状况更好，也不能成为在初中或高中取消外语学习的依据和理由。

这里指出上述两项研究的失误，并不等于否定他们所提出的观点，而只是说明，他们所用的研究方法既无法证明也不能证伪原有的假设。或者说，真实可靠的单个数据，只有放在合理规范的整体设计之中，才是有研究价值的。因此，要证明小学生究竟是否适合或者应该怎样学习外语，还有待于真正符合规范要求的研究设计。

（二）数据材料罗列堆砌

实证研究的一大特点是数据材料多，因此，材料处理是体现研究质量的一个重要环节。在撰写研究报告时，需要对所获得的数据材料进行一定的筛选，这一方面是因为研究报告篇幅有限，不可能容纳过多的数据材料；另一方面更重要的是，要让数据为研究目的服务，要突出有研究价值的材料，以便分析解读。对数据材料进行筛选，并不是说可以隐瞒事实、以材料迎合自己的观点；而是强调围绕研究目的来安排内容重点和裁剪篇幅。

一些研究者对所收集到的数据材料不加适当的整理，便直接在报告中罗列出来；反映在文本形式上，就是一大堆主次不分的统计表格。至于显示这些统计数据说明什么问题，特别是各种数据之间有什么逻辑关系，往往缺乏明确的目的。于是，研究报告的作者就成了原始材料的提供者，而把研究任务推给了读者，这种做法显然是不负责任的。问题不在于数据表格的多少，而在于呈现这些数据的目的。如何恰当地筛选和处理材料，可以从两个方面考虑。

1. 背景性材料与主体性材料

根据研究报告的内容，我们可以把有关材料分为背景性材料和主体性材料两大类。所谓背景性材料，是指有关研究方法、研究计划、研究对象等方面的材料；而主体性材料，则是指与通过一定的方法、计划所获得的与研究主题直接有关的材料。

背景性材料包括了研究的时间、地点、对象、方法工具、实施计划等各种情况的介绍。如实验研究的类型（单组研究、等组研究还是轮组研究），实验的变量及操作（自变量、因变量），调查对象的选取（取样的方法、样本的容量），研究按照什么样的程序进行，用什么方法处理研究结果，等等。一般来说，有关背景性材料的介绍应简明扼要，在不影响研究报告规范性的前提下，要注意节省篇幅以便容纳更多的主体性材料。

例如一项有关学校教学现状研究的调查对象，可以分为教师、领导、学生及家长等几大类，而这些对象的基本情况又分别包括年龄、性别、职称、教龄、所教学科、所在学校类型及所在区域类型等。如果这些情况都用统计表格形式一一介绍，显然要占用相当大的篇幅，不仅在文本形式上是不经济的，而且对表现研究成果也没有什么积极的效果。因此，只有在有关背景材料与研究主题直接有关的情况下，这些材料才有必要以统计表格的形式提出和强调；在大多数情况下，只需要用文字和数字形式概括地交代就可以了。

背景材料的详略还与主体材料的联系程度有关。如有一项小型的访谈研究，[1] 在背景介绍中说明了参与访谈的三位教师的身份，包括学校类型和担任职务。而在主体性材料中，研究者就记录和分析了来自不同学校（小学、普通中学和职业学校）的教师对于师生冲突的不同态度和处理方法。在这里，有关背景信息对理解研究内容很有帮助，占用一些篇幅也是完全必要的。反之，与研究内容关系不大的信息材料，就要甄别删除，以免喧宾夺主。

此外，对研究中采用一些研究方法和研究工具，也应该点到为止，不宜喧宾夺主。在大多数情况下，教育科研涉及的一些研究方法、检测量表和统计软件，都属于研究者常用或通用的方法和工具；除非研究主题是对研究方法本身进行深入探讨，一般没有必要作更多的解释说明。如研究者常用的 SPSS 统计包，是目前社会科学研究通用的统计工具，一般使用者并没有必要详细了解其版本区别及数学原理，研究报告也没有必要花费篇幅来强调它的优点和权威性。又如，前些年质的研究方法刚刚兴起，一些有关的研究报告往往用较长的篇幅来介绍所用方法的"创新"意义。这些介绍在当时可能是必要的，但随着有关叙事研究和案例研究方法的流行，现在再作同样的介绍就属于画蛇添足了。

---

① 参见杨莉萍：《四种不同的师生交往模式——对一次教师研讨会录音的文本分析》，《教育理论与实践》，2008 年第 12 期。

2. 重复性材料与新发现材料

一项研究报告，不仅要交代研究的背景，更重要的是反映在一定背景下所获得的研究结果，也就是提供研究的主体性材料。关于主体性材料，也可以分为重复性材料与新发现材料，或者称作已知材料与未知材料。一项实证研究的结果，一般总是反映了两种情况：一种是与以往的研究结果或人们的已有认识相符的，另一种是情况有了新的变化，发现了以往未掌握的材料。一般来说，对于以往没有掌握的新情况、新材料、新知识，应该给予足够的重视，并在报告中予以充分的反映；而对于那些重复以往研究结果的材料和知识，则可进行比较概括和简略的报告。并不是说重复性材料就没有研究价值，许多实证研究在不同范围内再次验证和支持了已有的研究结论，也有一定的理论和实践意义。但是从创新意义上说，更需要关注那些可能蕴涵着新观点、新结论的数据信息。

所谓旧知识与新知识是相对而言的，新旧知识也是相互联系和转化的。研究报告应该注意数据材料的联系和比较，才能有助于发现其中未知的成分。比如列举某班级某门学科的考试平均成绩是 75 分、80 分或 85 分，这并不能说明什么问题。但是如果联系考试的背景因素，说明上述成绩分别是在什么样的情况下取得的，那么这些分数就有了研究的意义。比如加入学生的性别因素，说明不同性别的学生在不同学科中的成绩差异，或者进一步联系不同的认知风格对学习效果的影响，或者发现性别、认知风格、学习方法与学习效果之间存在着某种联系，那么这些分数所蕴涵的意义就更丰富了。一项实证研究包含着许多研究的变量或因子，从数据材料的呈现方式来说，我们应该避免过多地罗列单一因素的数据材料；对于多因素之间的内在联系，最好能用适当的图表形式表现出来。这样既能节省篇幅，又可以突出主题。

需要说明的是，所谓重视程度和篇幅多少是相对而言的。一项调查所获得的数据，可能 90% 是重复性材料，只有 10% 是新发现材料。从材料处理的方法角度看，重复性材料可以将类似的结果合并处理，并较多地考虑用文字形式进行概括性的说明；而新发现材料则往往需要给予单独的说明，并较多地考虑用图表形式予以强调，但并不意味着要用大量的以至 90% 的篇幅来反映新材料。

（三）理论分析深度不足

实际上，对数据材料的筛选裁剪已经包含着研究者的思考，而理论分析则是在呈现材料的基础上作出更为明确清晰的解释和分析。一项实证研究的结果直接表现为各种统计数据，而相同的数据材料可以有不同的理解和解释，这就取决于研究者处理材料的能力和经验。就如病人拿到一张化验单，他还需要医生对化验结果作出解释，从医学原理上给予分析说明。

从结果分析的层次和深度看，我们可以把"解释"与"分析"看作两个各有侧重的步骤。所谓解释，侧重于事实陈述，说明研究结果"是什么"，如学习成绩是提高了还是降低了，学习成绩与学习方法是相关还是不相关，其相关性经过检验是有差异还是无差异，是显著差异还是极显著差异等。所谓分析，则侧重于原因分析，说明"为什么"会有这样的结果，如指出哪些因素具有关联性，其因果关系是什么，研究假设成立或不成立的基本理由是什么，等等。由此可见，分析比解释在研究深度上要更进一层，难度更大一些。有关理论分析深度不足的问题，其表现又可分为几种情况：

一种情况是就事论事。即有关分析讨论只是重复结果解释的内容，研究者不能进一步揭示出其中蕴涵的意义；或不能发现研究结果各部分之间的联系，难以从总体上展开有一定深度的讨论。

另一种是自说自话。即结果归结果，分析归分析，二者没有直接的联系。这类研究报告往往是以调查或实验的结果为引子，联想引申出对教育教学问题的一些观点和看法。虽然这些论述本身也有一定的道理，但是脱离了研究的具体环境，属于解释过度，也就失去了实证研究的意义。

再一种可称作挂一漏万。即把大部分研究结果放在一边，仅对少数或次要的研究结果予以分析，而没有对主要研究结果作深入的分析和总体的评价，这样得到的研究结论难免以偏概全。

还有些研究报告从总体上看有一定质量，对结果的分析也有一定的意义。但是从更高的要求看，其分析的思路往往不够严密，或者说主观倾向性过于强烈，得出的结论还缺乏足够的依据，因而在一定程度上削弱了研究的整体水平。

（四）实例分析

有关教师专业发展的有效途径，是广大教师、研究者以及管理、培训部门普遍关注的一个问题。教师专业发展的最有效的途径是什么？中小学教师认为提高自身能力的最有效的方式是什么？近年来有许多研究者在这方面进行了深入的研究，提出了种种判断和建议，其中包括不少实证研究的成果。综观这些研究成果，可以了解研究者及教师对于专业发展问题的一些基本认识，同时也可以学习借鉴有关实证研究及报告写作的方法。下面以三项同类研究为例，作一些分析说明。①

实例8.3　教师需要什么样的专业引领

研究者选取某区约三百名中小学教师进行了问卷调查，其中有关"在课程教学改革的过程中，怎样的专业指导对教师的帮助最大？"一题，统计结果与分析如下。

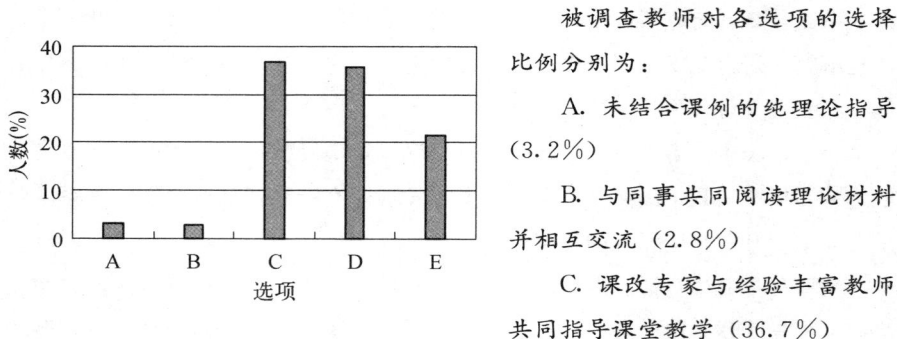

被调查教师对各选项的选择比例分别为：

A. 未结合课例的纯理论指导（3.2%）

B. 与同事共同阅读理论材料并相互交流（2.8%）

C. 课改专家与经验丰富教师共同指导课堂教学（36.7%）

D. 经验丰富的同事在教材教法方面的指导（35.7%）

E. 同事之间对教学实际问题的切磋交流（21.6%）

其中，受教师欢迎的C、D、E指导方式均涉及具体课例，教师不太喜欢的A、B选项均无具体课例，从中不难得出一个结论：教师需要有课例的专业引领。

实例8.4　提高教师教学能力的有效途径

问卷调查抽取全市六个区60所小学3 425名教师，对小学教师的基本情况和专业发展需求进行了调查，其中"在提高教学水平的途径上，教师认为最有效的途径"一题上，主要结果如下：

被调查教师选择较多的前几项分别为：

---

① 三个实例分别选自：《上海教育科研》2004年第2期、《上海教育科研》2008年第10期、《教育发展研究》2008年第24期。为便于阅读比较，在不影响原意的前提下，引用时对个别文字和图表形式作了改动。

A. 校外教学观摩（49.3%）

B. 教研员指导（21.9%）

C. 教师教育培训（21.8%）

D. 同事间的交流（18.4%）

E. 参加学校教研（16.3%）

F. 阅读论文与专著（15.8%）

从调查发现，教师们希望能走出去，开拓视野，增长见识，及时获得校外教育专家与教师的引领，分享课程改革中最鲜活的成果经验。

实例8.5 教师专业发展的最有效途径

本研究从 Y 小学 90 名中青年教师中随机抽取 25 人参与问卷调查，其中男教师 7 名，女教师 18 名。调查中，我们根据教师自己的经验，在对学校所组织的促进技术专业发展的多项活动进行判断的基础上，列出了能够有效促进教师专业发展的 19 项措施。

调查中，Y 小学的教师普遍认为学校提供了很多促进其专业发展的机会。在问及"最有效的途径"时，结果显示前三项分别是："撰写教学反思、日志、案例"等，有 11 人次；"区教研员的指导"，有 10 人次；师徒结对帮教与参加区以上的各级教学比赛各 9 人次。值

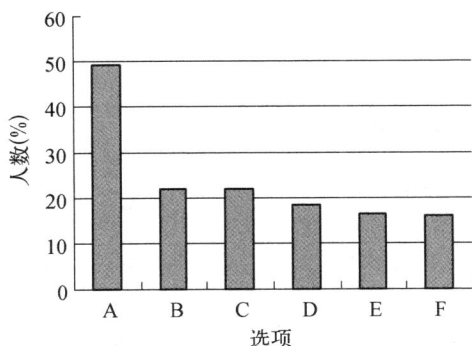

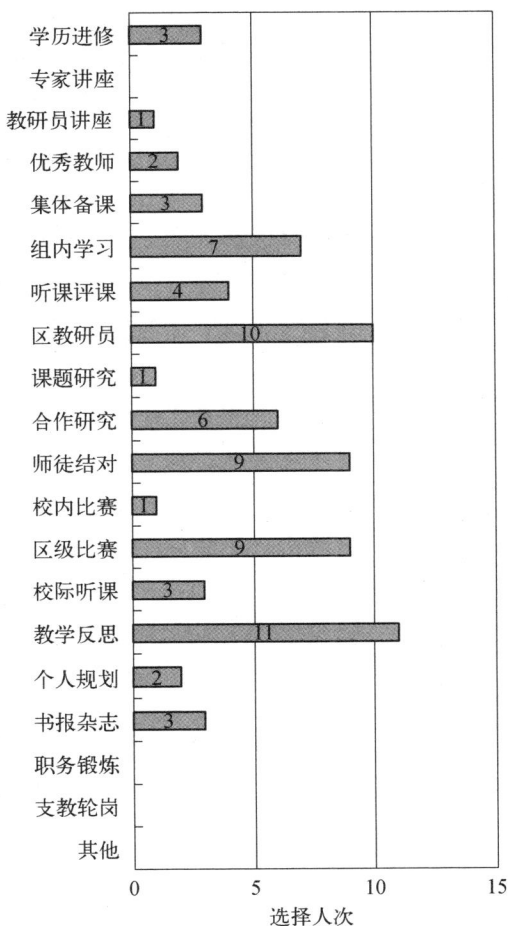

得一提的是，（非学历进修的）专家讲座、特定职务（如教研组长）的锻炼以及其他三项均无人选择。

上述三个实例均选自有较高质量的调研报告，研究主题相似，而研究方法又各有特点，体现了不同的研究思路。

实例8.3的一个重要特点是，其调查设计具有明确的研究假设，即："有课例的专业引领是促进教师发展的最有效途径"。研究者试图通过调查研究的方法，验证上述假设。其不足之处是问卷的选项设计不够周全，因而难以取得理想的结果。因为，上述五个选项尚不足以包容各种主要的"课程改革过程中的专业指导方式"，因而难以分析比较其差异及效果。一方面，在目前各类教师培训和教研活动中，完全脱离实践的纯理论学习并不多，更为常见的是不同程度结合教改实际情况的专题讲座等形式；另一方面，实践指导的方式更为多样，如实例8.4、实例8.5中显示的"校外教学观摩"、"撰写教学反思"等形式。因此，实例8.3的数据材料只能证明在"纯理论学习"与"教学实践指导"二者之间，教师更欢迎后者。至于在各种实践指导方式中，究竟哪一种更有效、更受教师欢迎，还有待于深入的研究。尽管"有课例的专业引领"可能对教师"帮助最大"，但这仍然是一个有待证明的假设，还不能作为经过严格验证的结论。

实例8.4所涉及的这项研究，特点是调查规模大、收集材料多，其不足之处是没有说明具体的抽样方法，我们无法得知在全市范围内的三千多个调查对象是随机抽样的还是非随机选取的。这项调查的主持者来自某师范大学教育学院，如果调查对象来源于师范生实习的基地学校或是在高校进修的小学教师，其代表性则会与一般大规模调查分层随机抽样所选取的对象有所不同。在这一部分的结果统计中，"校外教学观摩"一项选择人数近50％，远超出其后几项；与此同时，"教师教育培训"、"阅读论文与专著"两项的选择比例也相当高，似乎显示了教师对理论学习的重视，这些结果与其他同类调查有一定的反差，其原因都有待于进一步的解释和分析。此外，可能限于篇幅，研究报告只呈现了部分调查结果。读者没有看到问卷设计的所有选项，特别是不知道被教师们视为效果最差的几项，也多少是个遗憾。

实例8.5的一个特点是问卷设计的选项比较周全，基本上包括了教师专业发展的主要方式，有利于对调查结果进行比较分析；但是选项多也容易造成选择和得分比较分散，如果不经过适当的归类比较，就不容易发现和提炼出其中的规律性的东西（参见第六章第三节中有关材料处理的内容）。实例 8.5 的另一个特点是调查范围小、调查人数少，仅限于一所学校的部分教师。调查规模小也有它的好处，即便于结合观察、访谈等方法，在一定范围内作比较深入细致的研究，起到"解剖麻雀"和典型案例的作用。当然规模小也有不利之处，就是调查结果带有一定的局限性和偶然性。如"专家讲座"一项"无人选择"，这个结果未必有统计学上的意义，而研究者对此认为"值得一提"，也没有作进一步的解释分析，难免有误导之嫌。

从研究结果看，三份报告的共同点是反映了教师对提高教学实践能力的关注，但关注的具体内容和侧重点却有所不同。这种差异的产生，与研究者各自的研究背景有直接的关系。三项研究在研究方法的应用上各有所长，也有各自的针对性和局限性。"教师专业发展的最有效的途径是什么？""中小学教师认为提高自身能力的最有效的方式是什么？"看来要找到问题的准确答案并不容易，实际上也并不存在唯一正确的标准答案。我们作为研究者，需要在学习、借鉴前人的知识经验的基础上，逐步加深对研究方法应用的认识，从而提高自己的科研水平和写作能力。

第二节　综合性研究报告

根据研究本身的性质内容与方法运用的不同，其文本形式可以分为实证性研究报告与综合性研究报告两大类。其中实证研究报告经过长期的实践应用，其体例规格逐步稳定和完善，形成了一套近似标准化的文本形式，已成为学术界共同遵守的学术规范。所谓综合性研究报告，这里是指除标准化的实证研究报告形式以外、教育科研领域中各种研究报告的统称。有关综合性研究报告的性质内容及文本形式，目前还没有完全形成共识。鉴于教师科研写作的需要，这里尝试作一些界定和分析。

一、综合性研究报告的性质特征

随着中小学幼儿园教育科研活动的广泛开展，教改和科研成果大量涌现，各种研究报告也应运而生。与一般的经验总结和学术论文相比，研究报告大多以某项课题研究为基础，是在一定范围内对特定的研究主题作了比较深入、系统的研究之后所取得的研究成果；相对来说，它是一种比较正式、规范、严谨的成果表述形式。与实证性的研究报告相比，综合性的研究报告的内容则更为丰富，表现形式也更为多样。从学校教育科研的基本性质和已有成果看，其研究的方法途径，一般以经验总结和行动研究为主，同时往往兼及调查和实验研究、叙事和案例研究、文献资料研究、理论思辨研究等多种方法。多种研究方法的综合运用，带来了丰富多彩的研究内容，也形成了多样化的表现形式；由此，也体现了这类综合性研究报告的基本特征，即综合性、多样性和复杂性。

由于研究内容及形式的复杂多变，这类综合性的研究报告并没有一个统一的严格的文本形式。研究者一般根据各自的研究特点和表达习惯，选择应用不同的表达方式。表现在文本形式上，有的比较严谨，近似于实证研究报告；有的比较活泼，甚至具有比较浓厚的文学色彩。

随着大量研究成果的表达、交流、评比和发表，研究者们也形成了一定的共识，认识到这类研究报告也需要有一个相对稳定、便于操作的写作规范，尤其是在各级各类教育科研管理部门的要求下，各种课题研究报告逐渐被纳入了一个规范化的制度框架之中。于是，除少数个性色彩特别鲜明的研究报告之外，绝大多数综合性的研究报告逐渐形成了比较稳定、相对一致的文本形式。

由于综合性研究的性质特点，加之各地科研管理部门的要求也不尽一致，这类研究报告的体例格式并不完全统一，但大体上都包含了以下几个主要部分：

1. 问题的提出。开头部分需要介绍研究的背景和由来，以强调本研究的必要性和可行性。

2. 研究的目的和方法。从所要研究的问题出发，提出研究的具体目标、内容和所采用的研究方法。这部分需要简明扼要地阐述研究的基本思路，所占篇幅虽不多，却是研究报告的核心部分。

3. 研究的内容和过程。这是研究报告的主体部分，具体介绍研究实施的内容、途径、方法、步骤、类型，取得的主要成果等。

4. 结果与思考。在前三部分介绍分析的基础上，研究者需要从总体上对所取得的成果进行总结和评价，包括总结研究的成效、提出研究的结论、阐发研究的体会及进一步的思考等。

从表面上看，综合性研究报告的基本体例与实证性的研究报告相比，似乎差别不大。其实由于内容的丰富多样，综合性研究报告的表现形式具有很大的弹性空间。上述四个主要部分只是一个框架性的要求，实际操作时内容可多可少，形式可分可合；同样的课题在不同的研究者笔下，其表达形式的差异，可能远比同类实证研究报告之间的区别要大得多。对于实证性研究，由于所涉及的研究方法比较单一、研究过程比较清晰，因此在撰写研究报告时相对有序可循、容易把握。而综合性的研究往往涉及面广、不确定因素多，实际上对研究者把握文字的能力提出了更高的要求。

二、综合性研究报告的撰写要点

中小学幼儿园的教育科研，基本上属于实践研究范畴，所谓综合性研究报告，一般就是某项实践研究课题的成果报告。由于实践本身的丰富性和复杂性，一些教师研究者在表述研究成果、撰写研究报告时，往往会陷入一种两难境地：一方面觉得实践材料过于丰富，不知如何入手；另一方面又会觉得研究缺乏新意，没有多少可用的材料。这个问题的产生，也有两方面的原因：一方面是这些课题研究原本在设计和实施方面就比较草率，课题立项后并没有认真开展研究，因而无法为提炼成果提供清晰的思路和适当的材料；另一方面是科研写作的能力和经验不足，难以有效地梳理大量的研究材料并构建合适的表述框架。前一原因属于先天不足，已很难弥补。后一原因涉及写作方法问题，可以逐步学习和掌握。怎样在梳理大量研究材料的基础上，构建一个既符合一般的研究规范、又能体现自己的个性特点的综合性研究报告，下面结合实例，对综合性研究报告四个主要部分的撰写要点和常见问题分别作一些分析。

（一）提出问题：注重研究现实针对性

研究报告的开头部分一般是介绍研究的背景，提出所要研究的问题及其由来。为了说明研究的意义和价值，研究者往往要从国际到国内、从历史到现实进行一番回顾和评析，以证明本课题选题的必要性和重要性。这种评述文字的内容，大体包括以下几个方面：

1. 社会经济文化发展对人才素质的要求
2. 国内外教育教学改革的发展趋势
3. 中小学生身心发展的规律与特点
4. 当前学校教育改革的任务与问题
5. 前人的研究与本校的研究基础

上述五方面内容大体上是从大到小、由远及近，从一般的抽象的道理过渡到个别的具体的事实。一般说来，如果结合本研究的选题特点，能够从上述五方面有针对性地阐述研究的理论意义和实践价值，也就基本达到"开题"的目的了。当然在实际应用时，并不一定是五个方面面面俱到、缺一不可，也不是平均用力、没有重点。对于中小学实践研究来说，最重要的是针对教改实际，提出适合本校、本课题组研究的问题。因此，在背景介绍的五方面内容中，最后两点（特别是第5点）应当作比较具体详细的分析介绍。

从有关学校科研的文本材料看，比较普遍的欠缺是，研究报告在阐发选题意义时往往大而化之，缺乏本校、本课题研究的现实针对性。具体地说，开头部分一般比较偏重前面几点内容的阐发，而对后面一、两点交代不足。对于课题研究的价值意义，宏观背景、理论意义谈得多，微观环境、具体条件说得少。例如，对于"当前学校教育改革的任务和问题"，往往笼统地谈论素质教育、新课程改革对教育教学的一般要求，而对本地本校的具体问题缺乏深入分析；对于前人的同类研究，往往并没有做认真的情报研究，却主观地认为这方面的研究"不多"甚至是"空白"；对于本校已有的教改基础、研究条件，尤其是与课题有关的经验材料，也没有做仔细的考察和提炼。由于缺乏对具体问题的具体分析，一些研究报告的开头部分往往显得"大而空"，因而不能恰如其分地说明选题的特点和意义，甚至导致读者对其研究价值的怀疑。

实例8.6　绿色学校的课程统整研究①

　　经过两年多的实践研究，课题组成员在大量的经验材料基础上写出了研究报告的初稿。在"课题研究的背景和意义"部分，主要介绍了三方面的内容：第一，介绍了国家、上海市对于基础教育课程改革提出的目标和要求，如"改变课程结构过于强调学科本位、科目过多和缺乏整合的现状"；第二，阐发了学校教师对课程整合的理性认识；第三，对"绿色学校的课程统整"的内涵进行了界定和说明。在其后的课题论证活动中，受一些专家的指点和启发，我们认识到，这样的阐述还比较一般化，缺乏本校实践研究的个性特点，特别是对学校提出"绿色学校的课程统整研究"具体动因和研究基础没有必要的交代。通过讨论，我们发现，其实学校有许多有特点有价值的背景材料，只是写报告时没有很好地梳理和利用。例如学校有着重视科技教育和环境教育的优良传统，曾被评为"上海市绿色学校"、"上海市无烟学校"和"区科技特色学校"。这些年来，我们开展过一系列有关环保、科技、德育的主题活动，这些教育教学活动在内容设计、教学方法、组织形式等方面，一定程度上都体现了"课程统整"的理念和方法，积累了许多经验，同时也发现了不少有待解决的问题。我们意识到，这些实践正是学校提出课程统整的具体动因和研究基础，如果在研究报告开头能够有意识有条理地分析情况、提出问题，明确研究的动机，使课程改革的大背景与学校课程统整的定义之间有一个自然的过渡，那么课题研究的意义和价值就更清楚了。于是，一个新的提纲就形成了。

　　《绿色学校的课程统整研究》（"问题的提出"部分）

　　1. 介绍新课程改革的目标要求

　　2. 阐述学校教师对整合的认识

　　3. 学校科技教育、环境教育的传统和成绩

　　4. 开展一系列有关环保、科技、德育主题活动的经验和不足

　　5. "绿色学校的课程统整"的内涵说明

　　上述问题及体会带有一定的普遍性，即研究报告的"提出问题"，不能笼统地用宏观的改革大背景来代替学校、教师、学生所处的具体环境。写好研究背景

---

① 根据上海市卢湾区海华小学朱勤校长提供的研究材料编写。

的后两条，关键是具体情况具体分析，切忌空发议论。宏观背景、理论意义也需要提，这可以使课题研究有一个较高的立意和宽广的视野；但更重要的是，应揭示宏观的理论的背景在本地区、本校、本研究中的具体反映。背景介绍有了现实针对性，也就凸现了研究选题的价值和意义。

其实上述提纲还有不足之处，就是对"前人的研究"重视不够，缺乏有关同类研究的文献资料概述。好的研究应该是"站在巨人肩膀上"的探索，通过对以往的同类研究的介绍，可以比较分析各种相关研究的成效和优劣，从而表明自身研究的特点和优势。不少中小学教师由于理论素养不足，观察视野不够开阔，往往对文献资料分析草率从事，这在一定程度上也影响和削弱了研究选题的价值意义。

（二）明确目标：厘清研究的基本思路

研究报告的第二部分，主要是介绍研究的目的、思路和方法。这部分是研究报告的核心内容，需要简明扼要地阐述研究的基本思路，特别是提炼研究的主要目标。一般来说，有关研究目标的表述可以分为三个层次：

1. 概括研究的基本目标。研究报告需要用简练明确的语言——一句话或一小段话——高度概括地阐明本研究的基本目标。这一层次的表述重在交代研究的核心概念和基本内容，表明研究者所要追求的目标到底是什么。

2. 阐明研究的基本思路。在提出研究目标以后，还需要从理念上作进一步的阐发，包括对涉及的重要概念作必要的解释，具体说明指导研究的基本理念和实施的基本思路。这一层表述的要点是理清研究思路，对研究的基本设想及大致走向要有一个比较概括的说明，包括指导思想、理论依据、研究对象、研究范围以及研究所用的方法手段等。语言表述可以偏于学术性，以阐发对本研究的理性认识。

3. 描述研究的具体目标及内容。这一层表述是研究目标、研究思路的具体化。一个基本的研究目标，需要对其进行分析和分解，使之与具体的研究内容相联系、相对应，以构成研究报告的基本框架和逻辑关系。表达这一层意思，重要的是把研究目标与工作目标区别开来，认识实践研究与日常工作的边界。通过这种区别和认识，研究者自己应该明白：在学校教育和教师工作的范围内，哪些内容是本课题研究的对象，是必须通过研究得出结论的；哪些内容是日常工作的对象，是学校和教师应该关注的，但并不属于本课题研究范围的。这里的难点是"具体化"，即不仅是简单地把研究报告划分成几个块面，而且要能够有针对性地提出各部分所要解决的问题及研究策略。

研究报告要阐明研究的目标和内容，这个要求看来简单，其实难度并不低。如果对学校教师撰写的各种研究报告做一番考察，就会发现有相当一部分文本中是找不到明确具体的研究目标的，因而其研究内容的表述也往往比较混杂。按理说，一项课题的研究目标，原本在开题时就应该有比较明确的认识，但是对于许多学校教师的实践研究来说，研究的思路往往是在研究过程中逐渐清晰和成型的，因此在撰写研究报告时对研究目标做一番梳理和提炼，也不失为亡羊补牢之举。能否在研究报告中清楚而准确地表述研究的目的和内容，对研究者把握和提炼研究成果的能力也是一个考验。

实例 8.7　小学数学策略学习研究（研究目标）①

原稿：通过"小学数学策略学习研究"这一课题的研究，增强广大教师对"策略学习"研究重要性的认识，推动具体学科的"策略学习"的系统研究，有效地促进小学数学课堂教学改革与创新，有效地提高小学生数学学习质量，使其理论价值和应用价值得以充分发挥。

修改稿：在对小学数学学习策略的构成要素及表现特征进行理论分析的基础上，通过实践研究，系统地总结小学数学学习策略的具体内容和应用形式，形成一批可操作的学习策略案例，提升本地区教师和学生对于数学学习策略的认识水平和应用能力。

上述实例来一份具有较高质量的研究报告，该课题成果曾获省教学研究课题优秀成果一等奖。但从报告撰写的规范看，其研究目标的表述还不够明确和清晰。原稿中对研究目标的一些表述，只反映了研究者的主观愿望，却不能成为研究的对象和载体，实际上很难操作。这里代拟了一个修改稿，针对研究的具体内容作了适当的提炼和概括，将一般的笼统的理性认识转化为具体的显性化的研究目标。修改稿用简明的语言概括了研究的基本思路，而其中又包含着可分解实施

---

① 选自《温州教科研通讯》（总第五期），2005 年 4 月。

的几个具体目标：

(1) 小学数学学习策略构成要素的理论分析；

(2) 实施数学学习策略的基本形式和经验；

(3) 数学学习策略应用案例的编写；

(4) 数学学习策略的推广研究。

通过前后比较可以看出，一个好的研究目标应该是：高度概括研究内容，同时又可以分解实施。

研究目标、研究思路、研究内容的表述过程，是一个从抽象到具体的过程。研究目标是研究内容的高度概括，研究思路是对研究目标的理性认识，而研究内容则是对研究目标和研究思路的细化和具体化。对于这三者的文字表述，一般来说，研究目标的表述要求精炼准确，最好用一句话或几句话就讲明白，不宜拖泥带水；研究思路则是从理论上对研究目标作进一步的阐发，说明本课题研究的基本理念和指导思想，这是本研究能够成立的必要的理论阐发和逻辑证明，这部分可以用一段或几段文字来表述。

有关研究的具体内容，在研究报告的第二部分，主要是将基本目标进行分解，然后对分目标所涉及的研究内容作概括的介绍。涉及整个研究及各部分所采用的研究方法，如文献研究、调查研究、行动研究、经验总结、案例研究等，也在这部分中结合有关研究目标作简要的说明。至于具体的研究内容和研究过程，属于研究报告的主体部分，须留待报告的第三部分予以详细地说明和分析。

（三）阐述内容：反映研究的实施过程

第三部分是研究报告的主体部分，需要具体而系统地介绍本研究的主要内容。从研究报告的布局结构上看，在第二部分中有关研究目的和研究思路的阐述是报告的总论部分，而第三部分就是报告的分论部分。这一部分的撰写要点有二：一是理出一个内容阐述的基本框架，即把有关内容按一定的逻辑关系分成并列的几个方面，每个方面对应一个分论点；二是考虑将几方面的研究内容按一定的时间顺序组织成递进关系，使研究报告形成并列与递进相结合的总体结构。

一般来说，把研究内容划分成几个并列的研究领域并不难。例如把上述"小学数学策略学习研究"按不同的学习特点分为若干种策略（或方法、类型、模式），每种策略配以一两个实例，整个研究内容的框架结构就基本建立起来了。这里的难点在于"按一定的时间顺序组织成递进关系"，也就是说，不仅要说明研究内容包含了哪些研究的结果，还要说明取得这些结果的研究过程。

为什么要按时间顺序来反映研究的过程？其实这并不是写研究报告的规定格式或强制性要求。像前面介绍的实证性的研究报告，基本写法是在介绍研究方案之后便直接引出并列的几个研究结果，不一定需要构成递进式的表述结构。如果综合性的研究报告也采用并列结构，也并无不可。问题在于两类研究报告所采用的研究方法的性质有较大的差异，因此在表达形式上就有必要考虑充分体现各自研究的特点和内涵。

从学校教育科研的现状看，各种综合性的研究报告，凡是写明了课题研究所采用的研究方法的，大多自称应用了"行动研究法"。但是从这些"行动研究"的报告文本看，相当多的文本很难体现行动研究的特点；或者说，这些研究报告实际上反映的并不是"行动研究"。仔细分析有关文本，可以看出大多表述的是经验总结方法的应用及其成果。从研究方法的应用范围看，实证研究、经验总结或者是文献资料研究，它们的研究对象都是已经发生的教育行为（教育结果），而行动研究却是以研究者的行为发生过程为研究对象的。教育行动研究是研究者在一定的研究设想的指引下，以实践反思为主要手段，将研究与工作融为一体，求得自身教育行为改进的一种研究方式。行动研究不仅要取得改进教育行为的结果，更重要的是要说明和解释：这些结果是通过什么样的过程和方式所取得的。

因此，从研究报告的文本形式看，如果不按照一定的时间顺序来组织材料，就无法说明教育行为变化和发展的过程，也就很难说应用了行动研究的方法。当然对行为结果的提炼总结和思辨分析，也是常用的教育科研方法，也有它们各自的特点和长处；但是在许多情况下，如果能够描述和阐明取得结果的过程，则更符合教师研究的特点和需求。比如对于"小学数学学习策略"，它们是在什么样的问题情境中提出的，在应用时是否遇到过什么障碍，学生是否都能理解和掌握，教师是怎样发现和解决面临的问题的，这些学习策略在应用过程中作了哪些改进，各自的适用性和局限性是什么，整个研究的进度和范围是怎样安排的，等等。研究者如果能够在充分掌握实践材料的基础上，把上述研究实施的步骤、阶段、过程一一展示出来，可能比单纯介绍结果本身要更有价值得多。总而言之，既然有那么多研究者声明自己采用了行动研究的方法，说明大家对行动研究的价值和意义都是认同的，现在所要做的就是言行一致、名实相符。

实例8.8　"教育性评语"课题研究①

无锡市扬名小学曾在华东师范大学教育系专家学者的指导下，开展了小学生品德评语试验研究，其研究设想和目标是：（1）从面向家长的评语到面向学生的评语的转变；（2）从片面评价的评语到关于学生素质全面评价的评语的转变；（3）从枯燥的评语到色彩斑斓的评语的转变；（4）从结论性评语到形成性评语的转变。经过两年的试验研究，在取得预期成果的基础上写出了研究报告，其中反映研究过程是报告的主体部分，主要内容包括：

（一）试验的前期工作

1. 对本校以往评语的实证研究

2. 对班主任原来的评语观念的了解

3. 对学生喜欢什么样的评语的了解

（二）第一轮试验

第一轮试验要求：评语的针对性要强；内容要具体；评价要准确；以鼓励为主；用语要活泼、简洁；在鼓励之中指出缺点。

试验结果表明，破除了旧模式，却又套上了新框框。班主任普遍反映：给全班每一位学生写一份全面评价的评语很困难；"两头"的学生好写，"中间"的学生难写。家长反映得到的信息不够全面。评语用语虽然较以往丰富，但依然较为贫乏，评语的针对性不强；评语的准确性的判定，尚待研究。

（三）第二轮试验

就第一轮试验中存在的问题，对试验方案加以修正、完善，并对评语效果进行初步考察。具体方案与实施情况：

1. 初步建立"评语材料库"；2. 就评语中的疑难问题加以研究；3. 要求家长在阅读评语后，把对评语的看法写成书面材料；4. 将每班学生分成若干小组，分别由组外学生来逐个读组内学生的评语，让全组同学猜写的是谁，以判定评语的

① 根据曾令奇《教育性评语——小学生品德评语试验阶段研究报告》一文改写，原载陈桂生主编：《到中小学去研究教育——"教育行动研究"的尝试》，华东师范大学出版社，2000年10月第1版，第140—161页。

准确性；5.针对评语中提到有关优缺点和努力方向，在日常教育活动中采取一系列教育措施，避免流于空谈。

（四）试验的结果与分析（略）

教育行动研究是一种实验研究或实践研究的变式，它是对在教育行为的发生过程进行研究，而不仅是研究教育行为的结果。这种过程的研究由下列四个基本环节所构成：设想——行动——反思——改进（或称：计划——执行——检查——总结）。上述"教育性评语"课题报告，比较全面地反映了从提出研究设想到转化为实践行为、并不断反思改进的一系列重要环节和细节，比较典型地体现了行动研究的特点和过程。这项研究最终也对所取得的试验结果进行了系统的概念分析和理论阐述，如通过考察提出了 7 个"评语项目"和 43 个"评语指标"，并进行了具体深入的分析（其中评语项目包括：学习；个性；智力与能力；品德；卫生；文体；健康状况与外貌特征等）。如果研究报告不反映试验或实践的过程，而直接提出研究结果，比如对所掌握的评语的内容或用法作出分门别类的概括介绍和改进建议，当然也是可以的，但那就是一篇调查研究报告或经验总结报告了。而只有呈现了上述四个基本环节，特别是"反思"和"改进"环节，才能说体现了行动研究的特色和价值。

（四）总结成果：提炼研究的基本结论

第四部分是总结归纳研究的结果，并作出总体的评价和思考，其内容也可以概括为三个方面：研究的成效、研究的结论、研究的体会及思考。总体而言，结论部分的语言表述应该简明扼要，能够概括提炼研究报告的成果精华。

这一部分撰写的要点是区分研究成效与研究结论，并在此基础上提炼总结研究成果。所谓研究成效，是指研究目标的达成度，也就是看这项研究在多大程度上实现了预期的研究目标。如考察上述《小学数学学习策略研究》的成效，我们就要对照原定研究目标来看：

（1）是否构建了一套有自己特点的策略体系，并能够在理论上自圆其说；

（2）是否形成了这个策略系列的具体内容和操作形式，并在一定范围内进行了有效的实践；

（3）是否总结提炼了一批应用上述策略的操作案例，形成可供交流的文本；

（4）是否对已有的有效做法和成功经验进行了交流推广，并在一定范围内取得成效。

针对上述问题，结合具体事实、统计数据或有关资料，陈述已达成的目标，就是研究所取得的主要成效。在这方面，需要在一定数量的实践材料和数据材料的基础上整理归纳，做到用事实说话，而不是靠主观推测。

研究的结论则是对所取得成效的评价。所谓评价首先是对研究的总体评价，即对这项研究的成败得失有一个总的看法；其次是对某些比较重要或突出的具体成果分别予以小结，如对几种主要的学习策略的应用情况进行一定的归纳分析，特别是关注某些成效显著或有异常现象的学习策略。

一般来说，研究成效是对研究结果的事实陈述，说明研究者做了哪些事情，做到了什么程度；而研究结论是对研究结果的价值判断，指出成效背后所蕴涵的价值意义。至于研究的体会及思考，则是在提出研究结果和结论的基础上，进一步阐述通过研究所形成的经验体会，如分析说明获得成果的条件和原因，以及提出今后研究发展的设想等。

结论部分撰写的难点在于，要依据研究内容进行有针对性的总结提炼。现在不少研究报告的总结过于空泛，不能有效地概括和提炼研究成果，缺少一定的力度。其具体表现为：

一是研究效果的表述过于宽泛。如笼统地说经过课题研究，学生学习成绩提高、教师专业发展或学校的教育质量和办学水平提高等。这些表述大多不能针对研究目标来提出具体的研究结果，因此也很难证明是研究本身取得了成效。

二是用效果代替结论。有些研究报告的结尾列举了学生学业进步或教师专业发展等一系列表现或成绩，也能够结合研究的具体内容进行陈述，但往往光有事实没有评价，对成绩与研究二者之间的关系缺少必要的分析判断，因而削弱了研究的"分量"。

三是缺少自己的经验体会。一些研究报告的结尾用某些理论学说概括本研究的价值意义，虽然有一定的深刻性和启发性，但如果没有自己独特的研究心得和体验，也容易流于"正确的空话"。

总之，如何结合研究目标、研究内容进行有针对性的总结提炼，是写好研究报告结论部分的关键。做好研究是写好总结的基础，没有深入的实践研究及其成果，总结也就成了无本之木、无源之水；反之，有了充实的"猪肚"，才可能形成有力的"豹尾"。

第三节　教育情报综述

教育情报研究，也可称教育信息研究，是教育研究的一项基础性工作。情报过去一般指保密的信息，后来更广泛地用于特定的有用的信息，如指科技情报、工业情报、图书情报、教育情报等。情报研究就是运用现代信息技术手段及多学科理论，有目的、有计划地对某种信息进行识别、收集、加工和利用的研究活动。情报研究或信息研究也是一门专门的学问，其基础理论包括情报学、信息学、文献学、传播学、符号学等。

教育情报的来源与收集，涉及观察、访谈、问卷调查、会议材料、期刊书籍以及网络信息等各个方面。教育情报综述的基本功能，就是在一定篇幅中综合反映教育领域某个特定主题的信息，使人能够在较短的时间内比较简便和系统地了解某方面的研究信息和教改动态。综述的文本形式主要有三种类型：（1）文献综述；（2）会议综述；（3）各类简报、专报、工作总结等。

许多教师对教育情报研究有一种敬而远之的心态，认为专家学者做理论研究或者是要申报省市级课题，才需要研究文献资料，而教师做实践研究没有必要费心费力去收集资料、撰写综述。其实这是一个很大的认识误区。诚然，实践研究与理论研究在研究的性质、对象和方法上都有很大的不同，但这并不等于说实践研究者就不需要了解前人和他人的研究成果，就不需要掌握本领域的研究动态。牛顿有一句名言：站在巨人的肩膀上看得更远。中国则有一句俗语：当局者迷，旁观者清。这两句话从不同角度揭示了开拓研究视野、掌握研究信息对于提高研究质量的重要性。

事实上，学校教育科研中闭门造车式的低质量、低水平的重复研究并不少见；而另有许多事实也证明，适当的情报研究和综述撰写，可以有效地借鉴历史经验和他人成果，少走弯路和重复的路，对于提高教改实践和课题研究的质量水平有着显著的作用。此外，撰写情报综述需要一定的抽象概括和分析综合能力，因此对提升实践研究者的思维水平和研究素养有一种特殊的"锻炼"作用。一个作为研究者的教师，应该有意识地结合自己的教改实践需要，去尝试撰写一两篇教育情报综述，很可能会有意想不到的收获和进步。

一、文献综述的特点与撰写

一个人的智慧总是有限的，所以我们进行教育改革和教育科研，就有必要做文献资料研究。要"站在巨人的肩膀上"，通过学习、鉴别、汲取前人的研究成果和教改经验，了解历史的经验，认识存在的问题，明确前进的方向，提高研究的效率和质量。关于情报研究、文献综述的概念、意义和方法，已有不少公开发表的论述，这里主要针对中小学教育科研的实际情况，探讨几个撰写文献综述的要点。

（一）选题：关注热点难点问题

文献综述的基本功能就是对大量文献进行筛选整理，让读者能够用较少的时间和精力，比较准确而全面地了解和掌握研究动态。根据不同的研究目的和需要，文献综述的选题会有不同的思路。但是一般而言，从公开发表或传播效果的角度看，有关教改和研究的热点难点问题，有更大的选题价值和交流需要。一些比较冷门或比较专业的研究选题，研究成果和发表文章本身不太多，因此就不一定要通过文献综述的方式来反映和了解情况。

在确定了大致的选题范围之后，就可以通过各种方式进行文献查阅。现在网络搜索比较方便，通过中国知网、万方数据等资料库，运用主题词搜索等方法，可以浏览大量的相关文献。例如近年来的"课堂观察"、"混合式教学"、"表现性评价"、"学习共同体"、"名师工作室"、"教育信息化与数字化"、"教育国际化与本土化"等，都是较受关注并值得探讨的问题。在学科教学领域，则有更多的热点和难题的探讨，如语文学科的语感培养、数学学科的模型思想教学等。有些热门话题人们似乎耳熟能详，但深究起来则往往似是而非，也值得做文献综述进行梳理和辨析。如探究性学习、问题化学习、项目化学习、跨学科学习、STEM、综合主题活动及其相互关系等。

在选定某个具体的综述题目时，作者需要认真考虑撰写的难度问题。一方面，难度大价值也大，发表的机会相应也多；另一方面，撰写难度要与本人的能力相适应。有些热点难点问题虽然受到较多的关注，但是众说纷纭，归纳整理并不容易。有时作者看似填补了一个情报研究的空白点，其实撰写难度相当大，未能充分考虑自己是否力所能及。

实例8.9 "课堂教学境界"研究综述

曾有一位中学教师写过一篇《"课堂教学境界"研究综述》，应该说，这是一个比较新鲜而有价值的综述选题。人们常说优秀教师上的课能够达到一种"境界"，什么是"教学境界"，怎样才能达到"境界"，有许多观点散见于各种报刊文章。于是这位教师查阅了二十年来的一百多篇有关文章，写成了一篇文献综述。其中文章列举了有关教学境界性质的四种定义、有关特征的三种不同说法等内容，可惜的是，仅此而已。整篇文章几乎由引文组成，基本没有归纳分析。接到投稿后，有关杂志编辑肯定了选题有一定价值，但希望作者不仅是罗列材料，而能够对各种说法加以一定归纳，并对其异同有一点评说，然而这位作者心有余而力不足，无法进一步修改完善，结果虎头蛇尾、功亏一篑。

当然考虑撰写难度，也不能刻意避重就轻。文献综述的一个重要价值，就在于及时地反映某个研究领域的新观点、新成果、新动态，因此选题内容也需要与时俱进。比如考试命题的动态是大家比较关心的话题，研究者可以结合工作需要和教学心得，重点收集和分析某一学科领域的考试和评价研究成果，写成文献综述或述评。下面就是某地选编的高考综述性论文的选题。

实例8.10 高考优秀评析论文选集[①]

(1)《两年来各省市英语高考书面表达的命题特点及备考策略》

(2)《近三年浙江省高考地理试题特征与趋势分析》

(3)《浅析近六年浙江省理综生物选修三试题》

(4)《从近三年高考理综命题看2014年物理试题特点》

(5)《2014年浙江省理综化学部分试题分析》

---

① 选自绍兴市柯桥区教师发展中心编：《2014年高考优秀评析论文选集》，文字有改动。

（二）取材：广泛阅读去粗取精

在确定选题之后，就要广泛阅读有关文献，比较鉴别，去粗取精。由于文献综述涉及面广而篇幅有限，选择材料时须注意把握宏观与微观、一般与重点的关系。概括地说，就是先面后点、突出重点、点面结合。

所谓先面后点，就是先掌握某个研究领域的总体情况（即"面"），再选取典型或重要的材料（即"点"）。在一定的选题范围内，首先要把握本综述涉及的文献主题、范围、年限、类型及文献数量等，可以用文字概述、数据统计及简明的图表等形式加以归纳整理。其目的是初步掌握特定研究领域的基本情况，以便进一步更有针对性地寻找具体的研究文献。

实例 8.11　非连续性文本研究文献数量变化图①

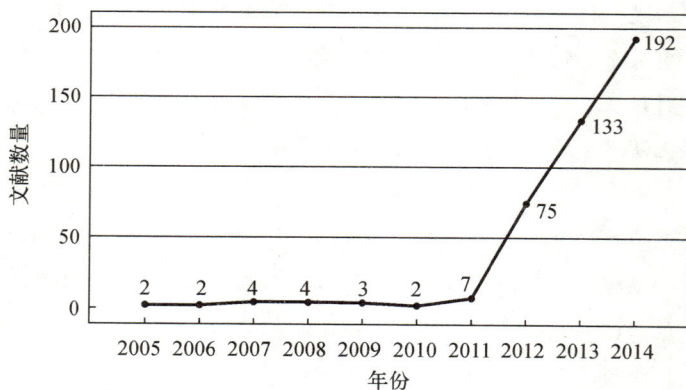

十年来非连续性文本研究文献数量变化情况

研究者以"非连续性文本"、"非连续文本"、"间断文本"为关键词，在中国知网、万方数据库对十年来相关文献进行检索，结果发现，从 2012 年起文献数量有了迅速增长（见上图）。前些年有关论文的数量屈指可数，而随着中国上海加入国际学生评估项目（PISA），以及"新课标"将非连续性文本引入语文课程视野，近三年便涌现出 245 篇以"非连续性文本"、"非连续文本"直接命名的文献。适当应用图表，可以直观形象地反映某个领域的研究概况和发展趋势。

---

① 潘红：《近年来非连续性文本研究文献综述》，《上海教育科研》，2015 年第 10 期。

在了解掌握面上情况的基础上，还需要突出重点，这就要在大量的相关文献中，挑选重要的或典型的文献资料。所谓重要文献，也是见仁见智的选择，大致可以从文献的影响力、权威性、新颖性和独创性等方面来考虑取舍，尽量不要遗漏有代表性的文章和成果。如影响力因素，可以从引用率、转载率、发表时间、传播范围等指标来考虑；权威性，可以从文献的作者身份、发表途径、学术奖项、社会评价等角度来考虑；新颖性和独特性，则更多地考虑文献涉及的不同见解、争鸣论战以及新的研究领域、研究方向等。一般来说，对于相同观点或同类性质的研究，应尽可能搜寻和列入发表年份最早的文献。但在一定情况下，也不宜忽略发表时间较晚而产生较大影响的成果。

实例 8.12　名人效应

前些年，一些教育刊物曾发表过有关质疑三好学生评选标准和制度的文章，虽然得到许多人的赞同，但反响并不强烈。而多年以后，顾明远教授在一次会议上重提此事，却引起媒体的广泛响应，掀起一阵波澜。

《中国教育学会会长呼吁停止评选三好学生惹争议》

中新网 2008 年 9 月 15 日电综合消息，《重庆晚报》14 日报道说，中国教育学会会长顾明远呼吁停止评选"三好学生"，因为这样会"过早给孩子贴上好学生与坏学生的标签"。此言论一出，引发了坊间对"三好学生"这个在中国中小学实行数十年的评奖制度的关注和争论。

上述材料因它所产生的社会影响，可认为是重要和典型的文献资料。可见选取材料的标准，固然与研究内容的原创性有关，但也与研究者的权威性、知名度及时代性相联系。因此"点面结合"，就必须权衡各种因素，把握一般与重点的关系，在有限的篇幅中选取容纳"适当"的材料。

（三）结构：构建框架对号入座

文章需要有一个适当的论述结构，来容纳和组织所选取的材料。这个论述框架大致上可分为三种：纵向结构、横向结构、混合结构。作者可以根据不同的结构，确定素材的详略取舍，以便对号入座。

1. 纵向梳理式结构

所谓纵向梳理，就是对一定时段内某个研究领域中所有重要论文都能够阅读和掌握，以此作为进一步研究的基础。一般是按时间顺序整理材料，然后归纳出不同的发展阶段及相应的研究特征。至于怎样才算是重要论文，很难下个确切的定义，一般可以从论文发表的刊物性质、引用次数、学术影响以及作者身份等方面来判断。这类文献综述的特点是，在有限的篇幅中概括介绍了某一领域中的重要成果和发展趋势，视野开阔而要言不烦，使读者能够用较少的精力了解到某项研究的来龙去脉，因此很受欢迎。如《1999—2007年我国"教育公平"研究论文文献计量分析》、《我国大陆十四年来学校效能研究现状与反思》、《关于借读费研究的文献综述》、《关于师生互动情况的研究综述》、《近10年提问研究审视》、《春季高考实施六年述评》、《双语教学研究新进展》等，都是较好的文献综述选题。

这类文献综述，由于时间跨度大、选材范围广，选取和把握材料就有一定难度，因此选题角度恰当与否就十分重要。如"春季高考"、"双语教学"是近年来教育改革中比较引人注目的新事物，并出现了一定数量的相关研究成果，写成文献综述就比较合适。但要将选题定为"新课改背景下语文教学改革研究综述"或"近二十年数学教学改革述评"，由于涉及的文献资料数量很大，一篇几千字的综述就很难恰如其分地介绍有关的研究成果和发展趋势，一般情况下就不太适宜。这时不如缩小选题范围，如改为"语感与语感教学研究综述"和"数学思想方法教学研究述评"等。当然也不能一味缩小选题，否则就失去了撰写综述的意义。如果将有关语文、数学的选题再缩小为"上海S版语文教材结构研究综述"或"高中数学中转换与整合思想方法研究述评"，那就很可能遇到素材数量不足的问题，勉强写成综述也就意义不大。

2. 横向扫描式结构

与上述纵向梳理式综述的材料处理方式不同，所谓横向扫描式综述，是围绕某个专题或主题，直接将有关素材按照一定的标准进行分门别类的处理，并列地介绍若干项主要的或基本的研究内容。与纵向梳理式综述相比较，横向扫描式综述的关注点不在于某项研究的过程而在于结果，不在于揭示纵向发展的规律而在于列举横向拓展的成果。这类文章常见的选题有："学习困难学生转化的有效策略"、"探究式课堂教学的基本模式及应用"、"课堂提问设计的若干方法"、"中学数学研究性学习的几种类型"、"物理教学问题情境的创设"、"历史学科课程资源的开发和利用"、"小学科学课导入十法"等等。这些选题当然也可以按时间顺序整理出研究的开展过程，但更多情况下还是直接分类介绍，或者进一步比较其优劣得失；可能文章的学理性有所削弱，但实践性、应用性更强一些。有些新兴的研究领域，发展历史不长，但内容比较复杂或还没有形成定论，通过横向的分类比较，也有助于对该研究领域的了解和把握。如《"慕课""微课"与"翻转课堂"的实质及其应用》，就是一个受到较多关注的综述选题。

3. 纵横结合的混合结构

纵横结合的混合结构，可以兼顾某项教改的不同类型和发展过程。从选材的范围和标准看，横向扫描式综述的弹性比较大。进行素材分类，既可以凭借一定的理论框架形成分类标准，也可以按照一般的教学经验概括事物类别，还可以按照一定的外部特征来区别处理。在此基础上，再考虑按一定的时间顺序或操作程序来编排材料，比如按一定认识过程和操作程序来介绍探究性的教学策略或方法：

可以按建构主义理论，分为"支架式教学"、"抛锚式教学"和"随机进入式教学"；

可以按学生的学习和认知过程，分为"揭示知识内在联系的策略"、"创设问题情境的策略"、"实践应用的策略"、"自我评价的策略"；

也可以按教学目标和内容，分为"概念探究教学"、"问题解决教学"、"综合归纳教学"和"应用实践教学"；

还可以根据教学方法的表现特点，分为"情景创设法"、"学案引导法"、"问题生成法"、"长作业评价"及"小课题研究"等等。

教师可以根据研究的需要和可能，考虑确定适当的分类标准和方法。但是无论采用哪种分类方法，都需要在全面掌握资料的基础上，归纳概括出该领域中的重要研究成果。一篇好的综述，从研究的广度上说，要保持综述结构的完整性和逻辑性，尤其是不能缺漏某个重要的类别；从研究的深度上说，要比较鉴别同类素材的价值，选材举例要有典型性和代表性。

（四）思路：总揽全局线索清晰

由于文献综述涉及面广、头绪众多，写作者有时难以把握论述的思路，很容易造成材料的堆砌和观点的混杂。因此在构建文章框架时，除了确定基本的纵横结构外，还应该在梳理材料的基础上，形成自己的总体思路和论述线索。具体地说，要力求做到全文有思路、段落有归纳、结尾有评析。所谓全文有思路，就是要避免论述时前后脱节、逻辑混乱；段落有归纳，就是要避免罗列堆砌材料、归纳小结不足；结尾有评析，就是要避免大而化之、笼统空泛。

对于一些头绪复杂纷乱、研究难度较大的选题，更要充分阅读把握研究素材，找到理解和分析的入口和路径。如上世纪八十年代，正是拨乱反正、百废俱兴的年代，中小学教育领域中的教改项目和研究成果，也是百花齐放、硕果累累。至九十年代，已有不少文章对这一时期的研究成果进行介绍和评析。其中《中小学文科教学科研的回顾与展望》对上海市中小学语文、外语、历史、地理四门学科的教改发展状况作了比较全面和深入的总结，是当时较有影响的一篇文献综述。这个选题涉及多门学科，材料来源纷繁复杂，按一般的综述思路，作横向结构处理材料，更容易操作。即可以按学科门类分为四大部分，再依据不同学科的内部特点分出小项，如语文学科的情感教学派、自学导读法、提问设计研究、读写结合训练等。然而这样的简单化处理，缺少了一条贯穿全文的论述线索，难以揭示改革开放以来中小学文科教改的发展方向和内在规律。因此作者在分析归纳大量素材的共同点的基础上，以文科教学研究的科学化道路为线索，构建了这篇综述的基本线索和结构。

实例 8.13　中小学文科教学科研的回顾与展望[①]

一、重视教学方法改革、促进学生智能发展的阶段（70 年代末至 80 年代初期）

二、探索结构和序列的阶段（80 年代初期至中期）

三、关注教学质量评价的阶段（80 年代中期至后期）

四、实行课程教材全面改革的阶段（80 年代后期至 90 年代）

---

① 参见张民生主编：《上海普教科研十年》，上海教育出版社 1992 年 11 月版，第 124—144 页。

发展趋势：从主观性、随意性，走向客观化、科学化；从个体独立研究，走向协作研究。

文章在上述基本结构的基础上，每一部分都列举了不同学科的有代表性的教改成果，并针对本阶段研究的成绩和不足作了简明扼要的归纳和点评。如对第一阶段研究的小结：

总的说来，本阶段中小学文科教学研究的重点在教学方法的改革上，提倡启发式教学，探索思维训练的途径和方法，突出了注重智能发展的基调。开展课堂教学观摩活动，总结特级教师和其他优秀教师的先进经验，是这一阶段所采用的主要研究方法。从本阶段的研究成果看，其主要特征可归纳为两点：

1. 强调学生的学习过程。……

2. 重视学生的学习心理。……

这一时期，对教学的形式问题极为关心，对教学的内容则较少涉及。许多研究在很大程度上反映了对教学过程的一般规律的初步认识，还缺少对于各科教学的特殊规律的更深层次的探索。……

上述写法是以观点带材料，即在充分阅读消化材料的基础上，形成了自己的观点和看法，并据此选择和安排写作素材。这是在"述"的基础上增加了"评"的成分，可称为"述评"或"评述"。当然，无论是综述还是述评，作者都会有自己的一定的观点，但要形成明确清晰的观点、思路和线索，仍需要有一定深度的思考和研究。从这个角度说，好的文献综述自有其丰富的原创性和独特的学术价值。

二、会议综述的特点与撰写

一般来说，人们习惯于把情报研究等同于文献研究。其实，情报研究的主要途径和形式，除了文献综述之外，还可以包括会议综述和各种简报、专报、工作总结等，这些材料来源及其整理，也是情报研究的一个重要组成部分。

会议综述虽然在教育科研领域中应用广泛，不可或缺，但并没有得到人们足够的重视；从研究深度和撰写质量上看，常常表现为应付了事的低水平状态。许多学校教改和科研的经验交流会、现场会、研讨会，形式多样、内容丰富、气氛热烈，但反映到会议综述中，却往往呈现为一篇平淡的八股文章。与文献综述相比较，会议综述在材料来源、内容主题、框架结构及文字表述等方面都有自己的特点，怎样写好会议综述，下面结合有关实例及写作经验，做一些初步的探讨。

（一）会议综述的材料来源

文献综述的材料来源相对比较单一，而会议综述的材料来源则比较广泛而丰富，其中又可以分为三大类：（1）书面材料；（2）口头材料；（3）现场观察。充分利用各种来源的会议材料，是写好会议综述的基础。

书面材料，主要包括会议邀请书、议程安排、会议论文、发言稿、新闻统发稿、现场展示（展板、图书、资料、教具）等材料，这些是撰写会议综述的基本材料，可以用来反映会议的主要内容和过程。不少作者撰写会议综述，基本依靠上述材料；这些材料取用方便，在此基础上剪裁润色，就可以大致成篇。这里比较容易忽视的是现场展示材料，这些材料可能与会议内容不是直接有关，但往往包含了丰富的背景材料，能够从不同侧面揭示研究的过程和细节。如教师的备课笔记、学生的作业本、平时的会议记录、课题研究的资料积累等。然而写好一篇会议综述，很多情况下单纯依靠书面材料是不够的。许多重要、生动的会议内容，往往来自口头材料和现场观察。

口头材料，主要包括大会发言、分组交流、个别访谈等，这是撰写会议综述的重要材料。除了一些比较正规的学术活动或特别重要的会议，许多地区和学校的研讨活动大多没有准备大会发言的书面文稿，尤其是一些重要人物的重要发言，往往是临时安排，即兴发表。至于各种小组讨论，其内容只能靠现场记录。作为会议的采访者和报道者，除了收集记录会议的主要内容，许多情况还需要靠现场访谈来补充，这也是写好会议综述、提高写作质量的重要一环。

现场观察，主要指一些学校的公开课观摩及各种形式的参观考察活动。各种有关教改的现场会、交流会、研讨会，会上的汇报内容是抽象的、平面的，现场的观摩则是具体的、生动的。书面的口头的汇报材料结合现场观察的结果，可以相互补充、相互印证，使得会议综述的内容更为丰富、生动和准确。

实例8.14 现场观察与材料发掘

在上海一次关于有效教学课堂规范问题的研讨会上，一位大学教授提出，从当前中小学教学改革的现状和发展看，课堂规范只能加强，不能削弱。课堂规范与课堂创新是普及与提高的关系，也是厚积与薄发的关系。没有课堂规范，就不可能有课堂创新。而另一位教育专家则表达了不同的看法，认为规范并不一定导致"有效"，就如泰勒制管理下的流水线，不与科学的反思结合，其行为只是机械操作。他指出，大量事实表明，我们现在是"规范"太多、条条框框太多，已经严重束缚了教师的想象力和创造力。因此要大声疾呼：少一点"规范"，多一点"失范"。在其后的自由发言环节中，一位来自江苏的教研员表示，关于课堂规范的探讨实际上反映了一种价值取向和行为引领，要从民主社会的公民权利的角度来思考我们需要什么样的课堂规范。在上午观摩课的的课堂上，看到有的教师一味要求学生坐好、坐端正，无视一些举手要求发言的学生而指定某些学生发言。那么，学习效果最好的状态，是坐端正的时候还是坐得舒服的时候？这也是对规范的一种认识。

上述发言观点鲜明、言之有物，虽然各人观察思考问题的角度不同，但思想的交锋更有利于启发人们的思考，也反映了会议研讨的真实状态和价值所在。这些即兴发言带有较强的随机性，一般很难在会议准备的书面材料中看到。因此，一个好的作者，应该注意和善于利用现场记录。

(二) 会议综述的内容主题

与文献综述相比，会议综述带有命题作文的性质，一般不能由作者自定研究主题、然后有针对性地收集有关材料。撰写文献综述，可以设定几个关键的主题词，随即上网搜索所需要的材料；而撰写会议综述就没有那么方便了。由于会议性质不同、材料来源多样、内容复杂多变，会议综述的主题和材料有时不易确定。因此，如何把握会议的主要内容和精神，从而确定思考和写作的主题，是写好会议综述的关键。

一般来说，一些现实针对性或学术性较强的会议，主题比较明确，如要推行某项教改措施，或讨论某个学术问题等。但事实上，还有许多教改经验的交流会、研讨会，会议目的往往比较模糊，经验介绍比较笼统，研讨主题也就比较松散。往往需要作者来提炼内容，发掘亮点，确立主题。对于前一类质量较高的会议，主要是关注同一主题下的不同观点和论争，如上述"有效教学的课堂规范"的讨论。

实例 8.15　"有效教学"研讨的主题系列

关于有效教学问题的研讨交流活动，近年来各地办过不少，其中由华东师范大学课程所、上海市教委教研室、上海普陀区教育局联合举办的"有效教学的理论与实践"系列研讨会则值得关注。这项研讨活动自 2006 年举办以来，每年一届，每届一个主题。2006 年：有效教学的基本要素；2007 年：创造性地使用教材；2008 年：促进课堂有效互动；2009 年：三维目标的实施和评价；2010 年：有效教学的课堂规范；2011 年：有效教学的课堂分析与评价；2012 年：学习环境设计；2013 年：练习的系统开发；2014 年：基于合作学习的微视频研究。这项系列活动对"有效教学"问题进行了持续而深入的研讨，达到了同类会议中的较高水平，也为撰写会议综述提供了高质量的素材。

有些地方和学校的经验交流会，发言和研讨的主题往往过于宏大而笼统。如"推进课程改革，深化素质教育"，"加强校本教研，构建有效课堂""创新进取，开创我校（区、市）基础教育新局面"等，发言者往往一般性地自我表扬多，而有针对性地讨论问题少。在这种情况下，会议综述的撰写者需要尽可能地发掘同类性质的有价值的材料，使之形成一定的主题。如首先要确定本次会议内容的主题词，或者说要明确所交流的"先进经验"的范畴，是课程改革、课堂教学、管理措施、教师专业发展，还是某种理念或政策等，再依据主题来发掘和组织材料。由于有些会议本身质量不高，内容比较松散，撰写者也只能尽力而为了。

（三）会议综述的框架结构

有了一定的主题，就可以考虑文章的结构框架了。一般来说，根据会议的不同内容特点，可以把会议性质分为两种，一种是偏向于学术性的，一种是偏向于工作性的，因而构建文章的方式也有所不同。

学术性的会议，可以按照有关研讨专题来构建框架。比较规范的学术性会议，一般都会按不同专题征集会议论文和准备会议发言。这样可以根据不同专题来归纳会议材料，划分综述的段落，如"课程改革"、"教学策略"、"教师发展"、"政策研究"、"研究方法"等。

工作性的会议，如各种经验交流会、现场会、座谈会等，一般按会议程序来整理材料、构建框架比较方便。如一般的程序大多是背景介绍、校长报告、教师发言、专家点评、领导讲话等。

当然还有许多会议的内容性质介乎于上述二者之间，特别是不少地区和学校精心准备的一些的教科研活动，如何写好这些会议的综述，如何写出质量和新意，还需要另辟蹊径。一种思路是，如果会议有比较明确的主题和比较丰富的材料，可以不按会议程序，而是按问题探讨的顺序来构思。以会议材料为主，补充即兴发言、点评质疑、听评课材料，以及相关背景材料，构建一个问题探讨式的综述结构。再以"有效教学研讨会"的综述撰写为例：

"有效教学研讨会"综述的基本框架

（1）研究的背景、意义、理念；

（2）实施经验（包括区域、学校）；

（3）操作要点与问题讨论；

（4）教改设想与发展前景。

上述写法打破了以往按会议发言程序安排材料的结构，而是根据教改进程和问题探讨的思路来组织材料、构建框架，避免了会议综述的一般化、公式化。这样可以比较灵活地处理有关素材，尤其是一些质量较高的发言，可以分成多次引用，安排在综述的不同段落之中。根据每次会议的主题和内容，文章结构还可调整变化。总体上是从背景到研究、从理念到实践、从成绩到不足、从现实到未来，围绕一个问题研究的过程来编排材料。这样写的好处是能够避免平铺直叙地罗列材料，更有效地反映某项教改研究的成果、过程和思考。当然新的写法也可能形成新的套路，这就需要作者根据情况不断调整思路和写法，以形成新的表述形式。

（四）会议综述的撰写技巧

确定了会议综述的主题和结构，文章就基本成型了。为了提高会议综述的写作质量，还有必要注意一些撰写中的问题和技巧。这方面可以注意的问题也有不少，主要有以下三点。

1. 交代基本事实

一般会议综述的开头要交代开会的背景和基本情况，这就是新闻的五要素：时间、地点、人物、事件、原由。这些基本事实虽然简单，但是往往会被一些作者所忽略，因而不能做到简洁而准确地表达。

比如有一位教师参加了一次全国性的教学研讨活动，之后写了一篇论文向杂志投稿。在根据编辑要求修改的过程中，文章引述这次活动的名称就先后变换了三种提法："教学大奖赛"、"教学观摩活动"、"教学大赛"。可见有时"眼见"并不"为实"，没有科学严谨的写作态度，就不能真实准确地反映客观事实。当然也有另外一种现象，就是主办单位对会议名称的提法本身就前后不一致、不统一。如会议通知上是一种写法，现场的会标中是一种写法，甚至有关会议材料（包括书面材料、会场横幅和电子投影等）又有不同写法。那就需要根据具体情况，核实确定一个比较合适的说法。

上述会议名称是一个有关"事件"的事实，其他如时间、地点、人物、原由等要素都有需要注意核实的地方。如比较常见的问题是关于出席者的工作单位和职务职称，往往有随意简化或就高不就低的现象，这些都需要仔细甄别。

2. 把握文字风格

一般来说，会议综述以议论说明性文字为主，不需要文学性的描写和抒情。考虑到文章的生动性和可读性，有时也可以用一些比喻、夸张等修辞手法，但总体上还是尽可能通过平实的文字表达会议内容。

由于会议材料包含有大量的发言记录稿，这些文字往往比较粗糙，思维逻辑也有问题，需要进一步整理修饰。即从大量素材文字中筛选自己所需要的材料，包括把一些冗长的带语病的过于口语化的文字，改写成比较简洁通畅的书面语。这里要注意的是，作者不仅要学会对素材做减法，也要学会做加法。所谓做减法，就是删繁就简、去粗取精。而做加法，就是要在原话中适当补充文字，起到贯通语句、连缀文字、画龙点睛的作用。当然这些补充文字需要符合发言者的原意，不能随意改写。再以"有效教学的课堂规范"的讨论为例：

实例 8.16　基于原意的文字修改

比如有些住宅大楼里停放着很多自行车、助力车，物业管理部门也没有办法处理。但一场大火以后，居民们就从中吸取了教训，自觉地就把楼道清理干净了。因此，一种规范或要求，当它与执行者或被管理者自身的成长建立一种联系的时候，才能得到有效执行。

今天我们所有课堂规范的建立，都要把学生放在第一位，都要去考量这些规范是否促进了学生有意义的学习，都要从学生个性发展的角度去衡量和评判。

上面一段话源于参加会议的上海市教委教研室负责人对会议讨论的总结。原发言稿只有第一自然段的文字，从内容看，主要是通过一个社会事件的比喻来说明规范执行的可行性、有效性。在发表时，综述作者把这位负责人在另一段发言中的文字（即实例第二自然段）整理加入其中，从而使这段发言立意更高、表述更为完整有力。这就是在减法基础上再做加法的效果。

3. 平衡主次关系

每一次会议的内容，总有主要与次要、重要的与不太重要的之分。重要的内容当然要重点地详细地反映，而次要的内容并不等于可以不要，而是需要根据具体情况进行取舍或兼顾。一般来说对于会议材料取舍或兼顾的基本原则是：关注重要人物，兼顾各方利益；突出重要内容，适当合并处理。

对于出席会议的重要人物和主题发言，如著名专家、有关领导、先进单位和人物代表等，要重点关注，给予较多的篇幅反映。对于一般的会议交流和自由发言，可以根据情况取舍。有些与会者的发言，观点比较近似，没有特别的内容，可以适当合并处理。

实例 8.17　一般发言的合并处理

上海市教委教研室×××、华东师范大学×××等认为创造性使用教材，一要吃透教材，二要了解学情，立足于学生的年龄特点，与学生的生活经验贴近。上海师大师资培训中心×××、区教育学院科研室×××等提出，教学改革要重视实践反思和经验总结。

　　之所以要较多地反映重要人物的发言，是因为人物身份本身带有一定的权威性；即使是同样的观点，经由不同的人表述，其意义是不一样的。至于也要反映次要的发言，这体现了综述的综合性、全面性的特点。用较少的篇幅，让不同单位与会者的声音都得到反映，也兼顾了会议的主办者、支持者和参与者的各方利益。

　　关于会议综述的撰写方法，还可以进一步讨论，如怎样发掘亮点、怎样概括总结、怎样摸索写作套路等，这里就不再赘述。会议综述是一种比较特殊的写作文体，大体上有一定的写作模式，通过不断地写作实践，就可以较好地掌握。但是形式取决于内容，写作技巧的作用毕竟是有限的；要真正写好一篇综述性的文章，作者的思想水平和研究水平仍然是提高的基础。

叙事研究：情境的描述与诠释

　　曾有人做过西式快餐业与中式快餐业的对比研究，通过实地调查和定量分析，证明了标准化、科学化的现代企业管理对快餐业发展的重要作用。比如肯德基、麦当劳的每一个汉堡不仅有标准的配料规范，而且从出炉到售出有严格的时间和温度限制，过时就回收处理。但是这样的实证研究并没有真实地反映出西式快餐流行背后的深层的社会心理原因。因为许多青少年儿童喜爱西式快餐的原因，并不完全在于食物的口味和质量。回想 20 世纪 80 年代末洋快餐进入中国时的盛况，北京前门那家全球最大的肯德基餐厅，曾是众多年轻佳偶举办婚礼的首选地点，因为这里代表了时尚、豪华、温馨甚至浪漫！从食品回到教育，评价一堂课可比评价一个汉堡要难得多了，单靠数据分析和逻辑论证似乎解决不了教师面临的问题和困惑，这就可以说明近年来质的研究、叙事和案例研究受到热捧的缘故。

CHAPTER 9

　　在本书第一章和第四章中，我们已经讨论了教育研究的基本方法以及叙事研究与案例研究的异同。这里所说的叙事研究，是指以叙事为主要方式对特定情境及其意义进行的描述和诠释，也可称为叙事性的案例研究。以叙事为主要的表达方式和研究手段，案例研究表现出了与其他一些研究方法明显不同的基本特点。从方法论的角度说，案例研究是一种调查研究或经验研究，它是对某个已发生的事件或现象的观察和回顾，并通过叙事性的语言而不是论说性或数量化的方式予以表达。但在实践研究过程中，案例还可以包容正在进行和发展着的事件和状态，因而又表现出行动研究的某些特征。正是由于这些特点，叙事性的案例研究在一定程度上满足了实践研究的综合性和复杂性的需求，从而成为教师研究、教师专业发展的一个重要途径。

　　叙事研究是近些年来教育研究领域中的一个热点，也是一个难点。在学习应用的过程中，研究者也普遍产生了"入门不难，提高却不易"的看法和困惑。可以说，经过十多年来的倡导和发展，叙事研究已进入了一个高原期，并亟待有所突破。本章拟结合叙事研究的发展和现状，就有关教师应用叙事研究的方法问题作一些阐述和探讨。

第一节　叙事研究的兴起与困惑

　　20 世纪 90 年代末至本世纪初，案例研究与叙事研究先后兴起，成为教育研究中的热点和显学。从十多年来的有关成果和事件看，案例研究和叙事研究这类

"质的研究方法"，开始只限于个别专家学者的学术研究；后来在短短几年中，迅速传播并为广大教师所接受，被广泛应用于中小学教育科研领域，又引发了大批研究者的关注和跟进。于是理论与实践相互促进，把叙事研究推向了高潮。

案例研究与叙事研究的早期成果和事件一览

1996 年，陈向明：《王小刚为什么不上学了——一位辍学生的个案调查》，《教育研究与实验》第 1 期。

1997 年，岳晓东：《登天的感觉——我在哈佛大学做心理咨询》，北京师范大学出版社。

2000 年，陈向明：《质的研究方法与社会科学研究》，教育科学出版社；2001 年，陈向明：《教师如何做质的研究》，教育科学出版社。

2000 年，《上海教育科研》杂志最早开辟了"案例评析"专栏，发表了国内第一批"研究性学习"案例。

2002 年，《中国教育报》举办教育案例征文活动，收到近四万篇来稿。

2003 年，丁钢：《教育经验的理论方式》，《教育研究》第 2 期；2001 年起，丁钢主编《中国教育：研究与评论》集刊，倡导叙事研究。

2003 年，徐碧美：《追求卓越——教师专业发展案例研究》，人民教育出版社。

在这个过程中，2003 年华东师范大学丁钢教授的《教育经验的理论方式》一文，是一个重要的转折点。文章介绍了加拿大学者康纳利等人有关叙事研究的理论，第一次在国内比较系统地阐述了叙事研究的功能作用和价值意义，引起了教育研究者的广泛关注。在实践中，叙事式的思维和表达方式切合了学校教育科研的特点和需求，尤其是"叙事研究"的提法比"案例研究"带有更多的感性色彩，因此更受部分中小学教师的认同和欢迎。有了专家学者的理论支持，"叙事研究"后来居上，逐渐呈现超越"案例研究"并取而代之的趋向。

叙事和案例研究注重在自然情境中对教育现象进行整体性的研究，通过描述、归纳、解释等方式来探究复杂的教育过程和现象。在普教科研领域中，叙事性的案例研究作为沟通理论与实践的桥梁，更贴近教育改革实践和教师的工作实际，因而受到了广大教师的关注和欢迎。其实讲故事并不是什么新鲜事物，叙事原本就是人类认识世界和表达思想的一种基本方式。只是许多年来，人们对科学研究的认识一直在追求以抽象演绎为特征的理论构建，而今又再次"发现"了以描述和解释为特征的叙事和案例研究的价值。由此，叙事和案例研究又重新激发了教师参与教育研究的兴趣和动机，成为促进教师专业成长的一个新的平台和途径。

关于叙事研究的规范和模式问题，专家学者们的看法也有很大的分歧。一种观点，是从后现代主义的"解构"理念和中小学教师的研究需求出发，反对遵循烦琐的一味追求普遍规律的科研规范，强调教育研究的人文性、草根性、原创性，主张"怎么都行"。另一种观点，是从教育研究的基本性质及方法体系出发，强调凡是研究都必须遵循一定的方法规范，并指出"怎么都行"所造成的负面影响，但一般也没有提出明确的叙事研究模式。①

理论指导的滞后和欠缺，在一定程度上影响了实践研究的深入开展。怎样让众多的科研新手能够从"怎么都行"走向"从心所欲而不逾矩"，已成为亟待解决的问题。

第二节　叙事研究的参考模式

从总体上看，专业研究人员对叙事研究的关注局限于理论探讨和文献研究，更多的有关叙事研究的方法探索来自学校教师和地方教科研人员。实际上，广大教师已经在学校教育科研的实践中摸索形成了一定的叙事模式，这就是近些年来被广泛应用的"一事一议"模式。其基本结构是"故事＋点评"，即"情景描述"加上"感悟思考"；具体要求是描述要生动，思考要深刻。在实践应用中，这种基本模式还演化成"夹叙夹议"、"只叙不议"等变式。一般来说，"一事一议"适应了中小学教师参与学校教改和科研的需求，并提供了适合教师思维及表述特点的操作模式，因此受到了广泛的欢迎。

随着研究的推广和深入，单纯的一事一议模式也逐渐暴露了自身的一些缺

---

① 参见施铁如：《"怎么都行"：学校改革的后现代思考》，《教育研究与实验》，2003 年第 2 期。许锡良：《评"怎么都行"：对教育叙事的理性反思》，《教育研究与实验》，2004 年第 1 期。

陷：一是叙事容易与研究脱节，点评往往成为追求所谓理论深度的空洞议论；二是对叙事本身缺少研究，许多叙事只是流水账式的材料堆砌。显然，缺少方法论指导的单一模式还不能满足学校教育科研可持续发展的需求，一些专业研究人员和学校教师开始探索更多的更适宜教师特点的叙事研究的模式及方法。

由于目前理论界还不能提供一种成熟的公认的叙事模式或叙事理论，因此我们只能从相关的研究领域中寻找理论支持。归纳起来，与叙事研究相关的理论模式及其应用，有如下几种基本类型。

一、质的研究模式

关于"质的研究"的理论和方法，最初是在 1990 年代初期，我国大陆研究者接触到了由台湾学者编译撰写的有关著作①。2000 年以后，陈向明的《质的研究方法与社会科学研究》及其姊妹篇《教师如何做质的研究》在内地出版，产生了广泛的影响。从方法上看，质的研究并不如有些初学者所想象的那样随意，而是有一整套规范的做法。其基本步骤包括：（1）确定研究问题；（2）选择研究对象；（3）进入研究现场；（4）进行观察访谈；（5）整理分析资料；（6）撰写研究报告。在上述研究过程中，第五步是一个关键阶段，其中又包含了三个重要环节：给材料编码→提炼本土概念→形成扎根理论。

从有限的资料看，所谓规范的质的研究方法，目前应用范围仍局限于少数高校教育专业的有关课程学习中，也有一些地方教科研人员和学校教师在这方面进行了积极的尝试。如上海市静安区教育学院曾举办质的研究方法培训班，请专家对骨干教师进行具体指导，取得了一定的成效。但总体看来，规范的质的研究方法，更适用于少数专业研究人员；参与学校教育科研的中小学教师，对此仍有力不从心、曲高和寡的感觉。

理论观念的广泛传播，与实际应用的不尽人意形成了鲜明的对比。究其原因，可能有两个方面：一是与传统的文献研究、经验总结、论文撰写等方式方法相比，质的研究往往更为费时费力，其严谨细致的研究步骤使许多原先期望"早

---

① 欧用生：《质的研究》，台北：师大书苑，1989 年版。王文科：《质的教育研究法》，台北：师大书苑，1990 年版。

出快出"成果的研究人员和中小学教师望而却步。二是质的研究虽然比较重视感性的认识和表达方式，如观察、访谈、叙事、深描等，但要取得一定质量的研究成果（如提出某种扎根理论），仍然需要一定的思辨能力和理论功底；尽管不少研究者对"叙事研究"心向往之，最终仍知难而退。此外，一些专家学者的质的研究并没有严格遵循固有规范，如陈向明的代表作《王小刚为什么不上学了——一位辍学生的个案调查》，并没有采用资料编码、本土概念等研究方法，甚至没有明确的研究结论，因而也引起一些初学者的疑虑。①

二、课例研究模式

课例研究的概念起源于日本，已有上百年的历史，原本是指教师寻求提升课堂教学水平的一种校本的、合作的专业发展过程和形式。本世纪初以来，经美国教育学者斯蒂格勒和希伯特的翻译介绍（1999），课例研究开始流传推广至世界许多国家。

一般认为，课例研究包含三方面的含义：（1）本质上是一种行动研究，呈现为一个持续、循环的实践研究过程；（2）以教师的集体合作研究为主要形式；（3）以学生学习和发展中出现的问题为研究对象。从有关研究成果看，课例研究包括两种基本途径，一是课堂观察与分析，二是行动研究。

（一）课堂观察与分析

2000 年以后，上海市教科院教师教育研究中心曾举办过多期"小学数学骨干教师国家级培训班"及"高级研修班"，尝试应用课堂观察与分析技术进行教师培训，在这类模式中较有代表性。这些方法技术包括：

（1）全息性课堂教学录音、录像；

（2）逐字记录的课堂教学实录；

（3）提问技巧水平检核表；

（4）提问行为类型频次表；

---

① 参见鲍超：《谈案例研究中的规范化问题——兼评〈王小刚为什么不上学了？——一位辍学生的个案调查〉》，《上海教育科研》2012 年第 7 期。

（5）语言流程图及巡视线路图；

（6）课堂教学时间分配表；

（7）课堂教学行为时间分布表；

（8）教学程序表；

（9）课堂教学效果检测表。

实例 9.1　提问行为类型频次表

	行为类别	频次	％
问题类型	1. 常规管理性问题	4	5
	2. 记忆性问题	48	60
	3. 理解性问题	27	33.8
	4. 创造性问题	1	1.22
	5. 批判性问题	0	0

上表是对一堂小学数学课提问类型的统计结果。从中可见，这堂课的执教者提问数量不少（80 个），但提问质量却不高，特别是记忆型问题过多，而创造性、批判性的问题严重不足。因此这堂课表面看来师生互动十分频繁，实际上学生的思维参与度并不高。课堂提问行为还可以通过"提问方式"、"理答方式"、"回答类型"和"停顿时间"等角度来观察记录。再结合其他量表，更可以对一堂课进行全方位的系统研究，以揭示隐藏在课堂表象后面的问题。

这种模式的基本特点是，研究者以分工合作的方式，多角度地观察课堂，在收集大量信息的基础上进行分类统计，定量研究与定性研究相结合。与以往基于个人感悟的经验型听评课相比，这套技术确有其"科学性"和"先进性"；但也有操作比较复杂的缺陷，其实际效果也有待观察。因此不少教科研人员和学校教师一直试图对有关方法加以简化改进，以便更适应教师日常工作和研究的需要。

（二）行动研究

课例研究的另一条途径是开展行动研究。上海市教科院顾泠沅借鉴行动研究的理论及方法，提出了促进教师专业发展的"行动教育"模式。该模式的基本内涵和程序可以概括为"三个关注，两个反思"，即：（1）关注个人已有经验的原行为阶段。在反思自身与他人差距后更新理念，进入下阶段。（2）关注新理念之下的新设计阶段。在反思教学设计与学生实际差距后改善教学行为，进入第三阶段。（3）关注学生获得的新行为阶段，完成理念向行为的转移。

这个"实践反思"模式概括提炼了许多优秀教师备课、上课、改进的经验，符合行动研究的一般特点，有较强的实践指导意义，后来成为许多学校"磨课"、"赛课"等教研活动的理论基础。一些教师用第一人称的方式，叙述自己对课堂教学"多轮改进"或描述他人"同课异构"的过程，撰写成叙事性的课例研究报告。还有更多的教师研究，超越了课例研究范畴，关注和描述某个事件、项目或活动的改进发展过程，形成了更为丰富多样的教育行动的叙事研究。

实例 9.2　木工课的教学日志

张丽芝老师是上海郊区的一位数学教师，也是学校的科研室主任。她在参加区里一个读书小组之后，受杜威"做中学"教育思想的启发，想在初中劳动技术课上进行一次促进学生个性发展的教改试验，以验证杜威的观点。张老师与教劳技课的小潘老师商定，从木工课着手开展研究。在两个月的教学探索中，她们经常通过邮件交流各自的想法，形成了一个系列性的教学日志。学期结束时，张老师写了一篇叙事性的研究报告：

《走近杜威的"做中学"》①

一、满怀期待的开始

1. 劳技课对学生的发展有什么作用？（2012 年 4 月 9 日）

2. 劳技课只是做些漂亮东西吗？（2012 年 4 月 10 日）

二、蹒跚而行的探索

3. "原始的材料"可以实现吗？（2012 年 4 月 19 日）

4. 分工操作一定有意义吗？（2012 年 4 月 19 日）

5. 杜威为什么对木工等课程情有独钟？（2012 年 4 月 29 日）

三、破蛹化蝶的跨越

6. 怎样体现"材料中的智力"？（2012 年 5 月 11 日）

7. 怎样落实设计的理念？（2012 年 5 月 11 日）

---

① 参见《教师成长的 40 个现场》，华东师范大学出版社，2012 年版，第 71—78 页。

8. 是什么让学生放弃独特的设计思路？（2012 年 5 月 12 日）

四、琴瑟和谐的新生

9. 数学与劳技怎样实现完美对接？（2012 年 5 月 16 日）

五、做中学的成长

……

这两位老师的教改过程，比较典型地体现了行动研究的特点：有问题，有假设，实践反思，不断改进。她们既有意识地用理论来指导实践，又能够在实践验证中提出自己的理解和解释，使教学研究超越了一般"磨课"的水平而达到了较高层次。同时，张老师还有很强的资料积累意识，平时利用电子邮件交流信息，最后又十分自然地用叙事形式，将积累的材料整合成一个完整的研究过程。这篇《走近杜威的"做中学"》，后来在长三角地区教科研部门联合举办的"成长纪事"征文评选中获得一等奖。

三、关键教育事件

"关键事件"原是用于企业管理和经济研究的一个概念，后来被借用于教育研究领域。2005 年前后，美国哥伦比亚大学教育学院林晓东教授曾以"关键教育事件"为主题，在山东省举办了三次专题教师培训。2007 年，英国学者大卫·特里普所著《教学中的关键事件——发展教师专业判断力》在国内翻译出版，引起了许多研究者的兴趣。2006 年以来，上海长宁区教育学院先后开展"重要教育片段"、"关键教育事件"教研模式研究，在这方面积累了比较成熟的经验。

按照大卫·特里普的解释："事件经常发生，但关键事件是由我们观察情景的方式产生的；关键事件是对事件意义的阐释。"① 所谓关键教育事件，是由研究者"创造"而不是"发现"的，即某些看似平常的事件，被选择并赋予了丰富内涵和启迪意义，并用作教师培训的讨论材料。怎样选择和生成"关键事件"？大卫·特里普提出可以选择适当的形容词，由此确定观察记录的角度，如：有趣的、

---

① ［英］大卫·特里普著，邓妍妍、郑汉文译：《教学中的关键事件——发展教师专业判断力》，河北人民出版社，2007 年版，第 15 页。

滑稽的、悲痛的、聪慧的、暴力的、不幸的、烦恼的、好的，等等。① 上海市长宁区教育学院在借鉴国外理论的基础上，在二十多所中小学进行了关键教育事件的实践研究，并提炼出一套系统的教研模式。其教研活动和案例写作的基本流程是：②

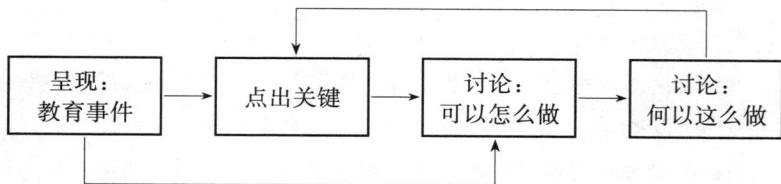

基于"关键教育事件"教研模式的流程

上述模式由四个基本环节组成：（1）呈现"教育事件"。一般由培训组织者准备并呈现材料，事件的反思价值取决于组织者的专业敏感性。（2）点出关键。指出教学行为所存在的问题或事件的症结（如"为什么教师反复讲解后，学生考试时还出错"）；也可以在经过第三、第四阶段的讨论后再"点出关键"。（3）讨论"可以怎么做"。这是培训中教师最愿意参与的环节，培训者可以事先准备一些相关做法供参考。（4）讨论"何以这么做"。能够说出一定道理的，一般是专家型教师或少数经验型教师，组织者也需要具有一定的理论联系实际的能力，梳理归纳讨论中的真知灼见。

实例 9.3　《这样的"回应"合适吗?》③

事件白描　这是一节六年级英语公开课。学习内容是学会表述表达喜欢某种活动，即掌握"I like to do something"）的语言结构。学生纷纷用这个句型表述自己喜欢的某种活动，如看电影、踢足球、玩电子游戏等，老师都给予了肯定。一切似乎顺理成章。

实践疑难　在课后的讨论中，有人提出，教师的回应肯定了学生正确应用了

---

① ［英］大卫·特里普著，邓妍妍、郑汉文译：《教学中的关键事件——发展教师专业判断力》，河北人民出版社，2007 年版，第 44 页。

② 陈晞：《基于关键教育事件的教研模式》，《上海教育科研》，2010 年第 4 期。

③ 根据刘健老师《这样的"回应"合适吗?》一文改写，原载上海市长宁区教育学院编：《关键教育事件个案集（第一辑）》，2009 年 1 月。

句型，而不是所表达的内容；而学生是否真的喜欢这些活动，教师并不关心。而语言习得论告诉我们：最重要的是学会用英语表达自己的思想，而不只是造一个结构正确的句子。教师用"Correct（正确）！""Very good（很好）！"来回应，在实际交际场合中是不会有的，客观上把学生引向了对结构正确与否的关注。在这里，师生对话成了"检测语言结构"而不是"语言交流"的过程，课堂教学的交际性原则就此落空了。

相应对策　假设，当学生说"I like to go to the cinema"时，教师可以回应"So do I. What kind of film did you like best（我也喜欢啊，你最喜欢什么样的电影呢）？"或"Really, what film did you see last time（真的吗，你上次看的什么电影）？"这样才能体现真正意义上的交流互动。

理念思考　当教师用关注学生表达内容的交流语言来回应时，教师和学生就能处于平等位置来交流，而不是以评判者的身份来出现。这正符合语言习得论的"情感过滤"假设，也符合新课改以学生发展为本的精神。

与课例研究模式相比，关键教育事件模式聚焦于日常教学过程中的问题和困惑，研究的切入口较小，一般也不运用定量分析方法，操作比较简便。研究者通过对某些瓶颈问题的突破，达到举一反三、提高教师认识水平的目的。这个教研模式经过多年实践，积累了一批有价值的"关键教育事件"教学案例，开拓了叙事研究的视野（详见第十章第二节）。

四、个人的教育史

所谓个人的教育史，是指以反映普通人的教育经历和成长过程为题材内容、比较私人化的描述性的文字记录，有别于以社会、国家、领袖人物等为研究对象的思辨性较强的"宏大叙事"。其研究形式包括自传、传记、回忆录、口述史、采访记，以及对日记、书信、档案、文物等的研究。个人教育史的常见题材有：优秀教师的成长经历、一个"差生"的转变过程、一段学习或从教的经历、一个集体的发展或变迁、个人的自我剖析和反思等。许多优秀教师都写过反映自己成长经历的自传体文字，不少故事生动感人，又包含着丰富而深刻的人生感悟，成为感动、启迪和激励他人的一个重要的思想资源。于是，"个人的教育史"不仅有了个人意义，更有其社会意义。与质的研究、课例研究、关键教育事件等模式相比，个人的教育史更直接地反映了"沉默的大多数的声音"，有其独特而重要的价值。曾有一位研究"社会记忆"的学者指出，"如果我们认为，一个'社会'并不只是由一些精英人物、上层思想与意识形态以及典型的文化特征构成。那么，许多被传统史学遗忘的'过去'，值得我们记录与分析"。①

个人教育史的研究和写作，是从个人的视角出发，围绕某个主题，通过一系列事件和细节的描述，反映一个人（或集体）的成长经历或转变过程。如何避免罗列事实、报陈年流水账，是个人史写作的首要考虑点。所谓"个人的教育史"，实际上是从以往的大量事实中选择性地叙述某些事件及细节。写好这类叙事的关键，是用现在的眼光来看过去，描述以往经验对于个人成长的意义，以及发现当时没有注意到的事物间的关联，或没有料到的事件后果及其影响。

实例 9.4　润物细无声②

马老师是一位年轻的男教师，本学期接手高一（1）班，他的就职演说吸引了很多同学。唯独 L 同学例外，她静静地坐在那里，没有表情，没有眼神，没有很多同学都有的激动。L 同学看起来有点"异类"，她松松散散，游离于班级生活之外，同时性子很犟，谁也不在她眼里。马老师认为，这是一种典型的因缺乏亲情和友情而导致的孤闭症。而打开心锁的钥匙，就是用真情和她交朋友，用爱去融解她的心灵。

在一次团组织生活会议上，L 同学突然对团支部书记发难："第一，信仰是个人的事，别人有什么资格说三道四？第二，你的发言实在不怎么样，我真替你难过！"教室里一片沉静。晚上回家的路上，马老师和 L 同学轻松地聊起了家常，话题慢慢转到了会上的争论。马老师很诚恳地说："一个不会思考的人，绝对不会去关注身外的事情，一个不关心集体和同学的人，也绝对不会去发表评论。但是你的方法有点问题，不仅伤害了同学的感情，而且还会让人以为你是一个没有责任心的人。"马老师语重心长的话语渐渐渗入了 L 同学的心灵。

在语文课上的"动漫"之争中，L 同学不同意老师贬低动漫的价值，提出

---

① 王明珂：《谁的历史：自传、传记与口述历史的社会记忆本质》，原载定宜庄、汪润主编：《口述史读本》，北京大学出版社，2011 年版，第 80 页。

② 根据马玉文《润物细无声》改写，原载《上海教育科研》2004 年第 2 期。

"动漫"是一种制造幻想、培养想象的艺术，赢得了同学们热烈的掌声。马老师高度评价了 L 同学不迷信、不盲从，具有一种"我不能不让老师害怕"的学术勇气和学问精神。此后，在发现足球场边丢弃的西瓜皮时，马老师又认真地指出，做一个优秀的人，就不能忽略常规中的小事、琐碎事。L 同学的教育个案让马老师体会到：教育其实是一种诱发和引导，而不是外加一个什么东西给人。一种好的教育最大的使命，就是把学生内在的美好的东西激发出来，并使之朝着正确的方向发展。

一个人的成长经历涉及面广、包容量大，因此叙事研究首先体现在对材料的选择和提炼。在《润物细无声》一文中，作者用三件事构成了一个系列，每件事都反映了人的成长的一个侧面，依次描述了与老师的接近、与同学关系的缓和，以及对自身的反省，从而具体、生动而又令人信服地写出了如何引导学生"做一个优秀的人"的过程。

从研究方法的角度看，个人教育史的研究是一种调查研究和经验总结，这里的调查包括查阅文献、实地考察、实物分析、人物访谈等方法。从研究现状看，怎样充分利用各种途径收集素材，应用不同表述形式来反映个人（自己或他人）的经历，还没有得到研究者的足够重视，因此叙事的主题和形式往往比较相似而缺乏个性。也可以说，个人教育史的研究和写作有着十分广阔的发展前景。

上述有关叙事研究的几种理论模式，为我们建立了不同的参考系，提供了各种可供借鉴的方法规范。但是从总体上看，大多数教师和地方教科研人员对于叙事类的写作，实际上很少有意识地应用理论指导，更多的还是依靠个人的感悟和摸索。在这里，叙事理论的不成熟与实践者缺乏理论意识，可能互为因果，以致形成了当前叙事研究的高原期现象。

第三节　叙事文本的体例要求

与论文相比，叙事性的案例写作在体例上比较自由，但也有一定的结构要求和表现特点。写好一个叙事研究的文本，实际上包括两层意思，一是要符合一定的文本结构，二是要体现出研究的特点。

一、案例撰写的结构要素

叙事是一种比较自由的表达方式，因此谈到体例结构，更适合从案例角度来提出要求。从文章结构上看，案例一般包含几个基本的元素，包括背景、主题、细节、结果、评析等。需要注意的是，这些基本元素是有机地融合在整个案例之中的，不一定要有意安排为几个独立的段落。特别是对故事所蕴涵的意义的感悟和解释，可以是用独立的文字段落进行阐发和分析，也完全可以通过夹叙夹议的方式来表达，并没有一定之规。从根本上说，叙事性的案例写作应该更充分地体现个性化的理解和表达。

1. 背景

案例需要向读者交代故事发生的有关情况：时间、地点、人物、事情的起因等。如介绍一堂课，就有必要说明这堂课是在什么背景情况下上的，是一所重点学校还是普通学校，是有经验的优秀教师还是年轻的新教师，是经过准备的"公开课"还是平时的"家常课"，等等。背景介绍并不需要面面俱到，重要的是说明故事的发生是否有什么特别的原因或条件。

2. 主题

案例要有一个主题。写案例首先要考虑这个案例想反映什么问题，是想说明怎样转变"差生"，还是强调怎样启发思维，或者是介绍如何组织小组讨论等等，动笔前都要有一个比较明确的想法。比如学校开展研究性学习活动，不同的研究课题、研究小组、研究阶段，会面临不同的问题、情境、经历，都有自己的独特性。写作时应该从最有收获、最有启发的角度切入，选择并确立主题。

3. 细节

有了主题，写作时就不会有闻必录，而要是对原始材料进行筛选，有针对性地向读者交代特定的内容。比如介绍教师如何指导学生掌握学习方法，就要把学生怎么从"不会"到"会学"的转折过程，特别是关键性的细节写清楚。不能把"方法"介绍了一番，说到"掌握"就一笔带过了。

4. 结果

一般来说，教案和教学设计只有设想的措施而没有实施的结果，教学实录通常也只记录教学的过程而不介绍教学的效果；而案例则不仅要说明教学的思路、描述教学的过程，还要交代教学的结果，即这种教学措施的即时效果，包括学生的反映和教师的感受等。读者知道了结果，将有助于加深对整个过程的内涵的了解。

5. 评析

对于案例所反映的主题和内容，包括教育教学的指导思想、过程、结果，对其利弊得失，作者要有一定的看法和分析。评析是在记叙基础上的议论，可以进一步揭示事件的意义和价值。比如同样一个"差生"转化的事例，我们可以从教育学、心理学、社会学等不同的理论角度切入，揭示成功的原因和科学的规律。评析不一定是理论阐述，也可以是就事论事、有感而发，引起人的共鸣，给人以启发。

实例 9.5　《原来博士是这样的》①

最近我们班转来了一位新同学——孙敏。他到我们班没多久，大家就对他羡慕得不得了，一个重要的原因就是孙敏的伯伯是一位博士。我们学校是位于上海"下只角"的一所初级中学，学生家长大都文化程度较低，全班 45 位同学中只有一位家长是本科学历，一位是大专。博士对于我们学生来说，很遥远，也很稀奇。

上述文字是一个研究性学习案例的开头部分。同学们由于所处环境的局限，对博士的成长经历很是好奇，于是决定把对孙敏同学的博士伯伯作为研究性学习的调查对象。从写作角度说，这段文字用短短几句话交代了研究的背景、主题和有关细节，集中体现了案例撰写的几个要素，言简意赅而内涵丰富，值得学习借鉴。

二、叙事文本中的"研究"

在叙事性文本大量产生的同时，人们经常听到这样的质疑："除了故事，你

---

① 叶翠英、王洁：《原来博士是这样的》，原载《初中研究性学习案例》，上海科技教育出版社，2001 年 9 月版，第 3 页。

的研究在哪里？""如果交上一篇生动感人的教育故事，能否给他授予高级职称（或博士学位、科研成果奖）？"这是让许多教师和研究者感到困惑的问题。这类问题的实质是：一项研究，是否可以脱离理性认识（分析、思考），而单纯依靠感性认识（体验、描述）来进行？

许多教师和研究者偏爱"叙事研究"，其实是看好其既行"叙事"之实而又有"研究"之名。然而从心理学角度看，"研究"虽然也可包括直觉、体验、感悟、想象等非理性因素，但主要成分还是分析综合等理性的思维方式。凡属"研究"，就离不开探寻事物真相和性质的理性思考，这是它与偏重审美功能的文艺创作的基本区别，即"求真"与"求美"的区别。应该认识，"叙事"是"研究"的一种独特的表达方式，但它并不能等同于或者替代研究本身。事实上，一项好的叙事研究，其感性的表达都是具有理性的认识基础的；或者说，好的叙事应该是有思考的叙事。因此，除了附着在故事后面的点评和启示，一个叙事研究者必须思考："故事中的研究在哪里"。

（一）选择复杂情境

所谓复杂情境，就是在叙事的题材内容上，故事的发生发展具有多种可能性，有丰富的意义内涵和多元的解读空间。问题是研究的起点，叙事研究的一个基本功能，就是提供一个特定的情境，使研究得以聚焦于某种现象和问题。复杂的情境有助于引发不同角度的观察和思考，形成读者的认知冲突，从而对现象有更深入的了解，对问题的认识达到更高的水平。

以课例研究为例，如果通过情景描述及定量分析，研究者只是重复了似曾相识的情节和意料之中的结局，即故事的发展只有一种已知的可能性；那么无论描述如何生动，数据如何详尽，教学效果如何真实，这项研究的价值一般就不会太大。换句话说，"原汁原味"地呈现一堂"好课"，并不自然地产生研究价值；而在"好课"中发现了原本不为人注意的细节、特点、现象，对"好课"的产生或"好课"本身提出了不同的解释或看法，即提供了故事发展的多种可能性，这个课例就有了研究的意义和价值。这也是课例研究区别于教案设计、课堂实录或某些教育故事的地方。

所以，情境的复杂性还可以体现在独特性上。独特的往往意味着新鲜的、未知的、他人所不理解的。目前叙事研究普遍存在着选题雷同、内容相似、个性缺乏的现象，这与研究者的个人体验和独立思考的深度不足，有直接的关系。此外，所谓复杂情境，也是因时、因地、因人而异的，具有一定的相对性和针对性。一个讲故事的人，必须考虑听故事的对象是谁。叙事的复杂性，与交流的对象和范围有密切的关系，关键是能够引发读者的关注和思考。

（二）建立因果关系

建立因果关系，是对叙事的情节结构的要求。在一项叙事研究中，故事的各部分之间应该形成内在的逻辑关系，按照不同的叙事主题构成故事情节。因此，不能简单地按时间顺序罗列自己的所见所闻所感，而是要按一定的主题和线索形成一个叙事的"因果链"。这样才能使研究有一定的思路和深度。

美国学者华莱士·马丁提出，情节是由时间上的连续和因果关系这二者结合而成的。就如英国学者和作家福斯特所说，"'国王死了然后王后也死了'是故事。'国王死了，然后王后也因悲伤而死'是情节"。① 福斯特等人关于"事件＋因果关系＝情节"的观点，在文学理论界还存在着一些争议，② 但就叙事研究而言，仍不失为一个可供参照的写作视角。从有关叙事研究的实践看，可以归纳出建立因果关系的三种主要途径。

1. 通过故事递进发展建立因果关系

有些故事的内容具有结构上的递进关系，因此就自然地形成了叙事的因果关系。这类故事的典型题材是行动研究。行动研究是一个实践、反思、改进的过程，其发生发展的过程，原本就有一个按照时间顺序逐步推进的层次关系；各部分之间，前一层是后一层的原因，后一层则是前一层的结果，由此便通过故事的递进发展形成因果联系。

2. 通过比较不同事件建立因果关系

有些故事在内容结构上不是递进关系，而是一种并列关系；即某项叙事可能不是按时间顺序构成，或者有时间的联系而不一定有实质性的内容联系。这类故

---

① ［美］华莱士·马丁著，伍晓明译：《当代叙事学》，北京大学出版社，2005 年 3 月第二版，第 81 页。

② 一些研究者认为，这样把故事与情节对立起来，容易导致混乱；强调交代因果关系，会忽略小说情节中的神秘因子和读者阅读时的主观能动作用。福斯特对此也有相应的解释。有兴趣的读者可参阅申丹、韩加明、王亚丽著：《英美小说叙事理论研究》，北京大学出版社，2005 年版，第 161—163 页。

事的典型题材有"同课异构"。由于其故事组成的各部分之间不一定具有因果关系，处理不当很容易流于材料堆砌。写好这类叙事的关键是做"比较"，即将不同空间中的事件融合于同一主题之下，在一定的焦点上观察思考各部分之间的异同，由此把并列关系转化为因果关系。

3. 通过揭示人物心理建立因果关系

有些故事的情节性看来不是十分强烈或明显，语言表述也比较含蓄委婉。这类散文化叙事的形成，一方面可能是作者追求某种清淡婉约的文字风格，另一方面也可能是作者仅仅表达了一种朦胧的情绪，而并不清楚自己所要表达的确切意思。因此作为一种研究成果的表达，这类叙事有必要通过一定的方式梳理和表述自己的想法，如应用夹叙夹议或心理描写的方式。一般教师和教科研人员的叙事，往往比较注重人物的行为、语言及外貌的描写；如果适当辅之以人物心理的描写，既不破坏原有的叙事风格，又可以有效地反映外部行为所隐含的内在动机，达到揭示叙事的内在逻辑的效果。

（三）叙事的理论化

叙事的理论化，是指研究者有意识地以一定的理论观念为指导，构成叙事的基本线索和框架结构。表现在叙事文本中，所谓理论化大致有两种途径：一种是以不同的理论观念来概括几个主要事件，由此表现出事情发展的不同阶段或层次；另一种是以某种理论作为材料的分类标准，使零散的事实形成有序的结构。

香港中文大学尹弘飚曾谈到，他回内地做一项关于新课程实施中教师情绪变化的质的研究，在积累了一定的调查材料后，模糊地感觉到这些教师的"心路历程"可以进一步分为几个类别，但总缺乏清晰而适切的想法。后来他借鉴鲍曼（Bauman, Z.）关于后现代社会中人们身份认同的理论，分析了四种类型的教师，即"领头羊"、"适应者"、"小卒子"和"演员"。在此基础上，他又引入了布卢默（Blumer, H.）的自我、互动、结构三层次的象征互动论思想。"依照这个三层次架构，我所有的研究发现都可以各得其所、各安其位。对此，我只有衷心折服于大师的思想和经典的魅力！"①

① 尹弘飚：《学做质性研究：一位初入门者的反思笔记》，原载陈向明主编：《质性研究：反思与评论》（第二卷），重庆大学出版社，2010年版，第32—33页。

叙事的理论化，在一些教师的叙事研究中也有所体现。虽然中小学教师在理论素养方面与专业研究人员有较大差距，但在理论与实践的结合上也有自己的特点和优势，不乏精彩的描述和阐发。这里的关键在于，不是生搬硬套某种理论，而是有个人化的感悟和应用。

实例9.6　小刀事件①

安阳人民大道小学李老师班上发生了一件事：史良同学铅笔盒里的小刀不见了。正好下午思品课的内容是《勇于认错》，讲到华盛顿小时候砍倒樱桃树、向爸爸勇敢认错的事。李老师趁机把丢失小刀的事说了，并希望这个同学能主动承认。两天过去了，正有点失望时，史良跑来说，小刀又回到铅笔盒里了！高兴之余，李李老师还有些遗憾。

下午又是思品课，李老师说了小刀回来的事，并让大家评价一下这个同学的做法。同学们的发言让老师很欣慰，……也有的同学说："也许那位同学只是想试试小刀快不快，结果却又把衣服弄破了，他（她）肯定很后悔，但当时又不想受到大家的指责，所以现在才把小刀还给史良。"如果那个同学再能向史良或老师说明一下的话，我想他（她）更勇敢。

事后，李老师在笔记本里写下了一篇《小刀又回来了》。师范学院的王老师来校时，李老师把这篇教学笔记拿出来请教。王老师肯定了她的探索精神，同时也与她探讨了为什么觉得这件事的处理仍不够完美。王老师提出，既然教育者要站在学生的立场上思考问题，是否一定要知道"这个"同学是谁呢？通过交流和思考，李老师对这件事有了新的认识。她重新整理了笔记，把题目改为《让学生拥有一个完整的心灵》，并在结尾加了一段文字：

大家总希望任何事情都有个结果，但我认为，对于这件事来说，虽然没有结果（不知道拿小刀的人是谁），但确是最好的结果。作为老师，我们不能事事处处都要求孩子的内心世界像玻璃缸里的鱼一样，没有任何遮掩地摆在我们面前。小孩子的心灵世界应该是既有被我们肯定的一面，又有允许他们保留仅仅属于他们自己的东西，尽管这个世界里有许多的不尽人意，我们每个人都应珍视，使他

---

① 根据王晓雷、李霞：《在交流中完善自我走进学生的主体世界》改写，原载《上海教育科研》，2003年第6期。

们拥有一个完整的心灵。

"小刀失窃"是一个复杂情境，处理失窃事件的方式则体现了教师行为背后的理念。如果只有故事的前半部分，可能只是一个平淡的故事，而有了后半部分的转折，不仅使故事更有可读性，更重要的是故事的内涵更加丰富了，给人以更多的启迪。从叙事理论化的角度说，好的理念可以使一个平庸的故事得到升华。

教师的叙事研究不仅是追求一个结果，更是需要一个过程。中小幼教师在教育教学实践中关注自己感兴趣的问题，进而开展叙事和案例研究，并获得某种形式的成果（如案例研究报告的完成或实际问题的解决）。在这个过程中，教师的研究成果不仅在于显性的叙事文本的呈现，更在于隐性的缄默知识的体验和获得。文本是叙事研究的一种载体和手段，而经历并尝试用文本来反映的特定情境并体会其中的意味，则是叙事研究的内容和目的。或者说，教师在叙事研究中获得的主要不是通常所说的理性认识，而是对感性与理性、情境与意义、实践与理论在特定教育情境中如何相互作用的一种体验，是一种情景理性（situated rationality）、一种实践智慧。因此，经历和体验这种融合的过程就成为叙事研究的必然途径。

与一些专业研究人员的研究有所不同，教师进行叙事研究的过程与其教育教学的工作过程大体上是同构的；因此，其研究过程不是一个从理念到文本的线性过程（如理论准备——进入现场——收集资料——编码分析——形成案例），而是一个教育实践与理论思考交错促进的非线性过程。教师的叙事研究是教师通过叙事方式来反思和改进自身教育教学实践的研究。在这个研究的过程中，教师是研究者，而不仅是研究的对象；实际问题的解决是研究的目的，而不仅是研究的内容；是教育行动而不是材料的收集和处理，构成了研究的基本过程。总之，教师的叙事研究更多地体现了教育行动研究而不是教育社会学、教育人类学研究的一些基本特点。

总而言之，"叙事研究"是一个感性认识与理性认识、研究内容与表达形式的结合体，问题是怎样使这个结合达到恰如其分的平衡。无论是有关叙事研究的几种理论模式，还是体现叙事中的研究的一些方式方法，都是寻找这个平衡点的一种尝试。在理论和实践面前，我们都是叙事研究的初学者，还有许多故事等着我们去阅读和讲述。

实践反思：从边缘到中心

《中国教育报》的一位编辑写过一段"编者的话"，谈到编辑工作中常常接到老师的电话，询问报纸版面需要什么方面的内容。每当此时，她总是下意识地反问："请问您对什么方面的内容感兴趣？"电话那头回应的，则往往是长长的沉默。其实"需要什么样的文章"，也是让编辑比较为难的问题。编辑也在揣摩读者和作者的需要，"你们究竟想看什么内容呢？""谁擅长写这类文章呢？"说到底，文章是研究结果的表达；先有"想法"和"做法"，才会有合适的"说法"。如果一个教师平时没有什么教改实践的探索和积累，只是想凭生花妙笔敷衍成篇，其"成功"恐怕只能是"小概率事件"。因此，从写作的一般规律来看，在没有什么想法和做法之前，最好先静下心来，看一点书，做一点观察和思考，或者写一点"非正式"的文字，由此积累材料梳理思路，逐渐从边缘到中心，待条件成熟时再写出"大文章"来。

CHAPTER 10

　　有主流就有支流，有中心就有边缘，有正统就有另类。从中国的写作文本的发展历史看，诗歌散文原是正宗，小说是末流（所以称"小说"而非"大说"）；① 如今却颠倒过来，小说家修成了正果，而诗人则多半显得另类。追根寻源，波澜壮阔原本来自涓涓细流，这就是对立统一和相互转化的法则。同理，教师的科研写作领域中也有一些非常规、非正式的形式值得关注，最典型的例子就是教育叙事和案例研究。多年以前，叙事类的文字还处于教育研究的边缘地带，不登大雅之堂。短短几年工夫，这类以叙事为基础的案例研究已成为教师参与教育科研的一种重要形式，并在相当程度上得到了主流群体（专家、领导、编辑等）的认可和鼓励。除此之外，还有一些非常规非正式的写作形式也被赋予了有助于教师专业发展的价值和意义，如教学反思、教学设计、教育随笔、教育日记以及应用于网络交流的博客、微信公众号等多种表达方式，都受到了越来越多的关注和重视。

　　这些非常规非正式的文本，由于它们所具有的随意性、个人化、无定型的特点，很难被纳入传统的以规范研究为特点的教育科研和写作理论研究的范围之内；然而正是这些不确定、不规范的因素，却切合了教育实践的复杂性多样化的性质特征以及教师专业发展的需要，从而使上述文本成为许多教师最常用的思想表达方式。这是孕育和生成所谓比较正式和规范的研究文本的一个基础，也是参与科研写作，逐渐从边缘到中心的一条路径。

---

　　① 在古代，小说原指说书人的一种表达方式，如北宋时期的《东京梦华录》在"市瓦伎艺"条目中列举了五种说话科目：讲史、说三分、说浑话、小说、五代史。

第一节 教育笔记的意义在于反思

对于一些教师常用的写作方式，即通常被称为教学后记、听课笔记、教学反思、反思札记、读书笔记、教育随笔、教师手记、教育日记、教育日志等名目的写作文本，这里暂且统称为"教育笔记"。

做笔记算不算做研究？教育笔记仅仅是研究的前期准备，还是可以作为实践研究的一种表现形式？教师的笔记能够作为研究成果而被认可吗？这些问题是许多教师十分关心和疑惑的，它实际上涉及了教育研究的基本性质及其表现形式的根本问题，但却很难用简单的"是"与"不是"来回答。怎样看待"教育笔记"在教师科研写作中的性质作用，下面尝试做一些初步的阐述。

一、教育笔记的特点与功能

与论文和案例写作相比，无论是从形式还是内容上看，教育笔记都是最缺少规范或约束的一种自由体文字。教育笔记集中体现了一些非常规非正式的文本所具有的随意性、个人化、无定型的特点，同时也表现了一些非正式写作特有的功能作用。

由于具有私密性的特点，教育笔记的写作和阅读基本上就成为了一种个人行为；因此，教育笔记的功能作用主要不是供交流发表，并参与某个领域的理论或实践的研究，而是更多地体现在增进写作者的专业发展及个人素养上。这种个别化的功能作用，可以归纳为以下四点。

1. 积累材料

不论叫笔记还是札记、手记、日记，这类笔记体文字的功用离不开"记录"。与做课题写论文的收集资料有所不同，教育笔记的记录目的和对象并不那么明确清晰，带有一定的随意性。例如教师常做的听课笔记，事先不一定有明确的观察和研究目的，见到感兴趣的内容可能就多记一些，不感兴趣就少记甚至不记，记了以后也不一定有特别的感受或必须加以分析。

这种随意性的记录固然不适应于特定目的的研究和写作，但是它却起到了一个材料积累的作用。当材料积累到一定数量时，写作者就有可能从中有所感悟，或根据某种想法和需要对其进行整理，从中提炼出确有真切体验的东西。因此，这种无明显功利性的写作，却有可能更切合人文科学研究所要求的"真诚态度"和"独立观察"的性质特征。辩证法也讲究由量变产生质变，没有一定的量就很难产生质的变化。所谓无心插柳柳成荫，虽然是"无心"，但却要在不断"插柳"的基础上才更有可能实现"成荫"的效果。所以做记录贵在坚持，这就是笔记的材料积累功能，有人把这类教育日记称为教师"个人的教育史"。

2. 总结经验

在记录、积累材料的同时，必然会有一些体会和感悟。结合自己或他人的实践经历谈心得体会，以指导今后的实践，就是做经验总结，包括总结成功的经验和失败的教训。教师的经验来源是多方面的，一部分是直接经验，来自自身实践的体验；更多的是间接经验，包括对他人实践的观察和领会。值得注意的是，从报刊书籍等文字资料的阅读中汲取有益的营养，也是获取间接经验的一条重要途径，这就是通过做读书笔记的方式，来摘录、归纳、提炼各种有启发性的做法和观点。

教育笔记的心得与论文式的经验总结有所不同，就是不必追求经验的系统性和先进性。写论文的目的是交流发表，为了得到他人的认可，就必须努力证明有关经验的应用及推广价值，这样就难免旁征博引、刻意拔高。教育笔记中的经验仅供个人参考，具有特定的针对性。因此，笔记中的经验总结可以是点到为止，无须追求表述形式的完整和系统；可以以"我"为主，不必以他人需要为参照来判断其价值意义。因此，通过做笔记来总结经验，对写作者本人来说可能是一种最真实、最适切的专业发展手段。

3. 整理思想

与经验关系比较密切的是思想。对于人们面临的种种现象和问题，经验代表了认识事物、处理问题的具体知识和方法策略，而思想则是隐藏在知识和方法背后的理性认识。人们通常认为，一个有经验的教师是好教师，但同时又认为，光凭经验办事是水平不高的表现。也就是说，一个好教师不仅要"知其然"，还要"知其所以然"。这里的"所以然"，就是指有关知识方法应用的目的和条件的理性认识，也就是指导实践行为的思想观念。

做笔记是认识世界的一种手段，也是写作者自我认识、自我提高的重要途径。在积累材料、总结经验的基础上，教师需要把具体的感性的体验与抽象的理性的认识结合起来，对自己的实践行为和教育理念作一番回顾和梳理，也就是进行"反思"。即不仅就事论事地总结经验，而且能够从更宽广的视角和一定的高度来评判这些经验的价值意义。做笔记做到了反思层次，才能说发挥了笔记写作的关键作用。

4. 抒发感受

这是笔记体文字的一项特有功能。人们对事物性质的认识，除了通过概念解释来把握之外，还有许多不很确定、不够清晰的感受。按照现象学的观点，对事物本质的直觉的整体的把握，而不是通过抽象概括的思辨逻辑来认识，是人文科学研究的重要方式，这里包括感受、态度、体验、领悟、灵感、联想等偏于感性的认识方式。论文写作受理性思考支配，很少有感觉书写的空间；叙事性的案例写作，虽然偏重事实描述和体验感悟，但也受到所叙之事的结构形式和内容性质的局限；而随意性、个人化的自由体笔记写作却为种种复杂而独特的心理感受提供了一个合适的文字空间。

由于教育现象的复杂性、模糊性和人文性，对于这些现象的把握就不能用单一的认识和表达方式，而是需要融合感性与理性等不同认识方式的统整性的研究。在许多情况下，人们在生活经历中得到的体验、直觉、领悟及联想等感性的认识，可能比事后的分析、解释、论证等理性认识更接近事物的"真实"和"本质"。因此，尽可能及时、准确、完整地保留自己的真情实感，就成为笔记写作的一项不容忽视的重要功能。

上述四方面可说是教育笔记的直接的即时的功能，其间接的持久的功能则是通过做笔记促进教师的专业发展、提高业务能力和思想水平。对于做笔记的作用和好处，许多教师都有深切的体会。

实例 10.1　教育日记伴我成长①

在一次教育案例获奖者座谈会上，来自上海闵行区诸翟学校的马老师谈了他的体会：

工作十几年来，我有多篇文章获省市级的奖励或在书籍、报刊中发表。这些

---

① 选自上海闵行区诸翟学校马志刚老师提供的经验材料，参见《教育日记伴我成长》，《上海教育科研》，2004 年第 5 期。

文章都是自己多年工作经验的积累，帮了我大忙的就是我的教育日记。从参加工作到现在，一天工作回来，无论有多累，我都要记上几笔，十几年下来，厚厚的十几大本。经常翻阅一下，是一种享受，更是对自己事业的帮助。

教育日记有很多的好处，一个人对教育的理解决定了他的教育工作的质量，而一个人对一件事物的理解需要思考，思考可以帮助一个人形成思想。教育日记，给自己一个思考的时间，让自己在忙碌中平静下来，把一天的心情梳理，把自己经历的事情重新思考，只有深刻的思考，才能给自己的行为以较为正确的评价，以利用今后的工作。教育日记可以留给我们非常丰富的原始资料，为我们的教育论文提供依据，提供思想，提供事实。就像普通生活日记一样，有什么苦闷和彷徨也不妨在教育日记中倾诉，同样可以得到缓解，让我们以更轻松的心态开始新的一天。

日记摘录：《批评的火候》（1995 年 4 月 16 日）

今天，我在课堂上批评了一个学生，……，现在回想自己的话，从教育学生的角度来说并没有什么太过分的，但是从这个学生的角度来讲，就是过分的，所以，在课堂上，面对面，他就对我说出了一句非常难听的话，我怎么办？揍他？对骂？撵其出课堂？不理他？……批评是要讲究策略的，更要看火候！

结论是：如果当众和学生发生了较为激烈的冲突，无论解决得多么好，都不如不发生这个冲突。所以，贵在预防——当着全体学生的面，千万不要和某一个人发生激烈的冲突。

这个工作日记，让我在随后的八年中，没有再发生类似的事情。

教育笔记是一种十分个性化的写作方式，每个人都会有自己的写作动机和写作方式。从上述几种写作功能看，每一篇笔记的作用和重点，都是因人因时而异的。这种私密性、个人化的写作，在一定条件和时机下，也可能转化为可供公开、分享的研究心得。二者相互转化又相互促进，往往成为教师笔记写作的重要动机，也是提高笔记写作水平的有效方式。马老师曾经用每天在作业本中夹小纸条的方式，向某些同学提出批评、进行交流。后来他把这些积累在日记本中大大小小的纸条以及当时的感情、心得、体会等，组合成了论文《书信谈话法在班集体德育工作中的作用》，在一次教师论文大赛中获得一等奖。这个经历成为马老师坚持写日记的一个动力，也促使他有意识地琢磨写日记的内容和形式，更多地注意了日记的研究功能。

在许多情况下，一则笔记或一种书写行为是否属于广义的"研究"，边界也并不清晰，很难孤立地予以判断。比如教师在浏览书刊时觉得有一段话写得很好，很有感触，就把它摘抄下来。我们可以说，做这则读书笔记并没有什么明确的意图和用途，它最多只是研究资料的积累；但是也可以说，教师对某一方面的内容有一定的关注和思考，并从大量的文献资料中有所选择地收集资料，并有可能形成明确的研究选题，这也是一种研究行为的体现。

应该说，虽然笔记体写作的价值意义在一定程度上得到了重新肯定，但是仍很难进入学术交流的公共领域，即难以在成果统计、交流发表、评优评奖、职称评定等领域内得到认可。这种现象的产生有主观与客观的多方面的原因。简单地说，从主观方面看，一些掌握学术话语权的人士（专家、领导、编辑等）以及不少教师对这类非常规、非正式的写作文本的价值意义评价不高，因此教育笔记一类文字还缺乏广泛的价值认同的思想基础，因而难以获得教育科研公共领域的"入场券"。例如在一些学校里，叙事性的案例写作是可以作为教师的研究成果而被校方接受的，而反思性的随笔文字则不被认可。从客观方面看，由于笔记体文字高度个性化的性质特点，这类文本之间以及笔记体与论文体等文本之间，缺乏评价所需要的"可比性"，因此就很难在科研成果的"流通"领域中实际操作。这种情形与高考改革有点类似，尽管大家对现行的教育评价模式表示不满（如有人对作文"不能写成诗歌形式"的规定表示质疑），但谁也无法提出一个得到多数人认可的评价改革方案。

如果是希望在报刊杂志上公开发表自己的作品，那么大多数教师笔记主要是起到一个写作素材库的作用。但有一部分笔记，相对来说形式比较完整，那么也可以根据其内容特点，直接或稍加修改后即可投稿发表；或论文，或案例，或教学设计，或随笔散文，根据材料特点和投稿需要而定。对于大多数笔记素材，修改的要点是从段落向文章靠拢，力求主题明确、结构完整、篇幅适中，以便形成符合一定文体规范的文章。

从历史发展和现实状态看，笔记体写作无疑具有其独特的研究的功能和价值；然而无论在什么时代，发挥这种独特功能的基础和前提，仍然是研究者的"私人写作"。面对充满复杂性和丰富性的教育现实，教育笔记的个人化写作最大限度地体现了人文科学研究的"真诚态度"和"独立观察"。因此，真正从"教师立场"和教师专业发展的角度出发，我们可能就不会太在意教育笔记的功利性价值或学术交流功能，而惟有如此，重提教育笔记的重要性也才有其真实的意义。

二、做笔记的关键在于反思

由于笔记体文字"自由化"的特点，我们就很难单纯从形式上来判断一篇教育笔记的写作水平；就不能像看论文那样，可以在一定程度上从文本的结构形式是否完整规范的角度，来评价其优劣高下。教育笔记的价值意义，必须依据其蕴涵的思想内容来考察。

教育笔记，主要是一种教师对自己所经历之事的记录与思考，也就是回顾与反思。在这里，记录是基础，反思是关键。要发挥教育笔记的基本功能和作用，反思是一个主要的手段和途径，教师的反思能力也是反映其写作水平和专业能力的一个重要标志。

（一）反思的概念内涵及发展

有关反思的研究，是近些年来教育研究尤其是教师教育研究领域的一个热点。说到"反思"，我国古代的《论语》中就有"吾日三省吾身"的说法，西方的一些哲学家如亚里士多德、斯宾诺莎、洛克等，也对反思问题有过论述。学术界一般认为，杜威是最早对"反思"问题进行系统研究的，而当代研究者中影响最大的首推美国学者舍恩（Dolnad A. Schon）。

1. 杜威的观点

1933 年，杜威出版了《我们怎样思维》一书的修订版，其副标题就是"再论反省思维与教学的关系"。杜威认为，同另一些思维方式相比，反省思维（reflective thinking）是一种比较好的思维方式。所谓反省思维，"乃是对某个问题进行反复的、严肃的、持续不断的深思"。[①]"反省思维和一般所谓的思想具有显著的不同，反省思维包括：（1）引起思维的怀疑、踌躇、困惑和心智上的困难等状态；（2）寻找、搜索和探究的活动，求得解决疑难、处理困惑的实际办法。"[②]

---

① ［美］杜威著，姜文闵译：《我们怎样思维·经验与教育》，人民教育出版社，2005 年版，第 11 页。
② ［美］杜威著，姜文闵译：《我们怎样思维·经验与教育》，人民教育出版社，2005 年版，第 18—19 页。

杜威的观点源于他的实用主义教育哲学，是建立在理性主义和实证主义思想基础之上的。从促进社会改良的教育理念出发，杜威提出要培养人的科学的思维态度和思想习惯。这种态度和习惯不是由外部灌输的，而是需要经过个体的反思和判断所形成，教育的任务就是要帮助学生形成这种反思的习惯。杜威同时也认为，教学也是一种艺术，只有理智与情绪、意义与价值、事实与想象融合在一起，才能形成品性和智慧的整体。教师既要提出激动人心的目的，又要能训练实施的手段，并使两者和谐一致。杜威的观点和主张，成为后来开展反思性教学、反思型教师和反思性实践研究的重要理论基础之一。

　　2. 舍恩的观点

　　二十世纪八十年代以来，有关反思与教学、教师的关系问题引起了西方学者越来越多的关注，其中美国教育家、哲学家舍恩有关"反思性实践"的理论，产生了广泛的影响。舍恩认为，反思是指专业者在工作过程中能够建构或重新建构遇到的问题，并在问题背景下进一步探究。①

　　舍恩对于反思问题研究的贡献，在于提出了"行动中反思"（Reflection-in-Action）和"行动中的知识"（Knowing-in-action）的概念。舍恩认为，由于教育实践的情境复杂多变，教师所要解决的问题并不是明了清晰的，而是面临着一种不确定、不稳定的"沼泽"地带；因此教师的专业实践就不能简单地应用统一的标准化的理论和方法来解决问题，而是要进行反思性实践。舍恩所说的"行动中的反思"，强调了在教学过程中发现、明确、提出问题的重要性。因为"问题不会像礼物一样主动呈现给实践者，它们必须从复杂、疑惑和不确定性的问题情景中建构出来"。② 教师要在复杂的教学情境中，在与环境的互动和对话中，建构或重新建构遇到的问题，并进一步寻找解释和解决问题的方法。相形之下，舍恩对"行动中的反思"比"行动后的反思"更为看重。舍恩把"反思"与"行动"结合了起来，表现了对教育实践和教师专业特点的更深入的思考。但是也有一些研究者对舍恩的观点持保留看法，他们认为在实践行动的同时，抽离出来作理性的

　　① Schon，D.（1983）. *The Reflective Practitioner*：*How Professionals Think in Action*. New York：Basic Books Inc. Publishers. 转引自刘加霞、申继亮：《国外教学反思内涵研究述评》，《比较教育研究》，2003 年第 10 期。

　　② Schon，D.（1983）. *The Reflective Practitioner*：*How Professionals Think in Action*. New York：Basic Books Inc. Publishers. 转引自刘加霞、申继亮：《国外教学反思内涵研究述评》，《比较教育研究》，2003 年第 10 期。

反思，即使有可能，但实际上大多数教师很难做到。

舍恩的另一个贡献是提出了"行动中的知识"的概念，也就是关注缄默知识或隐性知识在实践反思中的作用。他认为，有一些行动、理解和判断，是人的本能行为。在行动前或行动中，教师的许多教育行为并没有经过思考，并没有意识到自己已经具备了这些行动中的知识，而实践反思的作用就是使教师意识到这些缄默的知识，并通过激活、澄清、评判使之显性化，从而由模糊的"沼泽"走向比较明晰的"高地"。

舍恩有关反思性实践的论述，蕴涵着对技术理性观念的批判。在舍恩看来，传统的应用科学和技术理性的模式无法应对复杂多变的教育情境，教育不仅包含理性、科学、技术，还涉及感性、艺术、智慧以及伦理价值，因此才需要反思性实践。舍恩的理念与杜威有所不同，不是基于科学理性的立场，而是更多地体现了人文研究的实践本位的观念。

（二）有关教师反思水平的研究

随着对反思性质的研究和教师教育实践的深入，研究者开始关注如何提高教师的反思能力和水平，一些西方学者提出了他们对反思水平的层次结构的理论设想。这些研究的一个重要的理论来源是哈贝马斯的人类认识兴趣理论。哈贝马斯认为，在人类生活的基本兴趣中，包含有劳动（工作）、语言（沟通）及权力三个要素。在此基础上，澳大利亚学者格兰迪（Grundy. S）及凯米斯（Kemmis. S）等人提出了技术的、实践的和解放的三种行动研究模式，其中特别强调了解放的（批判的）行动研究的意义。这个观点后来在胡森等人主编的《国际教育百科全书》（1994 年）的"行动研究"条目中得到进一步阐发，产生了广泛的影响。

1. 三种反思水平及其界说

在哈贝马斯等人理论的影响下，范·梅南等人将三种分类理论应用于反思研究，提出有关教师反思的三种水平的界说。①

水平一：技术合理性水平（technical rationality），是依据个人的经验对事件进行反思，或进行非系统的、非理论性的观察，往往看不到目的的存在。

---

① Pultorak，E. *Following the Developmental Process of Reflection In Novice Teachers*：*Three Years of Investigation*. Journal of Teacher Education. 1996. Vol 47（4）. 转引自刘加霞、申继亮：《国外教学反思内涵研究述评》，《比较教育研究》，2003 年第 10 期。

水平二：实践行动水平（practical action）[①]，高于水平一，能够对系统和理论进行整合，经常认为教学事件中存在着问题，但往往表现出个人的偏见。

水平三：批判反思水平（critical reflection），能够整合道德与伦理的标准。在这一阶段，教师以开放的意识，将道德和伦理标准整合到关于实践行为的论述中。

在范·梅南看来，三种水平的反思中，后一层是建立在前一层基础之上的，批判性（或解放性的）反思处于最高层次，是教师主体性充分发展的体现。范·梅南有关反思水平的理论于上世纪七十年代提出，得到不少研究者的赞同，并得以补充发展。受其影响，近些年来国内一些研究者也开展了这方面的理论和实践研究。如北京师范大学的申继亮教授等参照范·梅南对教学反思水平的划分，根据教学反思的内容，对教学反思的三种水平进行了阐发：[②]

水平一：教学技术水平（前反思水平）

技术理性反省是对程序性、技术性的问题思考，即如何利用最佳教学方法和技巧，在最短的时间内达到教学目标，即教师所关注的是"怎么解决"、"怎么做"的问题。该水平最关心的是达到目标的手段，重视手段的效果和效率，而将目的看作是理所当然的，没有加以检讨。事实上，这一水平不能称为反思水平，我们将其称之为"前反思水平"。

水平二：理论分析水平（准反思水平）

能够透过教学行为层面来分析行为背后的原因，但这种分析往往根据个人的经验进行，其目的在于探讨或澄清个人对行为的理解，考虑行为背后的原因、意义。这一水平由于主要是基于个人的经验来探究行为背后的原因，教师对结果作解释是基于个人对环境的主观观点而不是对客观结果的描述，还达不到反思意义的水平，我们将其称之为"准反思水平"。

水平三：价值判断水平（反思水平）

反思时考虑道德的、伦理的标准，并从广泛的社会、政治、经济的背景来审

---

① "实践行动"（或译"实用行动"、"实际行动"）的提法是按原文直译，但这种译法容易引起误解，似乎"技术合理性"的反思内容并不包括"实践"，因此不少研究者主张把水平二的反思译为"理解性水平"反思。此外，对于水平三的反思，也有把"批判性反思水平"译为"解放性反思水平"的。

② 申继亮主编：《教学反思与行动研究》，北京师范大学出版社，2006年版，第78页。

视这些问题，并揭露潜藏于这些问题中的意识形态，以引导改革。在这一水平，教师关注知识的价值，以及对教师而言有利的社会环境，并且能够去除个人的偏见。然后，教师进一步对于课堂和学校行为能够做出防御性而非盲目的选择，以开放的眼光看待问题，其中包括伦理、道德的思考。在这一水平，教师能够从更广阔的社会、文化、政治意义来分析教学行为，这一水平才是真正的"反思水平"。

2. 三种反思水平的举例说明

以上述反思水平划分为理论基础，一些研究者还对教师的反思状况进行了案例分析，并开展有关教师教育的行动研究，试图有针对性地引导教师提高反思能力和水平。有关三种反思水平的具体表现，这里结合有关"奥数"教学的讨论试举几例加以说明：

实例 10.2　《关于"鸡兔同笼"问题的分析》①

［奥数名师指导］大约在 1500 年前，《孙子算经》中就记载了这个有趣的问题。书中是这样叙述的："今有鸡兔同笼，上有三十五头，下有九十四足，问鸡兔各几何？"这就是鸡兔同笼的问题。鸡兔同笼问题共有四种解决办法：1. 列表法（五年级课本要求掌握）；2. 假设与置换法（中国古代流传的方法）；3. 玻利亚跳舞法（西方解法）；4. 方程法（一元一次方程，四年级课本要求掌握）。个人认为解决鸡兔同笼问题最为简洁易懂的方法为第二种假设法，解法：

A. 假设所有的头都是鸡，$35 \times 2 = 70$ 足，$94 - 70 = 24$ 足（与实际相比，差 24 足）

B. 置换，换一次增加两条腿，$4 - 2 = 2$ 足

C. $24 \div 2 = 12$ 兔，$35 - 12 = 23$ 鸡

注意：这种办法的关键是要保证其中一个量（头）不变。

但对于不同学段的学生，应采用不同的解决方法，对于高年级的学生来说，方程解决是最为简单的；而对于低年级的小朋友来说，可能玻利亚跳舞法更容易引起他们的兴趣。这也许也可以理解为是因材施教吧。

---

① 选自"奥数网"。

实例 10.3　《"鸡兔同笼"教学新解》[①]

"鸡兔同笼"作为一种经典名题，在国标新教材中，不少版本都有编排。比如，北师大版五年级上册"尝试与猜测"中用它来让学生学会表格列举；苏教版六年级上册将之作为一道练习题来巩固"假设和替换"的策略；而人教版则是浓墨重彩，在六年级上册"数学广角"中用 6 个页码详细介绍了"鸡兔同笼"问题的出处、多种解法及实际应用。除此之外，还有名师在二年级用"画图法"、在六年级用"二元一次方程组"来生动地演绎它。

近来，我在思考如下几个教学疑问时，也将目光聚焦到"鸡兔同笼"：一是学生对各门学科的学习方法有着一定的共性，但对数学的学习是否有着"属于数学"的方法？这种方法是不是应该在各年级的教学中有所渗透，到高年级有所明示，作为小学向初中在学习上的一种过渡？二是尽管"鸡兔同笼"各年级都可以作为教学内容，且有着不同的目标指向，但对于六年级而言，是否可以用来让学生"从已有的经验出发，经历将实际问题抽象成数学模型并进行解释和应用的过程"，从而更好地认识数学？好多小学生升入初中后学习数学时表现出极大的不适应，是否与他们缺乏必要的"模型"意识和举一反三的能力有关？三是郑毓信教授在《数学教育哲学》中说："数学是模式的科学"，"数学教学的基本任务就在于帮助学习者逐步建立与发展分析模式、应用模式、建构模式与欣赏模式的能力"，我们怎样将这样的理性论断转化为可感的教学行为，让学生在学习中感受到一些数学问题所具有的"模型"的力量呢？带着这样的思考，我在六年级进行了"鸡兔同笼"数学活动课的教学尝试。

关于中小学生"奥数"热，近年来引起不少议论和批评。如果以反思水平划分，也可以将有关评论分为相应的类别。实例 10.2 中的那位"奥数名师"，从反思的内容看，他的关注点是基于即时的教学问题的解决，教学行为的依据主要源于个人经验和感悟。对于"鸡兔同笼"的几种解法，"名师"们看法不一，也曾有特级教师介绍引导初一学生设想"金鸡独立"（波利亚跳舞法）的经验，认为这种解法巧妙有趣，体现了生动的思维过程。应该说，这些教师在观念上都有注

[①]　选自许卫兵：《感受"模型"的力量——"鸡兔同笼"教学新解》，《小学教学》，2009 年第 6 期。

意避免教学的繁难枯燥的一面，认同奥数教学要简洁易懂、激发兴趣、发展思维、因材施教等；但他们思考问题的着眼点还是在于课堂教学的即时效果，而并不真正关注学生的思维发展和个性成长，特别是整体的长远的发展，实际上也没有这方面的深入思考。从具体问题的解决看，这类教学反思偏重于教学情境中的方法技巧应用，就事论事，这也符合教师专业发展的"实用性"需求；但不足之处是局限于一般的现象描述，缺乏一定深度的经验提炼或理论解释。因此，这类反思可以归入水平一，即技术性水平的反思。相比之下，实例10.3中那位作者能够从一般的教学行为和教学现象中，提炼出问题的性质和思考的焦点，涉及了对数学教学的本质和规律问题的理解。教师不仅对"鸡兔同笼"问题进行了一般描述，而且对有关研究成果进行了系统分析，并从学生数学能力整体发展的角度提出了自己的教学设想。这类反思属于水平二，即理解性水平的反思。

实例10.4　《打倒万恶的奥数教育》①

请看下面节选的第七届小学"希望杯"全国数学邀请赛"第2试"的部分试题，有兴趣的朋友不妨测测自己的智商。没想到过去我上初二时才学的平面几何题，已赫然出现在小学四年级的数学竞赛题中！我们都知道中国中小学数理化等学科教学的难度，比西方国家深一到两个年级；现在，竟然将难度下放了四个年级！

奥数的泛滥成灾已经成为一种社会公害，不仅损害了青少年的休息健康，让家庭背上沉重的经济负担；而且是完全违反教育规律的。如杨乐等许多数学家所言，这种重在解难题、怪题，所谓的"数学杂技"和高强度的集中训练，与提高数学素养毫不相干（正如会全套的脑筋急转弯并不意味着高智商）；相反，只能扼杀和败坏儿童的学习兴趣，这正是许多中国孩子严重厌学、从小学就厌学的原因。其对少年儿童的摧残之烈，远甚于黄、毒、赌，远甚于网瘾网迷，说它祸国殃民毫不过分。青少年正被少数人的物欲所绑架，他们打着"智力开发"、"优质教育"、"培优"的美丽旗号，内外勾结，在谋取私己的暴利！

---

①　选自杨东平：《打倒万恶的奥数教育》，原载"新浪博客—杨东平的 BLOG"。文中所引试题略。

网友（gangangj）跟帖：

听到一片骂声，我认为则不然，从小让孩子多花点时间，打下坚实的基础有好处，所谓的谋杀创造性和天赋纯粹是谬论。本人是过来人，从小到大的奥数、奥物、奥化都参加过，刚离开大学那几年是觉得自己死板，办事不灵活，但那仅仅是缺乏社会生活经验而已，这些东西很容易就掌握了，远比那些复杂高深的理论简单很多。随着自己的情商的增长，自己基础扎实的优势很快就会显现出来。所以很反感看到大家老是在那说中国的教育体制怎么怎么了。之所以现在出了这么大问题，与你们这帮人的瞎指挥有很大关系，教育可是关乎国家几百年未来的事，不懂就别乱嚷嚷。

实例10.4选自著名学者杨东平的博文及网友跟帖，这类评论典型地体现了观察问题时的道德、伦理的标准，从广泛的社会、政治、经济的背景来审视和讨论问题。这一层次的反思不再局限于教育教学的"纯技术"问题和具体问题的解决；反思超越了教育的边界，从更广阔的视角来思考不同教育行为的根本目的，以及隐藏在教育现象背后的本质意义。这就是水平三——批判性水平的反思。与水平一、二相比，批判性反思由于内容涉及价值观层面，反思的主观倾向性比较强烈，产生的分歧和冲突也就比较明。网上的讨论往往比较随意，而作为学术研究，就需要严谨求实、考虑全面。就学科竞赛和课外补习而言，近年来中央和地方政府已颁布过不少相关的政策法规，其指导思想和实施现状都可以作为思考的起点。其实从教师反思的现状看，一般的批判性反思并不一定涉及广泛的社会内容，更多的还是关注学校情境中的教育教学问题，如对课文中隐含的思想观念的不同解读、课堂教学过程中的学生主体性问题、师生关系与教育公平等。

3. 关于反思层次的不同理解

在范·梅南等人提出反思三层次理论之后，有关提高教师反思能力的研究大多以上述理论为基础。但也有一些研究者在基本认同三种分类的基础上，对三者之间的层次关系提出了不同的看法。

一些西方学者认为，各种取向的反思都有其特定的价值，并无高下之别。对于优秀教师来说，不同类型的反思都很重要。有研究者对三类反思的优势和局限性进行了分析（参见表 10.1）。①

表 10.1　不同层次教学反思的优势与局限

类型	反思的内容	反思的质量	优　势	局　限　性
技术性反思	在教学效能研究基础上，对一般教学行为和课堂管理的反思	使自己的表现与外部的标准一致	对于教师而言，通过技术的反思，可以用国家的标准衡量是否达到教学标准；使教学有步骤、有序地进行，给予学生有效的反馈	是占支配性地位的反思类型。是造成理论与实践分离，研究知识与生活世界脱离的原因之一。使教师关注技术而忽视目的。潜在的以内容的传授为主。反思的内容有限，把教学简化为教导和管理性活动
理解性反思	教师价值观、信仰、课堂背景；不仅关注学生学业成就，而且关注学生心理，全人发展	教学中的决策基于所处的独特情景	重视吸收研究、个人和他人经验，理论与实践联系。重视教师实践知识，帮助教师仔细思考教学事件	在外在环境的制约下进行反思，与技术性反思一样，使用理论不能突破原有价值观的束缚
批判性反思	社会的、道德的和政治的向度	根据伦理道德和机会均等思想做判断	与社会与政治生活的宏大叙述关联，以理想的社会为终极关怀审视教学	反思的内容有限，忽视了教学的质量，忽视教学技能

　　上述研究在肯定了高层次反思的同时，也指出了技术性反思仍是教师的主要反思内容，而这类反思与教师的工作实践密切相关，因而仍有其自身的价值意义。国内一些研究者也在教师教育的案例研究中，进行了更深入的研究，获得了一些富于启发性的成果。

　　一些案例研究表明，教师的教学能力与反思水平存在着一定的相关性，优秀教师比一般教师有更多、更自觉、更深入的教学反思。② 从总体上看，一般教师、新手教师的反思内容大多属于具体的教学问题和方法技能；教学能力较强的、较成熟的教师，描述和思考的问题较多地涉及学生最近发展区的实现和教学活动的

---

　　① Day, C.（1999b）. Professional development and reflective practice：purposes, processes and partnerships. Pedagogy, Culture and Society，7（2），221 - 233. 转引自赵明仁：《教学反思与教师专业发展——新课程改革中的案例研究》，北京师范大学出版社，2009 年版，第 51 页。

　　② 有关研究可参见李茵：《教师眼中的教育专长：内隐理论取向的研究》，教育科学出版社，2008 年版；赵明仁：《教学反思与教师专业发展——新课程改革中的案例研究》；魏宁《一项关于教师反思的研究》，《教育科学研究》，2005 年第 9 期；李莉春：《教师在行动中反思的层次与能力》，《北京大学教育评论》，2008 年第 11 期。

教育性问题；少数优秀教师和专家型教师，观察问题的视角能够打破教育教学中不同领域以及教育内外的界限，关注教育教学现象背后的道德伦理因素，能够在更深刻、更本质的层面来描述和领会问题。

有研究者认为，三种层次教学反思都很重要，指向对学科知识和教学规律认识的技术性反思永远不可能被排除，对效率和目标的追求是人类生活的一个基本兴趣和需要。但技术性反思并不等于技术理性控制的教学模式，如何实现对效率和效果的追求，则往往需要实践性和解放性两个层次的反思来促进和保障。而解放性反思作为对技术性反思和实践性反思的反思，是一个教师超越自身和环境、达到更高境界的关键性能力。[①]

范·梅南等人提出的反思层次理论，主要是从反思的对象和内容角度加以区分，并没有结合反思的深度、质量及条件加以阐发，因此并不能简单地作为判断教师反思水平的依据。但是提出不同层次的反思水平，则为进一步探讨教师专业成长问题打开了思路，并成为有关教师教育的实践研究的一个重要的理论基础。

三、破解反思难题的"秘诀"

如何提高教师的反思能力，是教师专业发展研究的一个重要领域。近些年来国内外研究者在这方面总结提炼了不少方法和途径，如撰写反思日记、教学观摩及交流、课例研究、师徒带教、行动研究、个案研究、研读教育论著、建立教师个人的教学档案袋等。其中撰写反思日记被普遍认为是提高教师反思能力的一种比较有效的手段。

（一）撰写反思日记的难点

研究表明，许多教师虽然认可反思日记的积极作用，但在写作过程中，仍存在着不少困惑和困难。前几年，北京师范大学"教师发展的自我内在机制研究"课题组的研究人员曾在 8 所小学中选取 65 名教师，对他们进行了一系列的反思理论培训和反思日记写作指导。经过一学期的实践，课题组通过调查了解了教师

---

① 李莉春：《教师在行动中反思的层次与能力》，《北京大学教育评论》，2008 年第 11 期。

们所遇到的困难。①

实例 10.5　教师在写作反思日记中遇到的困难

困　　难	次　　数	百　分　比
理论知识缺乏	39	60%
需要专家指导	21	32.3%
找不到反思点	21	32.3%
缺少时间	17	26.2%
其他	7	11.6%

　　不少教师在调查中反映：自己"理论积累少，站在理论的高度来分析具体事例的能力不强，对一些事例往往分析得不够透彻"；"在写作反思日记的过程中，我常常苦于找不到问题背后的原因，我深深地感觉到自己理论知识太匮乏了"；"我不知道该反思什么，也不知道反思的东西是不是有价值"；"感觉找到要反思的点需要仔细推敲，有时找不准，尤其是比较新颖、有反思价值的反思点"；"有时不知道该写什么，每天发生的事情那么多，但细想想又觉得没什么，事情都是很常见的，觉得不值得写"。

　　调查结果显示，教师撰写反思日记的主要困难来自写作的思想内容，而不是写作形式或方法技巧，他们普遍希望在撰写过程中能得到专家的指导。上述研究及以往的经验都表明，专家学者或高水平教师参与学校教改，对教师进行具体的有针对性的指点，是促进教师专业成长的一条有效途径。然而有关研究人员也意识到，即使是在校开展专题研究期间，所谓专家与教师的交流仍然是有限的，远不能满足教师发展的愿望和需求。应该看到，来自校外的专家学者或优秀教师的面对面的具体指导，虽然有时收效显著，但从整体和长远的角度来看，毕竟是少量的、偶然的、不稳定的；而学校教研活动和教师专业发展的主要资源，只能立足于"校本教研"和教师的个人努力。同时也要看到，一个教师的反思能力，实际上是自身思想理论水平和整体素质的集中体现，不可能一蹴而就或快速提高。就反思日记的写作而言，也有一个从量变到质变的过程。只有在实践研究中不断

---

① 　张彩云、张志祯、申继亮：《小学教师关于反思日记的认识》，《教育学报》，2006 年第 1 期。

地观察、思考、探索、反思，经过量的积累，才可能有质的飞跃。

（二）提高反思能力的"秘诀"

撰写教育笔记或反思日记，可能有一些方法技巧可以学习借鉴，但这类个性化的写作往往很难直接借鉴和模仿。他人做笔记的具体方法，即使照搬也不见得习惯和有效。从根本上说，一个人思想理论水平的提高是不能通过掌握技术手段而轻易实现的，因此，反思能力、反思水平的提高，更多的是一个教师自主学习、自我激励、自我成长和自我完善的过程。

实例 10.6　《我写科研日记的"四步曲"》①

17 年来我品尝了教育科研的酸甜苦辣。蓦然回首，最使自己欣慰的是养成了写科研日记的好习惯。我深深体会到科研日记的撰写是促进自身专业成长的有效途径和方法。不过，从"逼着写"到自觉行为，大体经历了四个阶段，即"四步曲"（1. 赶鸭子上架：一团雾水；2. 雾里看花：朦朦胧胧；3. 揭开面纱：不足为奇；4. 深深爱上她：欲罢不能），那真是决心与毅力的考验。

现在，我能熟练地运用多种形式来写科研日记，比如：备忘式（通过回忆写下特定时段的经历，再现教育实践中的生活场景）；描述式（描述个人肖像与特征等，注重细节描写）；解释式（对自己的创见、思索、推测、预感、事件的解说）；笔记式（就是读书笔记的写法）；追踪式（围绕一个或几个对象进行长期的跟踪记录）；专项式（抓住突出的问题进行深入地反思与总结）；点评式（在教案等材料上做相应的批注、评述）；提纲式（提纲挈领地列出成败得失）等等。

提升教师专业化水平的最好途径和方法是鼓励教师对自己日常教育教学行为和学生的学习进行系统、科学、规范的记载与研究。教师只有在撰写科研日记的过程中不断地更新自我、发展自我、超越自我，才能顺应教育的深刻变革。在工作中，老师们常常这样问我："你为什么每天都这样有精神，这样快乐！"我会微笑着说："因为我从教育科研的工作中，从写科研日记的过程中体验到了成功的喜悦！"

这是一位小学教师对自己写作经历的回顾与反思。经过多年的写作实践，作

---

① 选自浙江金华市金师附小吴小军老师提供的经验材料，文字有改动，参见《我写科研日记的"四步曲"》，《上海教育科研》，2009 年第 7 期。

者摸索出了一套科研日记写作的方法和形式。这些日记写作形式，针对教师实践研究的需要，分门别类地提炼了不同内容的写作要点，可说是作者十几年来从事科研写作的经验之谈。然而，"成功"的关键因素，不仅在于找到了合适的写作方法，还有在品尝了种种酸甜苦辣、经历了决心和毅力的考验之后，依然不抛弃、不放弃的坚持。这种坚持，也不是所谓的苦尽甘来，而是在付出努力和代价的同时，也要能够享受探究过程本身的快乐。许多心理学研究和优秀教师的成长经历表明，深厚的专业基础和真挚的情感，是高峰体验的基础。作为一名教师，在个人专业发展的过程中，需要有一种不断超越自我的志向追求和探索精神，这是达到较高研究和写作水平的真正"秘诀"。

第二节　关键教育事件：事件创生的视角

与笔记体文字相比，关键教育事件的写作在结构上更加完整，体现了从素材到文章的过渡。所谓关键教育事件，是指对教师有特别影响和启发的、甚至改变了原有观念和发展方向的事件。经验离不开经历，而经历由事件构成。围绕"关键教育事件"的主题，选取工作、学习和生活中值得回忆和思考的细节和事件，揭示其中所蕴含的意义、价值及方法策略，有助于反映关键教育事件对自身专业发展和学校教育改革的影响和作用。

一、关键教育事件的内涵与功能

与一般的案例研究和经验总结模式相比，关键教育事件研究聚焦于日常教育教学过程中的问题和困惑，研究的切入口较小，操作比较简便。教师通过对某些疑难现象的剖析和瓶颈问题的突破，达到提高研究能力和认识水平的目的。归纳起来，其功能作用有以下三个方面。

1. 聚焦

提出重要片段或关键事件，是从大量的日常现象和实践材料中发掘出有思考价值的内涵，形成关注的焦点和研究的主题，从而改变有些教研活动粗放式低效率的现象。研究者把关注点聚焦于某个值得深思的事件或细节，以小见大、举一反三，有助于培养观察情景发现问题的能力。

2. 释义

一个事件是否关键，是否有意义，在于研究者对于事件内涵的解释，所以关键事件带有一定的主观性。通过对事件的释义，研究者揭示了其中蕴含的意义价值，可以给人更多的启示和联想，从而提高分析问题解决问题的能力。对事件内涵的解读不仅来自直觉，更大程度上有赖于研究者自身的思想水平和理论素养。

3. 对话

由于各人观察和思考的角度不同，对事件的解读也必然是多种多样的。相比理论学习，对关键事件的不同看法的表达交流，更容易引发讨论，有助于开拓思路、激发思考。以关键教育事件为载体的讨论形成了多元开放的学习共同体，是开展教研活动和教师培训的一条有效路径。

关键教育事件的研究和写作，可以偏重于叙事和描述，也可以偏重于分析论证，但总体上都是对特定时空内发生的事情的描述和解释。这种教师实践研究的目的，当然是为了梳理、思考和解决自身实践中面临的问题，但这并不意味着这种表述可以不考虑别人的想法。教师的研究不仅为自己，而且也为他人，这一方面是因为自己的表达经过交流和发表，可以得到认可和鼓励；更重要的是，故事是需要讲给别人听的，讲述者考虑到听众的接受心理，就会有一种研究的预测或假设，会考虑自己的表述是否清晰和有说服力，由此可以增进研究的深度和广度。从这个角度说，"对话"对于"聚焦"和"释义"有着提升研究质量和思考水平的重要作用。

二、关键教育事件的类型及特点

人在生活中经历的事件，可以分为"大事"和"小事"两大类。一类是显而易见的大事，比如考上大学、当了教师、调动工作、第一次上公开课、第一次获奖等等。大事对人的影响也大，但大事不一定就是关键教育事件，因为事件是否关键，是否有教育意义，还是要看这个事件是否对人的思想行为的发展变化带来明显的影响。另一类是容易忽略的小事，小事是否有意义，各人的感受看法可能差异更大，这与经历过的大事一样，都需要选择和思考。但一般来说，关键教育事件的研究更看重"小事"的发掘，从不引人注意的小事中发现其中蕴藏的价值意义，往往给人以更多更大的启发。

进一步分析，关键教育事件还可以从"事"、"课"、"人"、"物"等角度予以分类说明，以便于教师作者了解和借鉴。从关键教育事件这个大概念来看，后三类当然也属于"事"的范畴，因此更严谨的说法是，第一类"事"指的是不包括从课、人、物等特定角度来引出和描述的一般事件。

（一）事的角度

从一件事的角度切入或引出一个的事件系列，是比较常见的选题和写法。各种各样教育教学、工作、培训、生活中的事件都可以作为选题的来源。比如对课堂上某个特别现象或学校里突发事件的处理，往往就反映了教师的教学智慧、管理能力和教育观念的不同特点。

实例 10.7　《朋友》①

进入四年级，班上的同学大都有了较为固定的好友，形成了两三人或更多人组成的"要好"群体。不料班上却兴起了一股"绝交风"，"如果你跟某某玩，我就跟你绝交"。这股风从女生那边兴起，蔓延到男生中间，矛盾逐渐公开化了，甚至有同学为了保住"友谊"而帮助"要好"同学去打闹。班主任杨老师决定在午休时与大家讨论下这个问题，她在黑板上写下了一句英语谚语"A friend in deed is a friend in deed"。很快有同学举手回答，"患难见真情"、"当你需要的时候，能帮助你的朋友就是真朋友"。经过讨论，同学们对"需要"和"真朋友"有了更深入的理解，女生小池的话更让老师和同学吃惊："人是自由的"，"不能阻止与别人交朋友，更不能威胁自己的朋友"。第二天中午，杨老师又组织同学们做了一个"邀请新朋友，不忘老朋友"的游戏，一场"绝交风"就算过去了。过后杨老师体会，以同伴影响同伴，以游戏取代说教，效果出乎意料地好。从此，讨论法加游戏法，成了她最钟爱的处理人际关系的指导策略。

这是一位小学教师对关键事件的一种理解和描述，曾在 2012 年长三角"成

---

① 根据杨婷老师《朋友》一文改写，原载《教师成长的 40 个现场》，华东师大出版社，2012年版。

长纪事"征文活动中获一等奖，并得到了评委们的一致好评。小事情蕴含着大道理，具体地说，这个案例的意义价值可以概括为两方面：（1）从事件的处理经过中提炼出具有普遍意义的教育方法。作者不是简单地描述事件情境，而是能够结合经验总结，提炼出处理人际关系和班级工作的有效方法，即讨论法加游戏法。（2）能够有意识地用理论来解释故事发生的经过和结果。作者借用美国著名心理学家科尔伯格的基本理论，特别解释了女生小池在班会讨论中所起的重要作用，即道德水平高出一筹的同伴将有效地影响和促进其他同伴的发展。从理论与实践结合的角度看，作者正是对这个事件有了比较深刻的理解，因此讲述故事时才能做到条理清晰、不枝不蔓。

（二）课的角度

选取某一节课的片段或细节切入，引出关键教育事件的讨论，也是比较常见的视角。与一般的课例研究相比，关键事件的研究不强调对一节课的全面系统的观察分析，只是关注其中某个有特别启发意义的细节或片段。

实例 10.8　《新西兰花展》①

这是一堂三年级语文课，课文介绍了花展主办方在预展时特邀当地社区的残障人士参加，体现了"人们应该关爱残疾人等特殊群体"的理念，带有较强的人文性。在教学过程中，教师针对教学目标让学生自由提问。有位同学问，"为什么要在花展前一天对特殊群体开放"，老师夸奖"你的问题很有探讨价值"。有同学又问，"智障者是什么意思？"老师一愣，还是解释说，"是指那些智力相对于普通人来说智力较为低下的人"。接着又有同学问道，"传统是什么意思？"老师感到不是预设的问题，于是冷冷地解释"那是一种风气吧"，接着就问："谁能提出更有价值的问题？"提问的同学脸色有点尴尬，默默地坐了下去。

课后的教研活动中，执教老师提出教学中遇到的主要问题是"学生不会提问"，总是提出一些没有价值的问题。其他听课老师也有同感，于是大家围绕"学生不会提问，不会抓住关键的词语和句子提出问题"的内容展开了讨论。有

---

① 根据案例《老师心目中有价值和无价值的问题》改写，原载陈晞、高学栋编著：《突破瓶颈——基于"关键教育事件"的教师教育》，学林出版社，2009 年 1 月版。

的教师建议加强理解重点词语的方法指导，有的教师提出对关键词语配上音乐朗读效果更好。这时特级教师徐老师突然发问："老师们，什么是问题？什么是你们心目中有价值和无价值的问题？"见大家都愣住了，徐老师继续发表自己的看法：

问题就是学生不明白的内容，它可以是对关键语句不理解的地方，也可以是对一个词语不明白它的意思。老师们心中通常有这样一杆尺，能够突出课文的重点内容的，能让教学过程顺利进行下去的问题就是有价值的问题。不是本堂课的那点，或不是事先预设好的一些小问题就是无价值的问题，你们想想对吗？那位同学提出什么是"传统"，我觉得是个好问题。"传统"一词的意思可以让学生查查字典，了解到按时一种世代相传的风气。再次追问学生：为什么新西兰有这么一个传统？谈谈感受，学生就能明白新西兰的社会文明程度。

这个模式的特点是抓住课的疑点提出不同意见，以此引发讨论和思考，有一定的思考深度。运用这个分析模式对教研活动主持者的要求较高，讨论前需要寻找合适的课例材料，并对讨论过程有适当的组织引导。从学校教研活动的现状看，更多地区和学校的教师对课的分析，可能还是更偏重于对优秀课例的发掘。但总的来说，无论是提出疑难问题还是总结成功经验，都需要以小见大、凸显事件的"关键"之处。

（三）人的角度

从人的角度切入叙事，有一定难度，但写好了会给人以特别的印象和影响。"重要他人"是一个社会学、心理学的概念，是指在人的成长过程中某些有特别影响的具体人物或群体。根据不同的人物关系，还可以分成不同的人物和人物关系类型。例如：互动型与偶像型的重要他人；积极型与消极型的重要他人；单个与某个群体的重要他人；不同的年龄阶段的重要他人等。把有关人物及其交往事件提炼出来，就可以作为重要的教育资源。

实例 10.9　《"学有人"与"大象老师"》①

这是一个语文"差生"与他的大学生家教老师的交往故事，"学有人"取自

---

①　根据项恩炜老师《"学有人"与"大象老师"》一文改写，原载《教师成长的 40 个现场》，华东师大出版社，2012 年版。

《论语》第一章第一则的三句话的第一个字，用以自勉；大学生姓项，安静却富有能量，故得名"大象"。学有人的初二期末考试语文只得了50多分，对一篇简单的现代文也难以阅读理解，家长很着急，担心他考不上高中。面对现实，大象老师决定"以学生为本""因材施教"。他选用了《新民晚报》的浅近短文为教材，从解词造句开始家教课程。经过一个暑假的词句训练，再过渡到短文阅读写作和文体知识学习，实现了从词句到文章的突破；再进一步重点学习文言文，以经典滋润精神，"学有人"的笔名由此而来。中考成绩揭晓，总分120分的语文学科，学有人获得109分。进入高中后，两位师生继续阅读中外名著，并商定了一个学习目标：写一部代表作品，并找一个有公信力的比赛或机构进行鉴定。在高二阶段，学有人以一篇《艺术·人·真诚》的习作获新概念作文大赛全国二等奖，从此走上了读书、写作、投稿的道路。再后来，也当了老师的学有人给大象老师来信，诉说了自己的成长感悟，"教育者的素质之一就应该是：直面问题。学会从自身找原因，永远不要说孩子笨"。与此同时，大象老师也体会到与学有人相处的日子给自己的极大影响，"一个信念越发坚定起来：我就是做老师的料"。

　　这是一篇从"人"的角度来写"事"的优秀作品，故事生动曲折，人物形象鲜明，富有可读性和启发性。从选材立意的角度说，本文有两个突出的优点。一个优点是善于抓取关键性的细节反映作者的教育理念，如写师生第一次见面时分析初二期末试卷。面对一篇现代文，老师发现学生不仅不能把握全篇的大致意思，连对其中的关键句、重要词语都一片茫然，于是下决心从头开始补课。这个细节准确生动地体现了教师对生本理念及教学策略的理解和把握。另一个优点是突出了教育者本身在施教过程中的成长，即体现了教学相长的理念。作者跳出了描述有效教学方法、总结先进教育经验的框框，注重把家教成功的经验与个人成长的经历紧密地结合在一起，始终把自己定位于一个学习者、探索者、思考者，令人信服地展现了一个教学相长的美好经历和结果。

（四）物的角度

　　从物的角度写事并不多见，但通过一个物件引出相关的人和事，却是一种值得学习借鉴的写作手法。俗话说，见物生情，睹物思人，用物件做引子来构建故事情节，也是一个很好的思路。比如老师们逢年过节常常会收到学生寄来的贺卡、信件、礼物或发来的微信问候等，这里面往往包含着许多值得回味的往事。此外，一本书、一支笔、一首歌、一幅画、一个手机、一件衣服，等等，都可以作为关键教育事件的引子和线索。

实例 10.10　《集体书信：架起心灵沟通的桥梁》①

我从教的第二年，也是第一次接手一个班级。从六年级到七年级，换了班主任，学生们会不会因此而对我产生抵触情绪？会不会知道开学第一天要做的准备工作？会不会在开学前无所事事？一连串的问号敲击着我这位新上岗的班主任。在学生报到日那天，我将一大叠有自己签名的《开学第一信——致幸福七（1）班全体同学的一封信》，按班上学生数一一用信封装好，亲手交给每位同学。信中我这样写道：

……我叫张耀，你可以叫我张老师，也可以叫我小张老师，如果你叫我"老师"的话，我可不知道你在叫谁。我是一个积极向上的人，当然我更希望看到你向我学习，我会更欣赏你！不管你是家庭富裕的、还是家庭清贫的，不管你是学习优秀的、还是学习需要进步的，不管你在六（1）班是辉煌的、还是暗淡的，我都会公平地看待你，细心地关心你，尽心地教育你。……

作者以信为线索，构成了文章的基本框架内容，叙述了班集体建设过程中的一些风波和感悟，视角独特，叙事生动，给人以新鲜的阅读感受。这位班主任上任一年来，写了六封触动学生心灵的集体书信，起到了独特的教育作用。曾有一位家长打电话给张老师说："今天无意间看到张老师致幸福七（1）班的信，很感动！孩子存放得很好，谢谢！"常言说，文无定法。每个人都有自己的独特经历和表达方式，如果有一个合适的物品可以作为关键事件的载体，就可以尝试作为研究和写作的切入口。

三、关键教育事件的写作策略

教师的研究和写作能力，有一个逐步提高的过程。从方法策略的角度说，首

---

① 根据张耀老师《集体书信：架起心灵沟通的桥梁》一文改写，原载《教师成长的 40 个现场》，华东师大出版社，2012 年版。

先在教研活动的组织设计上应该给教师提供合适的交流平台，在学习借鉴的基础上，让更多的教师能够参与其中。上海市崇明区教育学院近年来开展了让教师讲述自己的教研故事的研讨活动，总结提炼了几条组织实施的行动策略，其中第一条就是"设置多元入口，人人参与讲述"，具体方法包括：一是传讲自己听来的、书本上看来的故事，这是人人能做到的；二是讲自己现场观摩到的、他人的，但由自己写下来的故事；三是讲自己的故事。① 从根本上说，教师的参与研究的程度，是一种实践反思能力的体现，需要在长期的学习和研究过程中逐步提高，而尝试讲述自己经历的关键教育事件，是提升自身反思能力的一个有效途径。就写作的文本结构和表述方式来说，有几点值得注意。

1. 开头：从有意思到有意义

有意思是说一个故事应该有一个吸引人的开头以及后继情节，但是单纯有趣和吸引人是不够的，作为以故事为载体的一项研究，还应该有意义。关键教育事件的研究不是文学创作和赏析，它在吸引人之后还需要给人以更多的东西，包括分析事件发生的来龙去脉，进而影响人的思维和行为方式。因此，描述一个关键教育事件之前，研究者必须思考叙事的主题，要思考什么是"关键"，又能起到什么样的"教育"作用。

现在许多教师叙事的一个常见问题是内容比较庞杂啰嗦，看似生动有趣却不知所云。这些作者可能认为当时的事情经过就是这样，自己不过是如实记录而已，其实这是混淆了研究素材与研究成果的区别。有闻必录只能算是课堂实录，而根据一定的主题对素材进行选择、加工及解读，才是研究。为了强调叙事的意义和主题，崇明区的做法是要求在每篇教研故事的开头增加一个"问题导向"或称"智慧看点"的环节，提示本文所要解决的问题和思路。当然这样的导入就带有一定的理性色彩，有可能会影响叙事的生动性。如何把握有意义与有意思的平衡，还需要教师根据具体情况摸索更适合自己的表述方式。

2. 中间：从故事引子到叙事线索

叙事有了一个好的开头，还要有一个比较清晰的叙事线索。即不仅呈现一个事件场景，而且最好让这个事件成为贯穿整个叙事的线索，起到联系不同片段和推动情节发展的作用。有些教师在文章开头描述了一个有意思的事件，但其后的

---

① 引自宋林飞院长在长三角城市群"关键教育事件"研讨会上的主题报告，2019年3月。

叙事往往与这个事件关系不大，使开头成为一个纯粹的噱头，这样就淡化而不是强化的了文章的主题，使叙事的重点和目的变得模糊不清。

有些叙事的时间跨度较大，涉及的事件内容较多，因此有一个明晰的叙事线索就更为重要。如上文提到的《"学有人"与"大象老师"》，开头描述了师生二人上第一课的场景，学生面对试卷一筹莫展，几乎一言不发。于是老师认识到不能按初三学习内容来设定教学进度，下决心从学情出发"因材施教"。其后的语文家教，基本上按"词语—句子—段落—篇章"的线索循序渐进，由易到难，由读到写。整个叙事过程以学生能力发展为线索，脉络清晰、层次分明，通过描述师生二人的交互影响，很好地体现了作者对"我就是做老师的料"的认识过程。

3. 结尾：从泛泛而谈到深度解读

一个好的解读往往能够提升一个平庸的故事。一个日常事件之所以能够成为关键教育事件，就在于研究者独到的眼光和思考。换句话说，有了与众不同的眼光，才能描述出被他人所忽略的细节和状态，才能发掘出日常事件中所蕴含的价值和意义。

在《朋友》一文的结尾，作者作了这样的反思："我也没想到，小池会说出那句'人都是自由的'。如果换一个班级，换一批学生，我确实没有把握这场讨论会达到这样的深度。但是，我相信，既然有这样一个小池，那至少能说明，之前我还是把孩子看得浅了。而其他孩子的反应同样证明，他们是听得动这样一句话的。就如科尔伯格在道德两难问题讨论中指出的，如果孩子们能有机会和高出自己一个水平的孩子们进行道德问题的讨论，他们的道德发展将得到有效的促进"。[①]

超越就事论事，对所经历的事件有理性的思考，就是一种教师的实践反思能力。学会理论与实践相结合，不是在故事结尾讲一些貌似深刻的大道理，而是有了一定的理性思考的基础，故事本身会有一种不同的呈现方式。有了对"关键"性质的理解，才有了关键教育事件本身，包括找到有意思又有意义的开头，梳理全文的线索和结构，以及对整个故事的深度解读。

---

① 引自杨婷老师《朋友》一文，原载《教师成长的 40 个现场》，华东师大出版社，2012 年版。

第三节　创意设计：实践研究的另一种表达

从研究方法的角度看，关键教育事件研究大体上属于经验总结范畴，而创意设计则是一种行动研究，即先提出某种研究假设（创意），然后在实践中予以验证和改进。在写作形式上，关键教育事件与创意设计上都比较接近一般文章的写作规范。所谓创意设计，是指有一定创新意义的教育教学活动的方案设计。它在文本形式上与一般的教学设计或经验总结有一定的相似之处，但同时又包含了论说和叙事的因素，成为一种新的教师实践研究的表达形式。前些年上海市教科院普教所在基层学校教育科研的指导过程中，尝试开展了中小幼教育教学活动的"创意设计"评选，收到了良好的效果。在"创意设计"的内容和形式上，也摸索积累了一些经验。总体上说，创意设计活动的主旨从促进学校整体改革和学校制度建设为主，逐渐扩展到教师日常教育教学工作的经验总结；创意设计的范围从全校性的重大活动，逐渐扩展到团队、班级或小组活动；创意设计的内容从偏重管理、德育及课外校外活动，逐渐扩展到课堂教学和教学评价；在创意设计的表达形式上，逐渐提炼出一套可供借鉴应用的文本表达方式。

一、创意设计的内涵与特征

开展创意设计活动的一个基本动因，是中小幼教师有许多有价值的实践研究成果，但没有通过适当的形式充分地有效地表现出来。所谓"做的比说的好，说的比写的好"。人们常常会有这样的体会，许多学校的经验总结和研究报告，看起来洋洋万言，实际上并没有真实地反映自己的研究成果。特别是有不少长期重视教改实践探索的学校和教师，教育教学成绩显著，社会反响良好，但是其经验介绍却往往空泛无物，难以借鉴和推广，由此也往往不能得到更广泛的认可和更客观的评价。

产生上述现象的原因比较复杂，包括教师的研究能力有待提高等多方面的问题。但人们也逐渐认识到，目前广泛应用的撰写论文和案例的方式，还不能完全适应中小幼教师开展教改实践的需要；许多有推广价值的研究成果，特别是一些微观的具体的教改实践，应该有一种更简明有效的表达方式。

关于"创意设计"的内涵、特征及评价标准，研究人员在基层学校的科研指导和评选活动的开展过程中，也经历了一个探索和思考的过程。目前提出的创意设计的概念，与论文和案例写作相比，强调了可操作性；与一般的教案和活动设计相比，强调了创新意义和实践检验。具体地说，创意设计的内涵包括了三个基本特征：创造性、应用性、生成性。

1. 创造性

中小幼教师的创造性，主要表现在他的实践性上。教师的实践研究，是一个将教育理论创造性地应用于教育实践的过程。教师在实践探索的过程中，有所发现，有所思考，其成果可以体现为一个新的观点、一篇新的论文，但更重要的是如何以这些观点来指导进一步的实践行为。教师论文的基础，是教师的教改实践，是教师在教育教学过程中的行为和体验。从成果表达的角度说，实践研究的创造性不仅需要体现为一种观点的抽象表达，更需要体现这种观点的具体应用。

创意设计的创造性并不是一味地求新求异，为创造而创造。所谓创意，首先是在教育思想和教学思路上能够反映现代教育的理念，能够符合教育教学改革的前进方向。创造，也是一个与时俱进的过程。有了较高的立意，才有创造的意义和价值。教师的改革和创造，就是在先进理念的指导下的实践探索，由此在教育教学的设计上有所改进、有所创造，由此产生不同于一般的、打破常规的做法和经验。上海市向明中学的"教师成功教学事例推荐活动"曾在首届创意设计评选活动中荣获一等奖，其创意及设计都有值得借鉴之处。

实例 10.11　"教师成功教学事例推荐活动"①

上海市向明中学在探索发展性的教师评价、促进教师专业发展的过程中，设计了这项活动，发动学生发现教师课堂教学中的闪光点、有效的或个性化的教学方法与策略。这项活动通过填写、汇总、分析"课堂教学情况反馈表"、"反馈汇总表"和"课堂实施创造教育成功事例推荐表"等方式，反映和提炼教师教学的有效方法和成功经验。无论是一种体现教师个性的教学形式、一种富于感染力的教学手段，还是一系列的行之成效的教学过程，能让学生印象深刻、由衷喜欢，

---

①　选自上海市向明中学周孝放、丁斌老师提供的经验材料，文字有改动，参见《教师成功教学事例推荐活动的实践与思考》，《上海教育科研》，2005 年第 3 期。

其中必有值得探究的道理和规律。这种评价方式的创意在于它与基于发现缺陷的传统评价方式不同，是一种认同式、欣赏式的评价，也是激励性和发展性的教师评价。

2. 应用性

创意设计的应用性，也可说是可操作性或可迁移性。借鉴和推广先进经验，是提倡创意设计的出发点。教改的先进经验有不同的内容和形式，经验的推广和迁移也可以有多种途径和方法。创意设计的基本特点之一，就是选择那些内容相对不太复杂，而形式比较容易迁移应用的教改成果，以方案设计的形式呈现出来，以供更多的同行学习借鉴。

教师通过教改实践，创造了大量的促进提高教育质量、促进学生发展的有效做法和成功经验，其中相当一部分可以通过方案设计的形式提炼和展现出来。一个可操作、可迁移的教育方案设计，不仅要求思路线索比较清晰成熟，而且要做到应用的方式方法比较具体明确。具体来说，方案设计要包括两方面的内容：一是呈现教育教学行为的程序和步骤，二是交代在教育教学过程中应用的方法和手段。在程序和方法比较明确的基础上，教师创造的教改成果就具备了较强的应用性、操作性和迁移性。

实例 10.12　"教师成功教学事例推荐活动的过程管理"

向明中学"学生推荐教师的成功事例"不是一次活动，而是贯穿在整个学校的教学管理过程中的。为了持续有效地开展活动，他们设计安排了具体的程序和步骤：（1）动员酝酿，对高一学生说明开展活动的意义和做法；（2）发表推荐，学校下发推荐表，每周由班学习委员在征求同学意见基础上填写；（3）汇总整理，由教导处将表格收回分类，交各教研组分析整理典型事例；（4）召集学生座谈，取得更具体全面的信息；（5）每学期末，每个学生填写一份成功事例推荐表；（6）汇总情况，总结经验，由教导处在每月的教研组长会议上交流和表扬。几年来，这项活动已成为学校改革教师教学评价的一个重要组成部分。

3. 生成性

创意设计是一个经过实践验证的教育方案，它包括实践的目的、内容和方法，同时还包括实践的效果、体验和经验。创意设计既是一个可供实施的预案，同时也是实施后的经验总结，这也是它与一般的教育设计和教案的基本区别。创意设计是一个教改实践过程的反映，是一种在预设与生成中不断总结经验、发展提高的研究方式。

创意设计需要说明一项教育教学活动的基本程序，同时也需要考虑预设与生成的关系，为活动的开展提供各种发展的可能性。由于各种主客观条件的差异和影响，同一项教育教学设计在实施过程中，必然会遇到不同的情况和问题。因此一项好的创意设计，不仅要预设基本的程序和步骤，而且也能够提供应对变化的思路和变式。既注意应用的条件，也提供拓展的可能。

实例 10.13　"教师成功教学事例推荐活动的实施要点"

向明中学根据推荐活动开展的效果和反映，不断总结经验、改进方法，就活动开展的时间、范围、内容、过程及人员要求等方面提出需要注意的操作要点和值得思考的问题。如：（1）要对各班学习委员进行培训，以准确反映教师的教学情况。（2）指导学生学会评课，让推荐的事例更有真实性和代表性。（3）评价周期不宜太短，以利于发现某些教学方法的长期效果。（4）要将学生的评价与教师的经验材料相对应，从中了解成功原因，促进交流推广。（5）防止形式主义，对学生的推荐有一个了解和引导的过程。由于学生是评价活动的主体，因此对学生的指导是活动成败的关键。向明中学通过实践，不断提高对这项活动的性质及其表现形式的理性认识，不断改进学生参与教师评价的方式方法，从而使得这项活动能够持续、深入、有效地开展。

二、创意设计的文体与结构

创意设计的基本特征，使其成为一种特殊的教师实践研究的文本表达方式。与常见的论文和案例写作相比，创意设计在文体、功能、语言等方面都具备鲜明的特点，从而能够在教师的实践研究中发挥其独特的作用（参见表 10.2）。

表 10.2　论文、案例、创意设计的文体特点

	论　文	案　例	创意设计
文体类型	议论文	记叙文	说明文
功能作用	讲道理	讲故事	讲做法
语言风格	逻辑严密	生动形象	简明扼要

从文体类型上看，创意设计与论文、案例各有其风格特点，在实际应用中，三种表达方式有时也是交叉混合的。但一般来说，创意设计属于说明文的范畴，语言表达上以说明为主，兼有议论和记叙。这种说明为主的表述方式，有助于体现各种教育教学设计的应用性、操作性的特点，能够更准确、恰当地反映一部分教师实践研究的成果。

从文章结构上看，一个创意设计方案应该包含五方面的结构要素：背景、创意、程序、操作要点、效果评析。由于教师实践研究的多样性和丰富性，表述的形式还要根据实际内容的需要来变化调整；一个创意设计不一定安排为这样五个段落，但总体上则有必要反映上述几方面的要求。

1. 背景

与大多数论文一样，文章的开头需要交代研究的背景、提出面临的问题、说明研究的目的意义等。需要指出的是，创意设计不仅是要提出值得关注和思考的问题，更重要的是提出可以解决问题的办法。因此设计方案提出的问题要比较明确具体，不能过于笼统，以便有针对性地提出解决问题的思路和对策。

2. 创意

这是方案设计的关键因素。所谓创意，就是针对面临的问题，提出有一定创新意义的解决思路。可以选择适当的研究视角和载体，从学校管理、课堂教学、校本课程、考试评价、班级建设、学生发展、教师教育、家庭教育、学校科研等不同角度切入，将某方面行之有效的做法和经验加以归纳提炼，形成创意设计。这里包括方案设计所预期的教育教学目标、实施的基本途径及主要内容。也就是说，方案需要提炼出这项活动的核心概念，用比较简明的语言，对其内涵和可行性做一个概括的说明。

3. 程序

说明实施的程序和步骤，是整个方案的主体部分。每一项活动，都应该有一

个实施过程的程序安排。如果涉及的人、事、物比较复杂，活动范围较大，持续时间较长，那么合理的程序设计就更为重要了。需要用简洁的语言来说明，一个创意是怎样按一定的时间顺序展开的。如果有必要，可以用举例的方式来解释某个具体的步骤。

4. 操作要点

在交代了一般的程序和步骤的基础上，往往还需要对某些环节做进一步的解释或提示。要点的提示包括两个方面，一方面是说明方案实施的重点和难点，尤其是设计者根据自己的经验体会，指出在实施过程中需要注意的环节和问题。另一方面是进一步说明或描述在程序部分中涉及的一些细节和因素，包括人员配备、环境布置、设备用具、图表应用等，如举例说明某个图表的绘制方法。

5. 效果评析

一个经过验证的教改方案，需要对实践的结果给予必要的说明；要用适当的方式来呈现和说明教育教学成果，以证明方案设计的可行性。这种效果的说明一方面可以通过分数、成绩等客观指标来反映，另一方面可以更多地通过参与或了解这项活动的学生、教师、专家及社会各方面的主观感受来反映。设计者应该在说明成效的基础上，进行实践反思，总结提炼经验，对整个创意设计提出自己的思考。

上述五个结构要素，大体上反映了创意设计的文体特点，即重在应用说明。要注意创意设计的一般形式要求，如包括研究背景、创意思路、实施程序、操作要点、效果评析等主要环节。具体写作形式不求一律，应根据具体情况，体现出各自创意的特点。方案设计的语言表述以简洁的说明为主，同时根据需要，也适当地进行说理论证和记叙描写，以达到便于理解、易于操作的目的。

三、创意设计的设计要领

创意设计包含着创意和设计两个概念，也就是说，先要有一个好的创意和设想，然后要把这个设想恰当地转化为可操作的程序。我们提出方案中要包含 5 个结构要素，但单纯地模仿形式并不能保证设计的质量。从学校教师的实践和写作情况看，不少方案设计还不能准确地、有效地反映出具有一定创新意义的实践经验。方案设计不够理想，有写作技巧方面的问题，但更多的是思考的深度不足，对丰富的实践材料缺乏有效的梳理和提炼；对内容的理解和把握不够，容易造成表述上的单薄或杂乱。从一些方案设计的研究和呈现过程看，有几方面的问题需要注意和把握。

1. 做什么与怎么做

许多学校的创意设计是从校本课程、团队活动、课堂教学、教育评价、学校管理等教改成果中提炼发展而来的，所设计的方案一般具有个性鲜明、内容丰富、形式多样的特点。为了突出方案的创意特色，这些方案设计往往比较注重说明创意的内容，即强调本方案要"做什么"，偏重于解释说明设想实施的具体内容。但从另一角度看，有些设计者对于实施这些内容的操作方法和实践过程却考虑不多，即不太注意说明"怎么做"。怎样平衡"做什么"与"怎么做"的关系，是写好创意设计的一个要点。

实例 10.14　"微笑存折"

在 2010 年的获奖征文中，有一组发展性评价的创意设计。这些优秀设计都有一个既富有新意又便于操作的实施载体，如"微笑存折"、"表扬卡"、"积分卡"、"科学之星"、"银河之星"、"班级音乐会"等。与单一的考试分数相比，这些发展性评价的内容往往比较全面丰富，因此有关设计方案需要用一定的篇幅进行介绍，如"微笑存折，成长增值"包括五个评价的大类：微笑礼仪、微笑习得、微笑服务、微笑活动、微笑强者，每个大类各包含不同的小类，如微笑礼仪涉及守时、服饰、用餐、集会、交往、三清、课前准备等十个小项。

由于不同的评价内容需要不同的评价方法，而众多内容方法的协调应用，就需要通过实施细则来细化，包括这些细则在什么时间、地点，由什么人以什么方式来实施，都需要精心设计。比如"微笑存折"设计提出，由班主任老师借助晨会时间、以主题教育活动的形式、创设各种模拟情景，让学生在互动交流的环节中，认识和强化其规范行为；并规定在 10 个校内项目中，获得 8 个项目的每个项目 80% 的笑脸章，便可以获得"礼仪之星"称号。这样把"做什么"与"怎样做"有机地结合起来，就有利于将好的创意转化为可操作的实践行为；反之，有些创意设计在"做什么"上笔墨很多，而对"怎么做"则一笔带过，如一些校本课程的创意设计几乎等同于教材章节的内容提要，因而大大削弱了其应用性和可迁移性。

2. 单线索与多线索

由于创意设计涉及的内容、人员、范围、时间等方面的不同，复杂的程度也有很大差异。有的线索比较单一，实践路径比较清晰；有的涉及面广，可能沿多重线索同时展开。但无论线索的多寡繁简，都需要根据实践的需要予以精心设计。对于前者，需要细化充实，如分解方案设置的重要环节，进一步补充操作细则，为学习者提供更多的示例和说明等。对于后者，则要化繁为简，如对设计的内容进行归纳分析，提炼出主要线索、简化次要环节，并把通过主线索将各部分内容有效地串联起来。

实例 10.15　"滚雪球"听评课活动设计

团队或节庆活动是创意设计的一个重要来源。有些活动参与面广、持续时间长、内容和形式复杂多样，因而活动线索比较复杂，需要设计者理清思路、化繁为简。不少创意设计涉及大型活动的组织，如"快乐小义工"、"教师管理团队"、"男孩女孩节"、"班主任节"、"红领巾的十个秘密行动"、"校本教研活动日"等，其中有不少值得借鉴和思考的地方。

如"滚雪球"听评课活动，是上海市愚园路第一小学在实践中创造的一个内容丰富而又比较复杂的活动设计。原设计至少包含了三条以上的实施线索，如听评课的一般操作流程、分组实施"滚雪球"的流程、分组后的备课流程以及对"滚雪球"活动过程的理性概括等，头绪较多，不易理解。后经过讨论修改，最后将"滚雪球"活动设计的线索按时间发展顺序分为上课前、上课时、上课后三个阶段。第一阶段：1. 自主建组；2. 梳理教材；3. 实施主备制；4. 坚持主讲制；5. 确定实践方式。第二阶段：1. 分领任务；2. 观察记录（要求一听二看三记四想）。第三阶段：1. 评课；2. 反思与调整；3. 资料整理与上传；4. 总结表彰。这样确定了一条主要线索，把原有多条线索包含的内容分解为分阶段的具体要求；整个方案设计避免了交叉重复，眉目清楚，便于理解。后来这项创意设计获得了征文一等奖，王克坚校长在颁奖大会上作了交流发言，收到了很好的效果。

3. 学生自主与教师引导

许多创意设计重视学生的自主发展，注意创设有利于学生自主发展的良好环境，并鼓励学生自主学习，自我管理。比如开展研究性学习活动、社会实践活动和学生团队活动等，但对于如何有效地指导和管理，办法不多，还有待于进一步的实践探索和总结经验。这类创意设计的难点在于如何平衡学生自主与教师引导的关系。即如何把握教师设计的引导性、预设性与学生操作的自主性与生成性。在历届创意评选中，我们看到，有些活动设计对学生的行为表现作了细致的描述和说明，包括介绍了不少活动中发生的感人事迹及社会反响；但对教师如何发挥参与引导作用却语焉不详。有些设计详尽地规划设计了整个活动的开展程序和操作细节，然而却很难看出学生主动性、积极性的发展空间。前者属于"彻底放手"型，后者则是"包办代替"型，其实都不利于学生自主活动的可持续发展。

实例 10.16　"红领巾的十个秘密行动"

促进学生的自主发展、自我管理，也是教师创意设计的一个重要主题。由于许多活动是由教师主持设计，再由学生参与实践的，因此带有较强的教师意图和干预的影响。怎样真正发挥学生的自主性、创造性，是这类活动设计的关键。本书第三章介绍了一系列学生团队活动的创意设计，其中"红领巾的十个秘密行动"，在处理教师引导与学生自主关系上提供了有益的启示。

上海闵行区实验小学的"红领巾的十个秘密行动"，是一次"班主任节"中全体少先队员的自主活动，计划要在两周内，每天给班主任老师一个"不同的惊喜"。由于活动时间长、参与人数多，而且还要"保密"，策划和执行的难度显然比较大。从教师引导与学生自主关系的角度看，这项活动设计可以分为四个层次：（1）大队辅导员老师召集班长会议，提出和讨论"秘密行动"计划；（2）班长召开班委会，讨论活动开展的内容和形式；（3）各班召开全体同学会议，讨论并筹备活动的具体事项；（4）各班同学由各班班委分工负责，分组执行"秘密行动"。整个活动有分有合，既有教师的意图和计划，又给学生留下了自主发挥的空间，同时又考虑到了分工合作的必要性和可行性，是一项设计比较周密的优秀创意。

归纳起来，一个好的创意设计应体现三个基本特征和要求，即"有创意、可操作、已实践"。有创意，即有一定的创造性，要根据本地本校的教改实际提出自己的研究设想，具有一定的创新意义，反映先进的教育理念和具有独特个性的做法。可操作，即有应用性，要重点介绍某种创意方案实施的基本程序、主要步骤和操作要点，可以适当举例说明，但不追求理论上的研究深度和论证发挥。已实践，即要在实践操作过程中处理好预设与生成的关系，创意设计应是一个经过实践验证的教育方案，既是一个可供参照实施的预案，同时也有实施后的效果反映和经验总结。

创意设计来自广大学校教师的创造性实践，它的应用特点和表达方式也是在实践中逐渐形成和发展的。在这个过程中，创意设计的文本形式在经验交流和总结修改的基础上经历了一个逐步"定型"的过程，主要使初次参与的教师有了一些可供参照借鉴的模本；同时，历届评选活动也强调了创意设计的"创造性"，即提倡从内容到形式都能够反映出丰富多彩的教育实践及研究成果，能够体现出教师的个性特点和创新精神。多年来的实践表明，创意设计是一种十分适合教师参与教改和研究的表达方式，并已在学校教育科研领域发挥了独特而有效的作用。[1]

第四节　寻找身边的高手

曾有一位学者在与人通信（电子邮件）时，谈到了文字往还所产生的作用及快乐："我的卧室里就挂着从台北故宫买来的复制《寒食帖》，经常举目玩赏。他写的时候就留给黄庭坚一块地方，可以算是两人共同创作；而且，又不止黄庭坚，东坡根本就是留待后人不断地跟他对话，把这个作品的结构一直敞开着。所以关键不在于有多少人题跋与唱和，以及唱和的水平究竟如何，而在于东坡本人的心态，那种强烈的活生生的历史感。你想，东坡在题跋他的古人，而等他作古之后，后人又去题跋他，——就在这种不断地题跋中，斯文得以延续，中国文明所创造出来的特定的生活世界，也得以延续与发展。"[2]

伟大的文学家苏东坡先生可能不会想到，将近一千年之后，我们后人又发明

---

① 有关"创意设计"的文本实例，参见《智慧教师的 50 个创意》，华东师范大学出版社，2010 年版。

② 刘东：《文字之缘与题跋意识——关于宋代文人心态的三通批注》，《读书》，2009 年第 11 期。

了一种有更多人参与的题跋与唱和的新形式——网络写作。一个作者的一段文字、一次见闻、一种思想及情感，可以通过网络的传播来引发更多人的关注、思考和感悟。除了网络之外，各种正式和非正式的教研组织或称学习共同体，也具有很强的交流互动作用。利用和参与各种交流平台，逐渐成为学校教育科研和教师专业发展的一个重要的生长点。

寻找身边的高手，其实质是借助高水平教师的智慧来引领自己的专业发展。新教师刚走上工作岗位时往往有老教师带教，长期以来这种师徒制已成为促进新教师专业成长的有效路径和学校制度。然而经验表明，大多数年轻教师经过职初期的适应和成长，在其后的专业发展过程中往往会进入一个高原期或瓶颈期，对于如何从合格教师成长为优秀教师，许多人有一种茫然和无助感。因此除了职初期的"师傅"，有必要寻找新的指点迷津的高手。这类"导师"与被指导者，可能没有固定的制度化的师徒关系，但却有相对稳定的交流渠道和平台，起到了专业引领的作用。

1. 跨时空的网络平台

限于环境等条件，教师在学习和成长过程中，往往缺少与高水平的教师和专家学者交流切磋的机会，而"同伴互助"、"专业引领"却是网络交流的一大特点。网上各种博客论坛中，有不少乐于助人的专业人士，他们在发表文章的同时，经常与网友们互动交流、答疑解难。这样的请教和交流虽然有一定的局限性，但也能在一定程度上启发思路、明确方向，不失为一种与高水平研究者建立联系的有效渠道。另外网上的交流对象也不一定是名师名家，本着"三人行必有我师"的态度，就可以与更多的网友进行有益的交流切磋。有时半夜发一个教案在论坛里，也会有热心的网友纷纷鼓励并提出各种修改建议，让人感到受益匪浅。虽然网友们遍布天涯海角、互不相识，并大多以网名进行交流，但这种非实名制的、无利害关系的交往，却有利于相互之间消除某种心理障碍，建立更真诚的同伴互助关系。如大量的一线教师之间的"对话"，许多内容都富于启发性，而这些在传统媒体上却很难见到。网上有大量的不同性质特点的博客或微信群组，志趣相同的网友们可以建立关系更紧密的"学习共同体"，并产生一种相互激励、共同进步的积极效应。

2. 多样化的学习共同体

网络具有交流便捷的优点，但是网上互动交流的现状仍然不能使人满意。网上还有大量的教师发帖得不到回应，一些有组织的讨论则陷于低水平认识的重复。产生这种情况的原因，有讨论话题和参与面等方面的问题，也有网上交流本身的特点和局限性。许多深层次的交流，并不一定体现在网上或即时回复上。另外从阅读心理的角度看，回应总是少于浏览；而无限的信息与有限的读者，本身就存在着一定的矛盾，因此线上学习之外，还有必要建立和加入线下学习的平台。

中国学校的教研制度在世界基础教育领域是一大特色，以学科教研组为核心的教研活动在保障教学质量和教师发展方面，具有不可替代的作用。但是这种常规化的教研模式，还不能满足广大教师专业发展的个别化、多层次、灵活性的需求。因此这些年来又出现了多种多样的教研组织形式，如课题组、项目组、读书会、培训班、名师工作室、跨学科跨区域的教研活动、各种非正式的学习共同体等。这些多样化的教研组织突破了原有教研体制偏重就事论事的工作研究框架，从更高的层次和更广的视野来看待教育教学问题；特别是这些教研活动都有高水平教师的组织引领，为参与者打开了教研活动的一片新天地，在很大程度上弥补了教研组、年级组等常规教研的不足。作为一个有理想有追求的教师，应该积极地寻找加入这类学习共同体的各种机会。

实例 10.17　大地良师①

这是一个由教科研人员发起、中小幼教师组成的QQ群（后期陆续开通了千聊直播间和CCtalk直播间），也是一个纯民间、零资金、无学分的"互学计划"。自2016年7月创建至2021年2月，共完成了190次线上讲座，并经关联的微信公众号制作成180则"良师微课"，通过微信、QQ等途径广泛传播，累计吸引到公微上255 679次阅读、14 615次分享、3 897次收藏；千聊直播间29 249次收听；CCtalk直播间12 997次播放；QQ群讲座语音和相关资源13 777次下载。陆续加入"大地良师"行列的教师大抵有三类：一是准备来听教育名家、优秀教师讲座、有自主学习愿望的普通教师；二是愿意不定期在"大地良师"平台上做公益分享的骨干教师；三是一批为"大地良师"顺利运行而服务的志愿者教师。"大地良师"QQ互学群（群号531028584）和CCtalk群（群号83405170），是良师们的

①　选自上海浦东教育发展研究院王丽琴老师提供的研究资料，文字有改动。参见《大地良师：88次微课的分享》，《教育观念的20种解读》，华东师范大学出版社2018年版。

自愿集散地，由自愿开讲的老师在群内定期做语音讲座。每位"良师讲师"从确认分享时间、主题起，就开始独立备课，提交三级纲要的讲稿和PPT，每次分享控制在30分钟以内，加上互动在一小时内完成。为鼓励"互学群"老师的学习热情，主持者也不定期邀请知名学者来做语音讲座。这些QQ"微讲座"，通过公微推送后，又称为"良师微课"。每位自愿加入的全国各地教师，都可以通过自由收听微讲座，完成自定节奏、自选深浅的"互学"。

多年来，系列讲座大致生成了如下的"良师微课"结构。

主题	内　容	讲师已研发的课程（节选）
文学照亮人生	中国古典文学名著导读中国文学名家研读	1. 兰保民："《诗经》臆讲"系列（6讲）； 2. 王丽琴："《红楼梦》与中小学教育"系列（9讲）； 3. 屈峰涛："大观园"系列（7讲）……
	西方经典文学名著赏析西方文学名家研读	1. 梁茜："灵魂选择自己的伴侣：美国女诗人狄金森诗歌品读"； 2. 杨赢："《卡拉马佐夫兄弟》——对二十世纪的伟大预言"……
理性观照教育	中西方教育经典深读与共读	1. 刘良华："杜威的教育信条与杜威的四个对手"； 2. 邱磊："真味道家"系列（3讲）； 3. 《爱弥儿》共读小组："卢梭月"系列（5讲）……
	教育理念更新	1. 张丽芝："中西方文化差异溯源——从数学史讲起"（4讲）； 2. 卜庆振："台湾访学，看见良好的课程"……
	课程与教学经验提炼	1. 张学青："给孩子上文学课"； 2. 闵英："跟着孩子学游戏"系列（4讲）……
	班级管理策略与方法	1. 王怡文："小屁孩，上学来——一年级孩子学秩序的故事"； 2. 赵克芳："叛逆的另一个名字是成长"……
	个人成长反思创意研修故事	1. 付展华："谈谈中年教师的二次成长：一位爱飞翔结业学员的分享"； 2. 王天源："全心全意爱孩子——一名普通非专幼师的自述"； 3. 黄方：年度叙事（2017年起连续4年）……
生活需要多元	休闲生活兴趣爱好	1. 蔡文花："暑假去哪儿"系列——《出离是为了归来》； 2. 杨赢："古典音乐零距离——熟悉的陌生人"……
	跨界阅读体悟年度读书叙事	1. 王小庆："一个跨界老师的阅读史"； 2. 冷玉斌："为人生的阅读——2016年度读书报告"（连续4年做年度读书报告）……
	童书、绘本专题	1. 崔秀俊："我和绘本的一路情缘"； 2. 曹爱卫："亲子绘本创意读写这样做"……

为了减少对教师日常生活的干扰，主办者没有开通更为流行的微信群。在QQ群日趋冷落的大形势下，"互学群"始终保持着较高的热度，并初步形成了互相学习、互相请教的风气。"良师微课"作为一种"自产自销"的教师分享课程，成为教师们阶段性经验、心得的孵化器。越来越多的普通教师勇敢地站出来，将自己的实践与思考梳理成更像讲座、更成系列的课程产品。成为"大地良师"的一员，不仅是提升了自信和底气，更在于形成了课程开发者的意识，能够跳出备课、磨课、改作业等日常立场来思考教育问题，有效地提升了自身的反思能力和研究水平。

所谓从边缘到中心，这里有两层意思，一是养成动笔和思考的习惯，可以从写一点非正式的笔记文字开始，逐渐过渡到写出可供发表的"大文章"；二是参与某个学习共同体，在高手带领下边学边做，努力从"新手"变为"专家"。大地良师的启示，在于创造性地构建了教师专业发展的一种新组织、新路径。围绕"良师微课"的学习和创建，有名师引导，有同伴互助，有情感激励，也有方法传授。一个普通教师加入其中，便走上了从实践到文本、从边缘到中心的阶梯，由此攀登自身成长的新高度。当一个人的努力尚未被所谓的主流媒体、主流社会所留意和接纳时，群友之间的相互激励和相互扶持就起到了一种社会评价和社会认同的作用。与单纯追求论文发表相比，这些"非正式""自组织"的课程讲座起到了一个教师专业发展的中介作用，似乎降低了"发表"的门槛和要求，其实更有策略和后劲，最终也可能获得更理想的成果。

与大地良师互补的，在上海浦东还有两个教师自学群体：一个是"心世界"读书会，另一个是"课例研修小磨坊"。前者以读书及写作的交流为主，后者重在课堂教学现场观察。三个群体的成员互有交错，各取所需、各尽所能，线上与线下结合，形成了不同视角和不同层次的教师专业发展领域。近年来，大地良师等教师自学群体已引起了一些出版社和教育报刊的关注，收到不少稿约，许多成员的作品已公开发表，还有多位教师出版了专著。

如前所述，教师的实践研究，是认识主体在特定情境中对教育教学规律的一种再认识和再发现。实践创新，就是教师在自身所处的特定情境中，对前人提出的教育规律或教育理论有了新的领悟和新的应用。各种教师学习共同体创建了多样化的特定情境，无论是读书写作，还是微课开发、课例研修，都是引导教师进入一个个新情境，从而激发新的领悟和新的应用。这就是教师的实践创新，也是教师形成自己的实践理论的基础和阶梯。

从边缘到中心，说明教师的专业发展有一个提高的过程。从实践到文本，则强调了"写作"是"研究"的必要载体。实践需要研究，研究离不开写作，每一个追求自身发展的教师都需要因地制宜、因人而异地寻找最适合自己的科研写作方式和路径。在这个过程中，需要学习理论以明了道理和方向，需要付诸行动以生成实践智慧，还要讲求方法以提高研究效率。以实践创新理念为指引，学思结合，读写结合，知行合一，终有大成。

后 记

POSTSCRIPT

哲学家说，任何事情的发生都是偶然性与必然性的统一。本书的写作似乎又一次证明了这个真理。

先说偶然性。我的专业领域和学术兴趣原本是课程与教学论的研究，长期以来关注的重点也一直是有关基础教育的课程教学改革问题。这些年来，主持了一些课题研究，发表了一些研究成果，包括撰写了一些供行政决策参考的研究报告，大体上都属于上述范围。对于研究和写作的方法问题，只是偶尔有所涉略，谈不上有什么研究。

原本在课程教学研究领域，还有越陷越深的趋势。特别是 20 世纪末到 21 世纪初的那几年，我加入了国家基础教育课程改革项目"研究性学习"课程开发的团队，参与执笔了《"研究性学习"实施指南（试行）》（高中、初中、小学），并主持编写了《研究性学习教师指导手册》。有一段时间，胡兴宏老师和我们课题组的同事们在上海及国内各地的中小学进行调研，在理论探讨的同时，积累了不少基层学校开展新课程改革的实践资料。没想到这段研究经历，生发了许多无心插柳的意外收获，起到了开拓视野、转移阵地的作用。

在"研究性学习"课程开发的过程中，案例研究是一个难点。当时"研究性学习"对大多数人来说，还是个陌生的概念。为了在各地推行试点工作，除了必要的理论支持外，还需要编写便于实践操作的经验材料，以供基层学校的老师们学习借鉴。然而那时候，我们课题组成员对"教育案例"的理解也就是一个朦胧的概念，对案例的性质、特点、结构、写法等，并没有形成比较清晰的认识。在借鉴各种心理治疗案例、商业培训案例以及教师经验总结材料的基础上，经过反复多次的讨论、争论和撰写修改，课题组摸着石头过河，终于组织编写了三本"研究性学习"案例集，并受到了试验学校教师的欢迎。在这个基础上，我把有关研究心得写成了一篇《谈教育案例》，发表在 2002 年 2 月的《中国教育学刊》上。现在回想起来，案例研究及这篇文章的发表，可算是我专业发展和研究生涯中的一个"关键教育事件"。

在教育部正式发布《普通高中"研究性学习"实施指南（试行）》前后，有关"研究性学习"的研究转眼已成为热点和"显学"。我们课题组成员在完成历史使命之后，也就各自回归本位；而我却从案例研究开始，产生了对教育研究方法的兴趣，转而开始关注中小学教师的科研及写作问题。于是，偶然中产生了必然。

再说必然性。个人专业兴趣和研究方向的选择，也是与环境的影响和制约密切相关的。我所在的上海市教科院普教所，作为地方教育科研机构，除了承担决策咨询和理论研究任务以外，还要承担大量的区域、学校的"科研指导"和服务工作。在这个过程中，许多研究项目不是研究人员直接开展理论或实证的研究，而是需要引导、帮助、参与基层学校的教改和科研。因此，无论各人专业方向是什么，都有必要了解中小学教师参与研究的特点和方法。

还有一个更直接的原因，就是1994年以来，我主持了《上海教育科研》杂志的编辑工作。由于职责所在，免不了要思考一些"文章作法"问题。从课题研究到杂志编辑，是一个由专家到杂家的转型。由于教育研究的领域十分宽泛，对于特定范围的特定选题，杂志的编者未必比作者更专业、更高明。然而在稿件处理时，由于编辑一般处于比较主动和强势的地位，作者往往会谦虚地请求"指导"。时间一长，编辑很容易把这些"请教""当补药吃进"，以其昏昏而使人昭昭。在我看来，好的编辑可以分为两个层次，第一个层次是"沙里淘金"，能够从大量稿件中识别和筛选出达到发表水平的作品；第二个层次是"琢玉成器"，就是能够指导作者把未达到发表水平的文章改到达标，或者更进一步把一般水平的改成高质量的作品。而要做到这两点，特别是达到第二层次，编辑自身仍需要具有较高的专业研究水平，并且对研究方法和写作方法有比较深入的认识和把握。

为了努力向一个好编辑的标准看齐，我所关注的研究领域也就逐渐有了变化，开始向教育研究方法和学校教育科研方向转移。普教所和编辑部的工作，也为我了解中小学教师的研究状况提供了较多的学习和交流机会。特别是为了准备一些科研讲座，自己一些有关指导教师研究与写作的零散做法和经验，有了一个系统化、理论化的提炼过程。与一些高水平作者的交流，也是对自身素质的锻炼和提高。今天大家所看到的这本书，就是我多年来的研究成果与编辑心得，是由量变到质变、从实践到文本的体现。

本书第一版问世后颇受好评，其实有些问题当时还没完全想清楚，不免留下了一些遗憾。第二版和第三版修订，力求更鲜明地体现教师实践研究的特点，增强论述的针对性、系统性和可操作性。除个别文字修订，重点是依据教师实践研究的新动态新成果，重写了部分章节，并更换了一批实例。

在本书结束的时候，按照惯例，应该感谢领导、同事、朋友、家人以及出版社编辑。但是此刻我最想表示感谢的，却是正在教育教学第一线的坚持教改和研究的中小学、幼儿园的老师们。广大教师的实践探索，是撰写这本书的起点和目的，也是我写作的源泉和动力。我看到，许多教师在工作、学习和生活条件还不很理想的情况下，真正是"在百忙之中抽空亲自"做研究、写文章。他们对学生、对教育的真挚情感，他们的创造性劳动和实践智慧，是教师专业发展和素质教育实践最真实、最生动的写照。教育要以学生发展为本，要实现"每个人的全面而自由的发展"的远大理想，离不开大批高水平、高素质的师资，他们应该赢得所有人的谢意和敬意。

张肇丰

写于 2011 年 2 月

改于 2021 年 2 月